红映上莞

中共河源市委党史研究室
中共东源县委党史研究室 编
中共东源县上莞镇委员会

深圳出版社

图书在版编目（CIP）数据

红映上莞 / 中共河源市委党史研究室，中共东源县
委党史研究室，中共东源县上莞镇委员会编 . -- 深圳：
深圳出版社，2025.4. -- ISBN 978-7-5507-4147-8

Ⅰ . K296.54

中国国家版本馆 CIP 数据核字第 202435GS91 号

红 映 上 莞

HONG YING SHANG GUAN

责任编辑	易晴云　雷　阳
责任校对	张丽珠
责任技编	郑　欢
装帧设计	字在轩

出版发行　深圳出版社

地　　址　深圳市彩田南路海天综合大厦（518033）

网　　址　www.htph.com.cn

订购电话　0755-83460239（邮购、团购）

设计制作　深圳市字在轩文化科技有限公司

印　　刷　深圳市华信图文印务有限公司

开　　本　787mm×1092mm　1/16

印　　张　23

字　　数　320 字

版　　次　2025 年 4 月第 1 版

印　　次　2025 年 4 月第 1 次

定　　价　68.00 元

特别鸣谢单位

帮扶组团单位： 中共深圳市委金融委员会办公室

深圳海事局

深圳国际控股有限公司

中国银行河源分行

帮扶指导单位： 深圳对口帮扶协作河源指挥部

深圳盐田对口帮扶河源东源指挥部

帮扶爱心企业： 深圳出版集团有限公司

深圳市银华公益基金会

位于上莞革命烈士陵园的革命烈士纪念亭

原粤赣湘边纵队副政委、
广东省人民政府原副省长、
省政协原主席 梁威林 题词

广东省人民政府原省长
梁灵光 题词

上党革命烈士陵园

缅怀先烈
激励后来

原广东省省长、省人大主任

朱森林 敬题

广东省人民政府原省长、
省人大常委会原主任
朱森林 题词

东江第二支队烈士陵园

为解放战争英勇战斗、壮烈牺牲的革命烈士永垂不朽！

原广东省委书记

任仲夷 二〇〇二年八月一日

中共广东省委原书记
任仲夷 题词

中共广东省委原书记、
省人大常委会原主任
林若 题词

原中国人民解放军广州军区司令员
李希林 题词

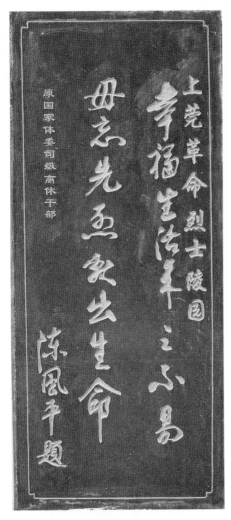

原国家体委司级离休干部
陈风平 题词

原东二支队连指导员、广东省文化厅
原厅长 唐瑜 题词

原东二支队七团副政委、
省财贸学院原党委书记
郑风 题词

原东江公学教育长
董世扬 题词

中共广东省委原常委、宣传部部长、
广东省政协原副主席 黄浩 题词

中共九连地委原委员、
原国家仪器仪表工业局局长
卓扬 题词

中共广东省委原副书记、
广东省政协原副主席
吴南生 题词

广东省政协原副主席、
中共广东省委原常委、秘书长
杨应彬 题词

广东省政协原副主席、
中共广东省委统战部原部长
萧耀堂 题词

原东二支队新一团政委、
全国政协（第）七届委员
张日和 题词

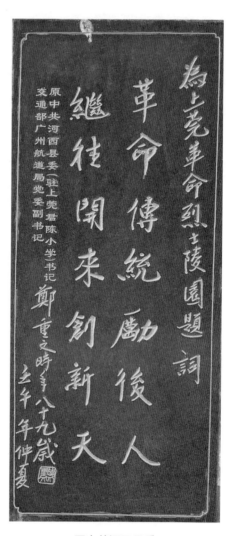

原中共河西县委
（驻上莞君陈小学）副特派员、
廿四师湛江军分区原参谋长、
原中央六机部船舶工业公司经理
程光 题词

原中共河西县委
（驻上莞君陈小学）书记、
交通部广州航道局党委原副书记
郑重文 题词

原东二支队参谋长
吴毅 题词

原东二支队政治部主任、
原中共九连地委委员、
省农科院原副院长 张华基 题词

原东二支队司令员、
广东省政协原副主席、
中共广东省委统战部原部长
郑群 题词

上莞籍部分离休干部 题词

缅怀上党革命烈士

飞虎扬威除敌患
苍松拥翠慰忠魂

原上党飞虎第三中队队长、
佛山市房产管理处原党委书记
李汉杰 敬题

二〇〇二年十月十三日

原上党飞虎队第三中队队长、
佛山市房产管理处原党委书记
李汉杰 题词

上党革命烈士陵园

巍巍碑亭傲天长
千秋英烈壮河西

广东省作家协会艺术家协会会员
原省文化厅厅级待遇离休

李林 敬题

原广东省文化厅厅级离休干部、
广东省作家协会艺术家协会会员
李林 题词

上莞革命烈士陵园
——郑群 撰句、张日和 敬书

序 言

　　上莞地区是一方红色革命斗争沃土，具有光荣的斗争历史和优良的革命传统，这里英雄辈出，革命先烈和英雄的故事一直在这里传颂。在抗日战争和解放战争时期，中国共产党领导人民群众在上莞地区展开了艰苦卓绝的斗争，为抗日战争的胜利和广东全面解放作出了不可磨灭的贡献。

　　抗日战争时期，上莞君陈小学曾是中共河西县[①]委领导机关的所在地。1939年秋上莞党小组在这里建立，开始大力发展党的基层组织，培育先进革命力量，建立抗日团体和武装力量，开展抗日救亡活动，为解放战争时期九连革命根据地党政军机关选择在上莞成立并常驻，奠定了强有力的党组织建设基础和广泛坚实的群众基础。

　　解放战争时期，上莞是九连革命根据地的核心区域，是九连地区党政军首脑机关所在地，革命遗址旧址资源众多。自1948年6月中共

---

①　河西县：指1941年9月，中共东江后方特别委员会（简称"后东特委"）为利于隐蔽，发展和巩固河源的东江两岸党的地下组织，批准河源实行小县小区制，以东江为界，把东江河西岸地区划为河西县，建立中共河西县委。原粤赣湘边纵队东江第二支队司令员郑群同志在《东源县党史资料汇编》第二辑序言中提道："河西区地处河源县北部，东江河源段以西地区，东北面毗邻龙川、和平，西北面毗邻连平、新丰、龙门。这些地区占了整个原河源县近三分之二的土地和人口，是通往粤东、粤北的必经之地，又是战略要地九连山的延伸地，无论政治、文化，于全县都起着举足轻重的作用。"

九连地委^①在上莞正式成立起，到 1949 年 5 月老隆解放，不到一年时间里，只有 97.48 平方公里的上莞，是九连革命根据地党、政、军、财、文领导机关的聚集地，东二支队司令部、《粤赣报》报社、税务总站、交通总站、河西工委都在上莞常驻。1948 年 12 月 7 日，河源县人民政府在上莞成立，这是粤东较早成立的县人民政府。原东二支队司令员郑群回忆道："上莞是当年河西游击区的中心，又是九连地委、粤赣边支队、河源县人民政府的成立地和常驻地，与这里的传统文化浓厚和生态环境优越是有很大关联的。"

习近平总书记指出："依托丰富的红色文化资源和绿色生态资源发展乡村旅游，搞活了农村经济，是振兴乡村的好做法。"红色文化资源是最鲜活、最珍贵的党史教材，也是一种重要的发展资源，红色文化资源能极大激发出基层群众的奋斗意识、奋斗情感和奋斗精神，能最大程度汇聚起实现乡村振兴的思想共识、行动自觉和动力源泉，能转化为实施乡村振兴战略的磅礴力量和历史底气。上莞镇的每一个革命旧址，都谱写了九连革命根据地人民在中国共产党领导下浴血奋斗的传奇故事，这些红色遗址旧址铭刻着革命先辈的光辉历程，就是宝贵的红色文化资源。保护好上莞镇的红色文化资源，就是留住了乡村最鲜明的底色，也是留住上莞镇振兴发展的核心竞争力！

在东源县委、县政府的坚强领导下，在帮扶组团单位中共深圳市委金融委员会办公室、深圳海事局、深圳国际控股有限公司、中国银行

---

① 中共九连地委：是指 1946 年 11 月，根据中共中央要求南方恢复武装斗争的指示，广东区委作出了恢复武装斗争的决定，1947 年初在粤赣湘边区分别成立九连、江北、江南、潆江等地工作委员会和五岭地委。后根据斗争形势发展，中共九连工委于 1948 年 6 月改组为中共九连地方委员会（简称"中共九连地委"）。即 1947 年初至 1948 年 6 月，称中共九连工委；1948 年 6 月后，称中共九连地委。其中，中共九连地区委员会的辖区范围包括现河源市的东源、和平、连平、龙川、紫金，梅州市的兴宁、五华，韶关市的新丰，揭阳市的揭西（部分地区），以及江西省赣州市的定南、龙南、全南、寻乌，合计 13 个县（市）。

河源分行的全力支持下，在深圳对口帮扶协作河源指挥部、深圳盐田对口帮扶河源东源指挥部的关心指导下，上莞镇积极推进挖掘红史资源的工作，得到上级有关部门的大力支持。中共河源市委党史研究室、河源红色历史文化研究会、中共东源县委党史研究室编撰了系统反映上莞红色资源的《红映上莞》。

我们编撰此书的目的就是要深入挖掘保护上莞镇红色文化资源，追寻革命先辈的足迹，领略革命精神的真谛，让广大党员和干部在体验红色文化中思想受到震撼、心灵得到洗礼，进一步激发干事创业的热情和传承艰苦奋斗的精神。《红映上莞》所反映的是新民主主义革命时期中国共产党领导人民斗争的历史，其内容包含了红史简述、红址概览、红色印迹、红土丰碑、红史人物及红村故事六个章节，是革命老区上莞的史料见证。

上莞镇是革命老区、红色热土，也是绿色茶乡、非遗胜地。2024 年，上莞全镇茶叶产量 1240 吨，产值 3.5 亿元。每年在新轮村举办的省级非遗"追龙"民俗活动均吸引超过 10 万人参加。我们把红色资源、非遗文化和绿色生态资源充分结合起来发展乡村旅游，大有文章可做！接下来，我们一定坚持以习近平新时代中国特色社会主义思想为指导，在东源县委、县政府的正确领导下，抓住广东省委决定实施"百县千镇万村高质量发展工程"的契机，发挥上莞镇自身的资源优势、文化优势和毗邻大湾区的区位优势，将历史、文化和生态资源优势转化为经济动能，团结全镇干部和群众，以特色产业为有力抓手推动各种产业的高质量发展。我相信，明日之上莞一定不辜负革命老前辈血与汗的付出！明日之上莞一定能够绘就"产业兴旺、城乡绿美、生活富裕"的乡村振兴新画卷！

中共东源县上莞镇委员会

镇委书记 邓焕荣

2025 年 1 月

目　录

第一章
红史简述

第二章
红址概览

第三章
红色印迹

第四章
红土丰碑

第五章
红史人物

第六章
红村故事

8

冼川村红史故事……………………………………………罗树芳　324

新轮村红色记忆……………………………………………陈理戈　331

后记………………………………………………………………　335

第一章

红史简述

上莞镇革命烈士陵园碑文敬读

杨石建

★

上莞镇革命烈士陵园，1959 年始建于学堂岗，建有烈士纪念碑，1991 年迁建于彭屋岗，2002 年扩建为烈士陵园，总面阔 36 米，总进深 87 米，占地面积超 3000 平方米。烈士陵园由门楼、纪念碑、烈士墓、纪念亭、廊亭及围墙组成，钢筋混凝土和红砖砌筑。门楼面宽三间，黄色琉璃筒瓦面，明间横额镶嵌有凸铜字"革命烈士陵园"。门楼有直道通往纪念碑。直道中点设有圆形花圃。花圃右侧为纪念亭，亭为正六边形，边长 2.9 米，黄色琉璃筒瓦攒尖顶；左侧为长方形廊亭，长 7.3 米，宽 2.7 米，黄色琉璃筒瓦面歇山顶。直道终端为革命烈士纪念碑，碑由碑座、碑身、碑顶等组成。碑座为长方体，正面中间镶嵌有黑色大理石阴刻碑文；碑身为长条形，正面镶嵌有"革命烈士永垂不朽"凸铜字；碑顶为攒尖顶。碑后面为革命烈士陵园。

碑文内容敬录如下：

上莞人民的革命斗争，自抗日战争起，在每个时期都有着光辉的历史，并作出了应有的贡献。抗日战争时期，中国共产党在上莞建立了基层组织和抗日民主政权，组建抗日武装，开展抗日救亡活动。解放战争时期，在党的领导下，先后组建飞虎一队、二队、三队和上莞武工队，进行革命的游击战争，建立起区、乡、村人民政权，依靠群众，打退了敌人一次又一次的"清乡""围剿"。柳城坳等多次战斗，游击队和民兵在广大人民群众配合下，打退了国民党和地方反动武装的联合进攻。敌保八、保五总队进犯塱背，我飞虎队与兄弟部队奋起反击，粉碎了敌人企图扑灭游击队的阴谋。1948 年，中共九连地委、粤赣边支队、河源县人民政府在上莞成立并常驻。大人岭战斗后，在上莞举行了万人祝捷暨公祭革命烈士大会。新中国成立后，为保卫祖国的尊严和独立，在抗美援朝、对越自卫反击战中，上莞优秀儿女踊跃参军参战，抗击侵略者。

青山有幸埋忠骨，革命传统代代传。我们对英勇壮烈牺牲的革命烈士们，长怀敬仰之情，永远铭记于心中。他们是党和人民优秀儿女，他们的丰功伟绩和革命精神，将永垂史册，彪炳千秋。兹将重建此碑，以志对先烈的怀念，并激励后人。

革命烈士永垂不朽！

这篇近 500 字的碑文，用朴素平实的文字概述了上莞地区在中国共产党领导下动员组织广大民众，组建抗日武装开展抗日救亡活动，组织反抗国民党反动统治的解放斗争史。敬读碑文，不禁让人肃然起敬。

怀揣崇敬之情，让我们在诵读碑文中，追寻革命先辈斗争足迹，领略当年上莞地区人民跟随中国共产党进行的革命斗争历史之魅力。

一、誓言跟随共产党，万众一心举赤帜

1937 年卢沟桥事变爆发后，日本侵略者开始了全面侵华战争，中国人民也开始进入全面抗战阶段。为适应抗战形势的需要，中共中央指示华南地方组织和各游击区"普遍建立党的秘密组织"，加强党对抗日救亡运动的领导。在广东东江河源地区，随着广东青年抗日先锋队东江区队和东江华侨回乡抗日服务团（简称"东团"）在河源活动的开展，因大革命失败而遭受挫折的中国共产党河源地方组织得到了恢复、重建和发展。

1938 年 12 月，共产党人尹林平、饶彰风等奉命到东江河源地区组建中共东江特委，以发展党的力量，建立抗日救亡团体。在举办多次东江青年学习训练班的基础上，于 8 月成立了中共河源县工作委员会（简称"中共河源县工委"）。河西区的党组织是在东团第五分团来河源活动时建立起来的。1939 年船塘老围村设立了党小组，随后建立了船塘支部。1939 年在龙川老隆师范学校读书的上莞青年田裕民、1940 年在船塘邮政代办所工作的上莞青年陈金荀先后加入中国共产党，为上莞地区注入了红色基因。

从 1940 年到 1942 年，按照上级党组织指示，共产党人刘成章（叶潭人）、程光（黄村人）、郑重文（龙川人）、黄绮芬（香港人）、张基（大埔人）等人秘密集结在上莞新民村君陈学校，以教师身份为掩护，开展革命工作，宣传党的主张、发展党的力量。这一时期，上莞进步青年陈启林、陈柏祥、陈少卿、陈志英、陈维史、许蔚青等人秘密加入了中国共产党。党员人数增多了，开始建立了以程光、郑重文为主要负责人的君陈学校支部，随后成立了上莞区委。在广大民众的支持下，党的力量在河西船塘、上莞不断壮大。

1941 年 2 月，上级党组织决定撤销中共东江特委，在东江上游的河源龙川建立中共后东特委（后迁至河源黄村）。同年 9 月，中共后东特委决定将中共河源县委一分为二，设立河源县委和河西县委。河源县委驻黄村文秀塘，辖河东地区党组织，黄中强任书记。河西县委驻船塘三河流洞文明小学，辖河西地区党组织，李福民任书记。河西县委所辖上莞区委，刘成章为负责人，章平、张万祥为委员。1942 年到 1944 年，河西县委入驻上莞君陈学校，章平、郑重文、欧阳梧先后任特派员。

1946 年 12 月至 1947 年 1 月，广东区委在香港湾仔区召开党的干部大会，决定撤销各地区党的特派员制，建立新的党组织领导机构。在东江地区设立九连、江北、江南地方工作委员会，统一领导党的组织和武装斗争。

1947 年 2 月，广东区委撤销中共后东特委、九连区临工委，设立中共九连地区工作委员会（简称"中共九连工委"），以严尚民为书记，魏南金、钟俊贤为常委，曾志云为委员。中共九连工委正式成立后，在香港主持开办了九连地区所辖各县区组织党的干部训练学习班，随后分别返回九连地区开展工作。

1947 年 3 月，中共九连工委在河东叶潭儒步村召开第一次扩大会议，传达了广东区委关于恢复武装斗争的决定，就分区指导恢复党组织、组建武装队伍、开辟新区、举办干部训练班等作出决议，明确提出了"反抗三征、破仓分粮、建立反蒋统一战线"的政治口号。7 月，中共九连工委从河东转战到了河西上莞，驻扎墨背村近一个月。8 月底，在墨背村召开了第二次扩大会议，总结了一段时期来的斗争经验，进一步明确了斗争策略，提出建立和东区、连和区、河东区、河西区四个根据地（战略基地）。国民党反动派获悉中共九连工委在上莞，便对上莞实施"扫荡"和"围剿"，我军组织墨背反"扫荡"战斗。该战斗后，中共九连工委机关转移到河西船塘。1948 年 6 月，中共九连工委在船塘流石白竹坑召开了第三次扩大会议。这次会议奉命改组中共九连工委为中共九连地方委员会（简称"中共九连地委"），决定将九连地区我党所领导的武装队伍整编，成立广东人民解放军粤赣边支队，统一指挥，坚持武装斗争。

船塘流石白竹坑会议后，中共九连地委和部队机关总部集中转移驻扎河西上莞，开始了以上莞地区为中心、领导着九连地区的解放斗争，直至胜利。

二、救亡烽火燃河西，唤起民众齐抗日

在中国共产党的组织领导下，1938 年初开始的广东青年抗日先锋队（简称"抗先队"）东江区队和 1939 年开始的东团第五分团在河源地区的活动，唤起广大民众的抗日热情，掀起了抗日救亡的热潮。抗先队东江区队和东团第五分团的活动遍及河源地区城乡各地，主要活动区域在县城周边地区，包括埔前泥金，江东古竹、临江一带，河东黄村，河西船塘、上莞等地。

1940 年，河源县调整行政区域，设立第四区灯塔区区署，下辖南湖、双江、西溪（包括锡场、回龙）、涧头、顺天、灯塔和河西区的船塘、三河、上莞、漳溪、骆湖，共 12 个乡。中共河源县工委决定趁河源县区域调整之机在灯塔区署建立党组织并设法控制第四区政权。后来成功实现了计划。由中共河源县工委选荐的共产党员林鸿衍出任灯塔区署区长，中共东江特委调来时任博罗县联和抗日杀敌队副队长、共产党员曾瑞祥出任灯塔区署警察巡官，中共河源县工委还选派共产党员叶仕稳任区署助理员。以他们 3 人为核心建立中共灯塔区署特别小组，在灯塔地区（第四区）包括上莞等各乡村宣传共产党抗日救亡主张、发动群众组织农会，进行"二五"减租减息斗争。中共灯塔区署特别小组开展的活动，极大地推进了河西地区抗日救亡活动。

1942 年 5 月，在河西上莞区，中共上莞区委特派员程光与共产党员陈志英、田裕民、陈少卿、陈柏祥等秘密召开会议，决定以"动员广大民众抗日救国，实行孙中山三民主义"为口号，公开组建上莞乡农民抗日救国会并举行成立大会，选举共产党员陈志英为会长，选出以共产党人、拥护共产党主张的先进青年为主体，由热心乡绅参与的理事机构，公告了抗日救国、维护民众利益的主张。经不断宣传发动，上莞乡农民抗日救国会得到了广东民众的支持和拥护，很快就形成了拥

有 1000 多人的队伍。上莞乡农民抗日救国会成立后，进行了一系列的革命活动，如组织青年联合救国会、妇女抗日救亡宣传队、农民互助组等，构建抗日救亡统一战线以宣传共产党抗日救亡主张，建立救国会与各保保长、绅士联席会议制度以解决乡绅与佃户的矛盾纠纷，进行"二五"减租减息斗争以保障民众利益。上莞乡农民抗日救国会在共产党的坚强领导下一直坚持斗争活动，直到抗战胜利后的 1946 年底仍然持续不断，书写了共产党与人民群众同呼吸、共命运的深厚感情，为后来的上莞革命斗争奠定了群众基础和思想基础。

三、仙石峰下建队伍，军民勠力斗顽敌

1947 年春，中共九连工委执行上级党组织关于"恢复武装斗争"决定的指示，在整个九连地区发动民众，组建武装队伍。在河西区很快就建立了以黄日为队长、郑风任指导员的"河西人民自救队"。根据广东区委关于"除了建立一般精干主力外，仍须保持有各种形式的武工队，地方性的、不脱离生产的队伍"战略部署，河西分工委在各区、乡建立主力连队、武工队和民兵常备队。其中在上莞建立了陈权为队长、田裕民为指导员的上莞区队，还有陈国汉为队长的飞虎一队，陈云舫为队长的飞虎二队，李汉杰为队长的飞虎三队等独立武装中队。人民武装队伍的建立，形成了有效打击国民党反动势力和推进"反抗三征、破仓分粮、建立反蒋统一战线"工作开展的力量。

趁中共九连工委在壆背村召开第二次扩大会议之机，1947 年 8 月 31 日上午，国民党纠集驻河源的广东省保安团 500 多人分别从曾田、船塘进攻上莞常美壆背村，包围夹击工委机关和驻地部队。

下午 2 时，战斗正式打响。我方前沿哨兵发现敌人，鸣枪示警。中共九连工委一面正面迎战，一面主动部署转移。黄日大队、铁虎队、飞

虎一队、飞虎二队等独立武装中队正面迎敌，驻船塘上莞的游击独立大队许逢利猛狮队和江明大队迅速支援。工委机关人员和部队边还击边后撤，占领了制高点，激战3个多小时。这次战斗，河西九连主力部队敢于迎战，多次击退敌人，粉碎了敌人一举扫荡河西消灭共产党及其武装队伍的黄粱美梦。

1948年5月，国民党保五团纠集龙川、柳城联防队500多人，经石侧、黄洞三折岭进攻上莞。河西区武工队和民兵常备队1000多人在坳顶进行防御，打响了保卫战，打退了敌人多次进攻，取得了坳顶防御战的胜利。

1948年8月7日，广东人民解放军粤赣边支队在上莞召开成立大会并以上莞为中心，指挥着整个九连地区的武装斗争。

1948年12月，经中共中央批准成立了粤赣湘边区党委和中国人民解放军粤赣湘边纵队，由尹林平任边区党委书记和纵队司令员兼政治委员。活动在九连地区的广东人民解放军粤赣边支队改编为中国人民解放军粤赣湘边纵队东江第二支队（简称"东二支队"），以郑群为司令员、钟俊贤为政治委员、曾志云为参谋长、黄中强为政治部主任。至此，粤赣湘边区人民武装力量的整合，标志着九连地区革命斗争力量由小到大、由弱转强，正式融入了中国人民解放军序列，向人民解放战争胜利迈进。

中共九连地委和东二支队进驻上莞后，先后组织了一系列战役，极大地动摇和摧毁了九连地区特别是河西地区的国民党反动派的统治，较著名的有史称"五战五捷"的战斗。

四、迎军支前奏凯歌，鱼水情深得胜利

在解放战争中，广大人民群众自始至终热情支持革命，不惜一切

代价支援人民子弟兵克服困难战胜敌人，从人力、物力、财力上甘于奉献，体现了人民群众与共产党血肉相连、鱼水情深、命运与共的关系。

1949 年 5 月，为配合咸水塘谈判和老隆起义，中共河西工委动员民众组织了 1000 多人的民工队，参加迎军支前活动，全区民工团分三路挺进，其中第二路由上莞、漳溪 2 个营 5 个连队组成。

1949 年 8 月中旬，根据粤赣湘边区党委和粤赣湘边纵队的指示，为做好迎接南下大军工作，河源县委成立了河源县迎军支前动员委员会，各个解放区迅速掀起迎军支前热潮。9 月，河西民工营组成了 420 多人的队伍，陈志英任营长，张汉民任教导员，陈昊任副官。其中上莞民工连 150 多人，陈治民任连长，高云任副连长，陈为任指导员。

1949 年 10 月，民工营组建后，随即跟随两广纵队第一师一路南进。上莞民工连随中国人民解放军十五兵团、两广纵队一直打到广州、中山、珠海等地。他们的主要任务是为作战部队抬担架，运输粮食弹药，救护伤病员。民工连于 11 月胜利返乡，受到两广纵队的嘉奖。

上莞镇新民村红色资源初探

刁桂军[①]

——————————— ★ ———————————

让红色基因代代相传，把红色资源利用好、把红色传统发扬好、把红色基因传承好，这是习近平总书记的殷殷嘱托和冀望。经组织选派，笔者担任东源县上莞镇新民村党建指导员，其间通过请教党史专家、翻查党史书籍资料和拜访老干部，努力挖掘新民村红色资源，通过党建引领、红色传承来带动脱贫奔小康和乡村振兴，通过修复县委旧址、建设红色展厅、红色长廊，制作党史纪录片等方式，在传承红色基因，助推乡村振兴之路上作了一些有益探索和尝试。

新民村位于东源县北部山区上莞镇的中心，是上莞镇的一个行政村，下辖六个村民小组，全村户籍人口3288人，共859户，有山地面积4700亩，农田耕地面积1550亩。经初步收集整理，发现该村有四块红色资源。

一、新民村是中共河西县委旧址所在地

新民村是革命老区。《东源县志》记载，1939年秋，上莞镇建立中共党小组，1940年冬，在新民村君陈小学成立中共党支部。1941年9月，中共后东特委根据形势发展的需要及河源的自然地理环境等有利条件，发展和巩固河源的东江两岸党的地下组织，开展隐蔽工作，批准

———————————

① 作者系时任河源市人力资源和社会保障局办公室主任，驻东源县上莞镇新民村党建指导员。

河源实行小县小区制，以东江河为界，把东江河西岸地区划为河西县，建立中共河西县委，县委机关曾设在君陈小学。抗战时期的中共河西县委，在党的建设、党的民族统一战线、开展武装斗争等方面，作出了不可磨灭的贡献，它的光辉史迹，值得后人永远纪念。

根据中共党史出版社和广东人民出版社联合出版的《广东省革命遗址通览·河源市》记载："君陈小学——中共河西县委旧址位于东源县上莞镇新民村。1941年9月中共后东特委在东江河以西设立河西县委员会后，于1942年1月设立特派员制，河西县特派员章平，副特派员郑重文。1943年1月，章平调离后郑重文任特派员。当时，郑重文特派员在上莞君陈小学以教书为掩护开展革命工作，组织革命活动。河西县委机关就设在上莞君陈小学。1944年7月郑重文调离后，8月起由欧阳梧接任特派员至1947年7月。该址在人民公社时被拆，现为新民村卫生站。"2018年，河源市委党史研究室将该遗址列入河源市红色革命遗址信息平台，在平台中能迅速查找到旧址所处位置、图片和简介。

河西地下党的种子，是由东江华侨回乡服务团于1939年夏初开始播下的。根据2001年出版的《中国共产党广东省河源县组织史资料（1926—1987）》记载，1942年1月，中共后东特委决定撤销县委，改为特派员制，设立河西县委、河东县委，河西县委特派员先后由章平、郑重文、欧阳梧同志担任，直至1947年7月。章平奉命调离后，河西县特派员由郑重文接任，这时，河西县委机关由流洞文明小学转移到上莞的君陈小学。在《纪念中国共产党成立90周年——"河源是中国革命策源地之一"理论研讨会论文集》中收录的凌丽著《河源县人民政府进城始末》一文中描述："早在抗日战争初期，上莞便建立有党的小组、支部、区委……上莞君陈小学是河西县委所在地。抗战时地下党组织成员组织了农民抗日救国会和抗日自卫队，实行了'二五'减租，可以说，上莞有坚强的党组织建设基础。"

根据在君陈小学读过书、现年 91 岁高龄的陈速影老人回忆，小学大门口正对着半月形的鱼塘，跨进门，左边堆放柴草，右边则是厨房，穿过天井，来到二门，墙壁上书写着"读书救国"四个大字，十分醒目，二门门楣上有匾，题有"大丘书屋"。除篮球场外，整个校园呈"回"字形，有走廊可通往各个教室或宿舍，除宿舍和教室外，有假山和金鱼池、花坛，最让他难忘的还有一口水井和一座四方亭。陈速影估算说，校园几近方形，包括鱼塘和学校后面的小操场共计 900 平方米左右。当年校门口鱼塘里养的鱼也肥，伙房师傅经常捞几条鱼给师生解解馋。1945 年上半年，陈速影以全校第一名的好成绩结束小学生涯，毕业后继续在借用君陈小学课室上课的南雄中学读了半年。陈速影根据自己的回忆，亲自手绘了君陈小学的平面示意图，此平面图作为重要藏品在村史馆永久保存。

《革命老区上莞》一书中记载了原河西县委特派员、交通部广州航道局党委书记郑重文回忆文章："东源上莞山清水秀，人杰地灵。1942 年春至 1944 年夏，我奉后东特委之命，在这里开展党的地下工作，时任河西县委副特派员、特派员。当时地下党机关就设在上莞君陈小学。这里的一山一水、一草一木，这里追求真理、拥护革命的劳苦民众的纯朴形象，至今依然历历在目。"

郑重文、程光撰写的《回忆抗日战争时期上莞地区党的活动情况》一文中提及了中共河西县委的重要作用：

一是发展党员。在河西县委工作和革命的党员有刘成章（叶潭人）、程光（河源县人）、郑重文（龙川人，在学校时叫郑炳文）、黄绮芬（女，香港人）、张基（大埔人）、魏杰、田观旺、陈金荀、陈启林、陈柏祥、陈振中、陈少卿、陈福令（又名陈志英），其中程光、郑重文、黄绮芬、张基、魏杰、田观旺是以教师身份为掩护在学校开展组织生活和革命活动，在君陈小学发展的学生党员有陈维史、陈启林、许蔚青等 3 名。

二是党的组织分工和活动。在君陈小学成立了党支部，由郑重文、程光直接领导并传达党的各项指示。1941 年下半年至 1944 年上半年，上莞君陈小学便是河西党领导机关的一个重要基地之一，因为君陈小学是上莞唯一的完全小学，是当地最高学府，历史悠久，前身为陈氏家族私塾"大丘书屋"。大丘书屋是附近陈氏子弟就读的场所，师资都为省城聘请，水平较高。河西县委坚决执行中央"隐蔽精干、长期埋伏、积蓄力量、以待时机"的方针，号召党员开展勤业、勤学、勤交友的"三勤"活动，保持和巩固党的阵地，与当地教师秘密合作，认真抓好教学质量，提高学生文化素质，同时大力宣传抗日救亡运动，大唱革命歌曲，宣传我军的抗日主张与战绩，扩大与提高我党我军政治影响和威信，对促进学生思想进步起着重大作用，历史事实证明，君陈小学出来的学生基本都走上了革命道路。虽然上莞地区处在白色恐怖形势下，但当地乡绅和老百姓都对党组织起到掩护作用，上莞党组织没有遭受破坏，工作得以顺利开展，这都是党统战工作成功的结果。

三是积极开办党员骨干训练班。1947 年冬，在君陈小学举办了恢复武装斗争后河西区第一期党员骨干训练班，参加学习的一共有 20 多名党员，为期一个星期，学习内容包括怎样搞好党支部工作、做好部队的后勤工作、协助农会领导做好民兵工作、如何做好土改工作等。当期党员骨干训练班由党员骨干进行授课，每次报告都分组讨论一次到两次，各组组长要利用休息时间向领导作学习汇报，学习结束后由杨庆（惠阳人，时任河源县委组织部部长）和刘波两位同志分别作总结报告，布置今后的工作。学习一星期后，各党员回到自己的工作岗位，对河西地区支前，清匪反霸，发动农民搞生产、土改，兴修水利，修桥筑路等系列工作都起到积极作用。河西县地下党组织在战争年代经受住严峻斗争考验，重视对党员的培训，不断提高党员的素质，充分发挥党员的先锋模范作用。

二、新民村是中共九连地委、粤赣边支队重要活动地

新民村处于上莞中心位置，靠近镇街。上莞被称为"小瑞金"，中间为连成一片的小盆地，周边为高山峻岭，著名的仙湖山五指峰就在上莞，上莞历来是鱼米之乡，是重要粮油产地之一，加上西靠灯塔盆地，物质上可以得到供应和保障，比较适合解放战争初期解放区的建立。为此，1948 年中共九连地委在上莞正式成立，仅有 97 平方公里的上莞成为河源地区甚至广东革命斗争的中心地之一，众多重要机关都在上莞常驻，包括东二支队司令部电台、《粤赣报》报社、税务总站、交通总站、军需室、医院、文工团、河西工委、河源县人民政府、宣教队、群运队。1948 年，广东人民解放军粤赣边支队成立，常驻在新南村六角楼。1948 年 12 月 7 日，河源县人民政府在上莞文华第成立，新民村与这些重要机关所在地的直线距离不超过 3 公里，一直都是党员干部和支前民兵的重要集结地。

在上莞，部队除了外出打仗的，经常在各村驻扎的有 1000 多人。1949 年 1 月 8 日，在六角楼举行了 1000 多人的誓师大会后，部队挥师东江河边大人岭。《东江党史资料汇编第四辑：九连地区武装斗争史料专辑》收录的一幅九连地区解放战争形势图上，在上莞的地标上树起了一面指挥部的红旗，证明当年的上莞是重要战略指挥地。曾任粤赣湘边纵队东江第二支队司令员、广东省政协副主席的郑群认为"上莞是当年河西游击区的中心，又是九连地委、粤赣边支队、河源县人民政府的成立地和常驻地。上莞人民曾经踊跃参军参战支前，出人出枪捐钱捐粮，

为革命流血流汗，作出了巨大的贡献，在历史上写下了辉煌的篇章"。

当地武装力量飞虎二队队长陈云舫是新民村人，在飞虎队组建过程中，始终运用党的政策和策略，紧紧依靠群众，争取开明绅士和进步宗族父老的支持，吸收队员时，以民主青年联合会会员为核心，主要面向贫苦青壮年，吸收对革命有一定的认识、有决心而且完全自愿参队的人入伍。又如当年九连工委领导人梁威林、严尚民身边的短枪队队员，即贴身警卫战士就是来自新民村的陈寿海，枪法准，反应敏捷，警觉性高，深得领导的信任。

新民村人民由于饱受"三座大山"压迫之苦，渴望翻身解放，蕴藏着极大的革命热情，他们有很多人都走上革命的道路，全心跟着共产党走，出人、献枪、捐款、筹粮，冒着一切危险大力支持革命斗争，真是可敬可颂、可歌可泣。新民村教育底蕴好，全村主要姓陈，陈氏家训中反映该村非常重视教育，在新民村陈氏八斗种祖堂里就见到了一副楹联，大厅石柱醒目位置雕刻着"教子读书，纵不超群也脱俗；督农耕稼，虽无余积省求人"，其中也不乏男耕女织、安分守己、自食其力、知足常乐等思想。最值得新民村骄傲的是拥有一间百年私塾，被称为大丘书屋，后来成为国立完全小学。上莞新民村的君陈小学是一所有声望的学校，高峰期一共有近200名学生，老师10余名，一共有6间课室、1间图书室，藏书超过2000册，共教授6门课。当时地下党组织成员积极团结校长和本地老师，如校长陈一中，老师陈宏令、陈春苑、李俊士等，在学校教授大量进步知识，教唱进步歌曲，在学校正门口刷着四个醒目的大字"读书救国"，可见当地教风纯正。据陈速影等在学校读过书的老人回忆，当时学校教员素质很高，有些还是国立中山大学毕业生，对学生也很好，尤其是当时学校抗日氛围比较活跃，学生能唱《延安谣》《保卫黄河》《二月里来》《长城谣》《义勇军进行曲》《吕梁礼赞》《毕业歌》《松花江上》等抗战歌曲。

在挖掘村史资料和走访老同志时，我们发现一个重要史实：在1944年冬至1946年期间，为躲避日本侵略者袭击，曾为省十大国立中学之一的南雄中学曾到东源县上莞镇君陈小学办学，在办学期间受到了新民村村民的保护和救济。查该校的校史也印证了此事，1944年冬，南雄沦陷，日寇肆意横行，校内器具、图书皆被焚毁殆尽。时任校长黄云蔚（顺德人，高师毕业）率师生百余人，连夜逃往江头墟，等待省教育厅安排去处，后奉令迁往河源县上莞乡上课。日本投降后，1946年2月，省立南雄中学从上莞乡迁回南雄。据悉，该校百年校庆之时曾派人来到上莞新民村查证此史实。据在该校读了半年书的陈速影老人回忆，当年该校招生时在街上贴出招生通知，需要到龙川佗城进行入学考试。1945年8月13日，他和本镇的10余位年轻人一起步行到龙川佗城，走了一天一夜，在佗城住了一晚。第二天考试分为笔试和面试，笔试考的是国文和数学。面试时，主考官提问陈速影岳飞是什么人物，陈速影答岳飞是能文能武的爱国将军，当时主考官伸出大拇指表示赞赏，陈速影最终通过了考试。

经考证，在新民村君陈小学教书和读书走出的厅级干部有5人，处级干部20余人。其中较为出名的有：陈风平，1929年出生，中共党员，国家体委（现国家体育总局）竞训司原司长、中国体操协会原副主席、国家体操队首任领队，参与培养了我国第一位体操世界冠军，同时也是"体操王子"李宁的恩师；陈耀华，1927年出生，中共党员，曾任三水武装部政委，副师级；李林，1920年出生，知名作家，原广东省文化厅办公室主任、副巡视员，著有《朱华集》等。

三、大人岭战斗烈士纪念碑原址建在新民村

大人岭战斗是河源地区解放战争时期"五战五捷"中最大的一次

战斗，我军于 1949 年 1 月 8 日进入战场，1 月 11 日上午战斗打响，晚上战斗结束。战斗中我云南队连长魏强及袁国祥、叶剑辉、郑道坤、黄伯良、曾娘芬、曾亚华、陈金为、陈林增、李清、吴炳香、廖东果、陈林 12 位战士共 13 人壮烈牺牲。12 日天刚亮，部队首长指示说，不能让烈士的遗体被弃于荒山野岭，要千方百计运回上莞安葬。任务下达后，上莞当地村民顾不上连日的疲劳，组织 20 多人积极参加运送烈士遗体的工作，早饭后起程赶往 70 多华里外停放烈士遗体的樟木寨，与杨洪恩、杨石养、杨亚年、杨观成、杨衍双、张亚密等十几个官头径等地村民砍树砍竹扎了 10 多副担架。因道路多是崎岖山道，为了赶时间，他们发挥"人海战术"——两人负责运一具遗体，两班轮换。就这样，一路经官头径、黎洞、黄土岭、白礤、骆湖、漳溪，12 日下午按时将烈士遗体运到了上莞。

1949 年 1 月 13 日，2 万多军民在河西上莞举行了大人岭战斗祝捷暨公祭烈士大会，为牺牲的 13 位烈士送行。支队领导严尚民、钟俊贤、魏南金、郑群、黄中强、曾志云等抬棺扶柩，在礼炮声中将烈士安葬于上莞镇新民村学堂岗，即现在的上莞敬老院处，1959 年建造了革命烈士纪念碑。1991 年，因纪念碑周边建了民宅，将纪念碑迁往上莞镇新南村彭屋岗，2002 年又将烈士碑新址所在地扩建为革命烈士陵园，并在纪念碑后的烈士墓碑刻上 40 位革命烈士的英名，其中包括新民村籍的战斗英雄陈云舫、陈五英两位烈士。

四、新民村涌现了一批革命志士和英雄人物

在抗日战争和解放战争时期，新民村是一片革命的热土，一个富有光荣传统的革命老区，新民村人民以极高的革命热情，纷纷献枪、筹粮、捐款、送物、站岗放哨、救治伤病员、掩护同志、支前运输，掀起

了父母送子女，妻子送丈夫的参军参战支前热潮。

经考证，1949 年 9 月 30 日前参加游击队或从事地下党组织活动、团活动的同志，新民村共有 21 位，包括陈志英、陈寿尧、陈云舫、陈谷流、陈粤令、陈寿海、陈平、陈彩瑞（女）、陈锦云（女）、陈钦令、陈桂令、陈罗锦、陈万胜、陈为、陈伦、陈月、陈世平、陈琼、陈寿朋、陈志强、陈裕泽。还有如游击队飞虎二队队长陈云舫、在柳城战斗中壮烈牺牲的陈五英等一批革命烈士，留下了可歌可泣、载入史册的英雄故事。

陈志英（1913—2003），又名陈福令，河源县上莞镇新民村人。毕业于河源三江中学，1936 年到曾田横坑小学教书，1938 年参加革命，1941 年加入中国共产党，同年 7 月，回上莞君陈小学任教。同时参与组建上莞乡农民抗日救国会和农民抗日自卫队。1942 年春夏间，上莞乡农民抗日救国会成立，陈志英任会长。他按中共上莞区委的决议，积极宣传抗日，组织开展"二五"减租减息运动。多次动员时任上莞乡乡长的陈宏令支持抗日救国，获得支持并于同年农历四月间以上莞乡公所名义召集各保保长和部分绅士联席会议，要求全乡实行"二五"减租减息，减轻农民租息负担。1946 年，陈志英加入东江纵队九连山学习培训班，任文化教员。1949 年 7 月，任河西区人民政府（后改为河源县第一区）副区长兼共青团总支书记；同年 9 月，任副区长兼河西区主力民工营营长，组织包括新民村村民在内的民工营 6 个连 600 人，抬着担架，拿着绳索，随两广纵队南下大军支援前线，解放惠州、广州，直至中山、前山，坚持到全省解放。后被派送到广东华南第二期党校培训班学习，结业后任土改二十三大队长兼南湖法庭庭长、第七区（上莞）副区长。1950 年起，任河源县农民协会副会长。离休时按副处级待遇办理。2003 年 8 月病故，享年 90 岁。

陈寿尧，中共党员，1916 年出生，1957 年至 1962 年任河源县副县长兼任埔前党委书记。1963 年组建新丰江林业局（省直管单位）。1971
年任河源县预制厂厂长兼书记。1971 年 7 月去世，享年 55 岁。

陈谷流，中共党员，解放前任河西县团工委宣传委员，解放后任
惠阳地区移民办主任。

陈五英，1911 年出生，1948 年参加支前，同年在柳城战斗中牺牲。

陈云舫，1911 年出生于上莞镇新民村下岗一个中农家庭，在读小
学时受孙中山民主革命思想的影响，经过地方党组织的引导教育，组
建成立飞虎二队，担任队长。陈云舫参加革命后，受到共产主义思想
的教育与熏陶，进步很快，认识到只有跟共产党闹革命，推翻"三座
大山"，人民才能翻身解放。他在中队里和战士打成一片，事事身先士
卒，把自己掌握的军事知识毫无保留地传授给战士，对提升部队的战斗
力作出了显著贡献。

1947 年 8 月 30 日，我九连工委在常美一栋农舍开完了扩大会议，
并得到情报，国民党军准备进攻上莞。开完会后第二天，国民党保五
团、保八团 500 多人分两路从曾田、船塘方向偷袭我九连工委驻地，情
况十分危急。飞虎二队队长陈云舫，挥动着驳壳枪指挥战士射击敌人，
并把敌人火力引向自己一边，战斗非常激烈，陈云舫右手中弹，当即血
流如注。战士发现队长受伤后劝他撤退，他坚决地说："狠狠打击敌人，
不要管我，边打边退。"陈云舫和战士们坚决顶住了敌人疯狂的进攻。
战斗到日落时，我工委机关首长及部队已撤退到安全地带，敌人再不敢
前进一步，战斗结束后，敌人抬了十多具尸体退走了。陈云舫受伤后，
躲在草丛中，自己包扎伤口，仍流血不止，动弹不得，后因药物缺乏，
流血过多，抢救无效，于第二天不幸牺牲，年仅 36 岁。

上莞红史调研报告

上莞镇驻镇帮镇扶村工作队

———— ✦ ————

九连地区是广东较早解放的地区之一,九连地区革命根据地是广东较大较巩固的根据地之一,九连地区武装部队是打仗较多规模较大、解放地区更广的部队之一,而上莞这片热土则是九连地区唯一未曾丧失的、更巩固的根据地,是一面"不倒的红旗",被誉为解放战争时期的"小瑞金",见证了诸多重要历史时刻!

一、主要历史概述

上莞地区的红色革命斗争历史丰富,一直是九连山革命根据地斗争核心区域。特别是抗日战争、解放战争时期,在上莞地区发生的重要历史事件更是具有较大影响。

这里是中共九连工委驻地,1947年8月,中共九连工委驻常美塱背,并召开第二次工委扩大会议;这里是中共九连地委驻地,1948年6月,中共九连工委在船塘流石白竹坑召开第三次扩大会议,改组为中共九连地委,随后进驻上莞六角楼;这里是广东人民解放军粤赣边支队司令部驻地,1948年8月,九连地区人民武装力量整编为广东人民解放军粤赣边支队,司令部驻上莞六角楼;这里是河源县人民政府诞生地,1948年12月7日,中共九连地委奉命决定成立河源县人民政府并在驻地上莞举行成立典礼,等等。

二、重要革命旧址

上莞革命斗争历史留下了许多红色革命旧址，主要有：

（一）新民村君陈小学——中共河西县委遗址

1938年10月，日本南侵军在惠阳大亚湾登陆，铁蹄蹂躏惠州城，消息传至海外，南洋华侨义愤填膺，抗日救国救乡的热情高涨。1939年1月，东江华侨回乡服务团在惠阳淡水正式成立，先后组建了7个分团和2个队，第五分团组建于同年4月，并于4月下旬到达河源，先后在县城、河西地区（东江以西）等地开展抗日救亡宣传活动。由此，播下了河西地区地下党组织的种子。

河西区为什么很重要？原粤赣湘边纵队东江第二支队司令员郑群同志在《东源县党史资料汇编》第二辑序中提道："河西区地处河源县北部，东江河源段以西地区，东北面毗邻龙川、和平，西北面毗邻连平、新丰、龙门。这些地区占了整个原河源县近三分之二的土地和人口，是通往粤东、粤北的必经之地，又是战略要地九连山的伸延地，无论政治、文化，于全县都起着举足轻重的作用。"河西的人民"勤劳质朴、勇敢坚毅，富于反抗精神"，因此党在这里建立了牢固的革命根据地。抗日战争中后期，全河西县党员达300多名，分布在上莞、船塘、三河、曾田、黄沙的各个抗日根据地村庄。

根据《东源县志》记载，1939年秋，上莞镇建立了中共党小组。1940年冬，在新民村君陈小学成立了中共党支部。1941年9月，中共东江后方特别委员会（简称"中共后东特委"）根据形势发展的要求及河源的自然地理环境的有利条件，发展和巩固河源东江两岸党的地下组织，以利于开展隐蔽工作，批准河源实行小县小区制，以东江河为界，把东江河西岸地区划为河西县，建立中共河西县委。1942年1月设立特派员制，河西县特派员为章平、副特派员为郑重文。1943年1月章平调离后，郑重文任特派员。当时，郑重文特派员在上莞镇新民村君陈小学以教书为掩护开展革命工作，组织革命活动。从这时起，河西地区党的领导机关由流洞文明小学转移到上莞的君陈小学。1944年7月郑重文调离后，自8月起由欧阳梧接任特派员至1947年7月。

原河西县委特派员、交通部广州航道局党委书记郑重文同志与程光同志在《回忆抗日战争时期上莞地区党的活动情况》一文中提及河西县党的领导机关在君陈小学期间发挥的重要作用。

一是掩护身份。在河西县委工作和革命的党员有刘成章（叶潭人）、程光（河源县人）、郑重文（龙川人，在学校时叫郑炳文）、黄绮芬（女，香港人）等13人，其中，程光、郑重文、黄绮芬、张基、魏杰、田观旺等6人是以教师身份为掩护在学校开展组织生活和革命活动。

二是宣传我党主张。在学校中大力宣传抗日救亡运动，大唱革命歌曲，扩大与提高我党我军政治影响和威信，对促进学生思想进步起着重大作用，历史事实证明，君陈小学出来的学生许多都走上了革命道路。

三是组织农民抗日救国会，组织发动群众开展减租减息运动，夯实党组织建设基础。1942年5月，上莞区特派员程光及共产党员陈志英、田裕民、陈少卿、陈柏祥等秘密召开会议商定，以抗日救国和实行孙中山"三民主义"为口号，发动群众成立上莞乡农民抗日救国会，会员很快达1000多人，并组织动员全乡实行"二五"减租减息，为上莞农民一年减免租息近5000石。

四是培育先进革命力量。目前已可考证的、在君陈小学发展的学生党员有陈维史、陈启林、许蔚青等3名。经考证，在君陈小学教书、读书，后任厅级干部的就有6人，任处级干部的有30余人。其中较为知名的是陈凤平，1929 年出生，中共党员，曾任国家体委（现国家体育总局）竞训司司长，是国家体操队首任领队，培养了我国第一位体操世界冠军，也是"体操王子"李宁的恩师。李林，1920 年出生，知名作家，原广东省文化厅办公室主任、副巡视员，著有《朱华集》等。

（二）新南村六角楼——中共九连地委、广东人民解放军粤赣边支队司令部、粤赣湘边纵队东江第二支队司令部旧址

中共九连地委、支队司令部、政治部下属机关电台、报社、交通总站、税务总站、军需室、文工团及河源县人民政府各科室，都云集于此，因此被称为九连地区"小瑞金"。

1945 年 10 月至 12 月，广东人民抗日游击队东江纵队（简称"东纵"）第三支队奔赴九连山，开辟新的根据地，建立九连山区人民自卫总队和中共九连山区工作委员会。抗战胜利后，蒋介石集团假和谈、真内战，国民党广东当局拒不承认东纵是共产党领导的抗日人民武装，诬称东纵为土匪，经两党谈判，为顾全大局，东纵于 1946 年 6 月北撤山东。其中，东纵第三支队除留下 58 人在九连山地区坚持隐蔽斗争外，其余人员均北撤山东。

解放战争全面爆发后，1946 年 11 月 27 日，广东区委根据中共中央一系列重要指示，作出了恢复武装斗争的决定。1947 年春，决定成立九连、江北、江南、瀚江等地中共工作委员会和五岭地委，其中，中共九连地区工作委员会（简称"中共九连工委"）由严尚民、钟俊贤、魏南金、曾志云等组成，严尚民为书记。

1947 年 3 月初，在叶潭召开了中共九连工委第一次扩大会议，参加会议的有各县委负责同志、东纵第三支队与中共后东特委留下来坚持隐蔽武装斗争的人员，会议明确提出"反抗三征、破仓分粮、建立反蒋统一战线"的政治口号，会议后，工委成员分散到各区领导开展武装斗

争，分别建立了"东江人民抗征队""连和民主义勇队""和平人民义勇队""河西人民自救队"等武装部队。

1947年7月，国民党当局为保住华南，全面开展"清剿"行动，先后向连和区、河西区进犯，和平青州等地相继陷入敌手。8月2日，中共九连工委领导机关及主力主动撤出青州，转移至河西指挥作战，驻上莞塱背村，大部分主力部队亦转移到上莞（今属上莞镇常美村）。8月27日至30日，在上莞塱背村高排屋召开第二次扩大会议，会议确立了分区开展武装斗争的方针，分为河西、河东、连和、和东4个分区，逐步建立起了以九连山为中心的游击区。至1947年冬，九连地区主力连队发展到9支，地方连队19支，建立武装工作队13支，发展民兵4000多人，组织农会会员16000多人，20多个乡得到解放，部队活动地区多达50个乡，纵横300多里。

但由于各地游击队分散活动，没有统一的军事指挥机关，难以形成主力，不能更有效打击消灭国民党有生力量，至1948年夏，河东、连和、和东等主要根据地被敌占领，重建伪政权，根据地群众损失惨重。九连地区各地主力部队进行战略转移，退守唯一没有丧失的河西根据地。1948年6月，中共九连工委在船塘流石白竹坑召开第三次扩大会议，总结恢复武装斗争以来的经验教训，决定将中共九连工委改组为中共九连地方委员会（简称"中共九连地委"），并将九连地区武装部队整编，成立广东人民解放军粤赣边支队。会议后，新的中共九连地委成员于6月底转移到上莞，各地主力部队也转驻上莞，进行整编整训。

经过一个多月的筹备，1948年8月7日，在上莞举行了3000多军民参加的粤赣边支队成立典礼，发表《广东人民解放军粤赣边支队成立宣言》和《通电》。1949年1月，粤赣湘边纵队成立，粤赣边支队改称东江第二支队（简称"东二支队"）。东二支队成立后，在毛主席"集中优势兵力打歼灭战"正确军事斗争思想的指导下，在1948年10月至

1949 年 1 月期间，连续取得了重大胜利（"五战五捷"），从根本上扭转了九连地区战局，由被动转为主动。1949 年春，东二支队直接组织策划了保十三团起义，壮大了人民武装力量。至 1949 年 8 月底，除河源城外全区基本解放。9 月初，东二支队会同边纵各团和第四支队，兵临河源城下，9 月 19 日，河源城解放。9 月 20 日，乘胜追击至埔前、石坝，激战三天，敌军败退广州，至此九连全区解放。随后，东二支队配合两广纵队、陈赓兵团，一直打到博罗、广州、中山、珠海等地，为解放广东作出了重要贡献。惠州解放后，1949 年冬，中共东江地委成立，中共九连地委撤销。广州解放后，1950 年初，东二支队编入广州军区、广州公安总队，番号撤销，完成了历史使命。

原东二支队司令员郑群同志在上莞"三成立"纪念亭所写的亭志中，提及上莞在九连地区革命的地位和巨大贡献："上莞是当年河西游击区的中心，又是九连地委、粤赣边支队、河源县人民政府的成立地和常驻地。上莞人民曾经踊跃参军参战支前，出人出枪捐钱捐粮，为革命流血流汗，作出了巨大的贡献，在历史上写下了辉煌的篇章。"

为什么选择在上莞成立党政军机关？一是上莞有坚强的党组织建设基础，抗战初期便建立了党的小组、支部、区委，君陈小学是河西县委所在地；二是上莞有很好的群众基础，上莞贫富悬殊、阶级矛盾尖锐复杂，且抗战时地下党组织成员曾组织抗日救国会和抗日自卫队，实行了"二五"减租减息，统战工作搞得好；三是上莞有好的军事基础，恢复武装斗争后，建立飞虎一队、飞虎二队、飞虎三队 3 个中队和常备队、武工队，是主力部队的得力助手；四是上莞地理环境优越特殊，四面高山峻岭易守难攻，地处河西区中心点，有利于部队活动隐蔽、回旋；五是上莞是粮油产地，对部队供给有保障。

（三）常美村壆背高排屋、狮头山——中共九连工委第二次扩大会议旧址，反"扫荡"战斗遗址

前面梳理了中共九连工委的三次扩大会议的召开背景、内容与意义。其中，第二次扩大会议旧址位于上莞常美村，其坐落在狮头山下，还保持原来风貌，是典型的的客家围龙屋结构。谈到本次扩大会议，往往会联系到壆背反"扫荡"战斗，这是中共九连工委经历的一次反包围战斗，化险为夷，惊心动魄。

1947年8月，国民党反动派获悉中共九连工委于上莞壆背召开扩大会议，由上莞反动地主陈廉楷指使其爪牙陈亚秋引路，纠集保安五团、八团的五个连和河源县警队共500多人，分路从曾田、船塘向上莞根据地"扫荡"，妄图一举围歼中共九连工委领导机关和驻上莞主力部队。第二次扩大会议结束前，我军已接到情报，并布置探察敌人具体兵力及路线。

8月30日，第二次扩大会议散会，魏南金、钟俊贤、曾志云等已离开上莞，严尚民、陈实棠、林若、陈君明等打算31日开赴各地开展工作。8月31日下午，敌人由反动地主鹰犬带路绕小道捷径包抄而来，我方被迫仓促应战，处于被动。严尚民同志临危不乱，指挥若定，指挥部队紧急应战，边打边往杨坑、李田方向撤退，激战3个多小时，敌人被击退，工委机关和游击队安全转移。为掩护工委机关安全撤退，飞虎一队队长陈国汉、飞虎二队队长陈云舫及3名战士英勇牺牲。这次战斗虽仓促应战，但指挥有力、进退得宜，以极小的伤亡确保了工委机关和大部队的安全，粉碎了敌人一举扫平河西的痴心妄想，锻炼了部队。

（四）太阳村昌隆屋——九连地区第一个县级人民政府河源县人民政府旧址

1948年12月底，九连地区全区解放为期不远，中共九连地委和东

江第二支队司令部审时度势，为统一河源县的行政，迎接即将解放的新区接管和建政工作，决定从部队抽调干部成立河源县人民政府。

经过筹备，1948 年 12 月 7 日，河西区上莞、船塘、漳溪、骆湖、三河（现已并入船塘）、曾田 6 乡 3000 多军民在上莞圩岗（现文化广场）隆重举行河源县人民政府成立典礼，魏南金主持并宣读中共九连地委任命书，任命黄中强为河源县人民政府县长，黄中强宣读了《河源县人民政府成立宣言》，标志着九连地区第一个县级人民政权的诞生。县政府成立后，下设财政科、军事科、民政科、宣教科，根据党的政策和当地的实际情况，制定和颁布了婚姻、教育、征收公粮、保护耕地以及奖励开荒扩种等一些临时法规。

县政府成立后至 1949 年 6 月，常驻上莞镇太阳村"昌隆屋"（该址 2010 年被定为东源县文物保护单位）。曾是县人民政府工作人员的陈速影回忆，这处古宅原来居住有十来户农户，他们主动让出老宅，让县政府的工作人员办公居住。当时财政困难，从县领导到每一位工作人员都没有工资，每天只提供早晚两餐，连蔬菜都吃不上，更谈不上吃肉。穿的都是带补丁的衣服和草鞋，但是大家都毫无怨言，全身心地投入工作。

1949 年 5 月，蓝口解放，河源县人民政府于 6 月 11 日迁往蓝口。

1949 年 9 月 19 日，河源全县解放，9 月 22 日河源县人民政府机关和警卫排共 50 多人乘 5 艘木船从蓝口起航，23 日凌晨进入河源城。

（五）上莞革命烈士陵园、"三成立"纪念亭

上莞革命烈士陵园位于上莞镇新南村彭屋岗。20 世纪 50 年代在学堂岗建造了烈士碑，因四周建民宅，1991 年迁于现址建了一座纪念碑，2002 年扩建为革命烈士陵园，占地面积 4000 多平方米。园内建有革命烈士纪念亭、休息长廊各一座，两面题词墙有任仲夷、林若、梁威林、郑群等 20 多位老领导的题词。陵园后部建成高 8 米的革命烈士纪念碑，

矗立于高 1 米，面积 100 平方米的平台上，碑下部为碑志，碑后为烈士墓冢，墓碑镌刻着 40 位烈士的英名，其中解放战争烈士 35 名，抗美援朝和对越自卫反击战烈士 5 名。

"三成立"纪念亭位于东源县上莞镇圩镇文化广场，建于 2002 年，为了纪念 1948 年 8 月 7 日粤赣边支队成立、中共九连地委同时驻扎上莞和 1948 年 12 月 7 日河源县人民政府在上莞成立等 3 个重要历史事件在该地发生而建造。

三、亮点特色突出

以上几部分在现有文献资料的基础上，对上莞镇的红色历史资源进行了梳理，尝试以时间线索为牵引，努力将上莞的红色历史脉络放在河西地区、九连地区乃至广东省的大背景下讲述，力求将党政军组织在上莞的演变过程、结果讲清楚，但受篇幅限制，其中许多英雄人物故事未能在此充分体现，甚为遗憾。

在上莞河西地区这片土地上，发生的红色故事是极具挖掘潜力的，有很多突出亮点，主要体现如下：

一是许多标志性的历史事件发生于此，历史地位突出。九连地区革命根据地是广东省内较大较巩固的根据地，九连地区是广东较早解放的地区，九连地区的武装部队是打仗较多、规模较大、缴获武器更多、解放地区更广的一支部队，为广东乃至华南地区的解放所作的贡献，是不容忽视的。而九连地区的党政军领导机关根据现实斗争需要，最终选择常驻上莞，直至九连地区完全解放，可以说发生在九连地区的一系列革命斗争行动，都与上莞有着密切联系。同时，上莞这片土地还见证了广东人民解放军粤赣边支队的成立、河源县人民政府的成立，这份历史记忆显得尤为珍贵。

　　二是上莞是唯一一个未曾丧失的、更巩固的根据地，是九连地区革命根据地一面"不倒的红旗"。九连地区范围甚广，在解放战争中期，亦曾面临挫折、处于被动，部分根据地被敌占领、重建伪政权，而中共九连工委领导机关和主力部队最终在上莞河西，站稳了脚跟，扭转了战局，巩固和发展了根据地，从思想上、政治上、军事上和组织上为夺取最终胜利奠定了坚实基础。

　　三是有十分丰富的故事元素，能为打造红色文旅产业提供不可或缺的内容支撑。一方面，时间跨度长、脉络清晰，从抗战时期的后方地下斗争，到解放战争时期的根据地斗争，以时间为线索，串珠成链，适合打造党性教育旅游线路。另一方面，既有"五战五捷""三次扩大会议"这样的宏观叙事，又有瑷背反"扫荡"战斗这样惊心动魄的微观故事，而且由于政治部下属机关电台、《粤赣报》报社、交通总站、税务总站、军需室、文工团及河源县人民政府各科室等都设在上莞，这些后方工作、斗争的故事也是一个重要组成部分。

　　此外，笔者曾拜访河西地区革命烈士谢映光之子谢家骥老先生，了解到谢映光既是一名革命烈士，又是一名乡村诗人，他为发动群众投入抗日救国，推翻"三座大山"，著有大量诗歌，目前仍留存的多达400 余首，经对比 20 世纪 50 年代至最近出版的全国《革命烈士诗抄》，数量为全国之最，因此，谢映光是全国留下最多诗歌和对联的烈士，若做好策划、挖掘，将是东源县、河源市乃至广东省，打造全国范围内有名红色文旅 IP 的重要抓手。

　　四是红色资源分布范围广，涉及村居数量多，具有"串珠成链"发展红色文旅路线的空间优势，并能借此与大多数村居构建利益联结机制。上述梳理的"一亭一园四遗址"，就分别分布在新民村、新南村、太阳村、常美村以及街镇。此外，在上莞这片不足 100 平方公里土地上发生过的大大小小的战斗，其战斗遗址也分布在其他各个村居，例如仙湖村的"太平洋"总部遗址和坳顶防御战遗址等。

上莞地区的红色历史资源迫切需要我们认真去挖掘宣传运用,在推进乡村振兴、驻镇帮扶工作中也应该是我们要重视的一项任务。

(上莞镇驻镇帮镇扶村工作队自 2021 年 7 月起进驻,该调研报告曾获评"全省百份优秀乡村振兴调研报告"。主笔为杨濠骏,参与调研的主要队员有芦志勇、陆远蕗、王鼎昌、郑民良、黄永焕、廖思思。)

上莞革命斗争史略 ①

陈速影

　　上莞镇位于东源县北部，面积 97 平方公里，四面崇山峻岭，中间小盆地，新中国成立前人口仅 12000 多人。新中国成立前的上莞交通闭塞，不通舟车，街镇只有十多间小商店和几间车衣店、打铁店；全镇居民 95% 为农民，属农业社会。上莞虽然土地肥沃，盛产粮油，但新中国成立前，土地约 80% 为地主、富农或封建尝典会所有，因此上莞地区阶级矛盾尖锐，农民在政治、经济上深受"三座大山"的压迫和剥削，富有反抗精神，迫切要求翻身解放。1939 年，在老隆师范读书的上莞籍学生田裕民加入了中国共产党，他是上莞第一个中共党员。1940 年陈金荀在船塘邮政代办所由东江华侨回乡服务团介绍也入了中国共产党。1940 年至 1942 年，地下党组织成员刘成章（叶潭人，在逢源小学教书）、程光（黄村人）、郑重文（龙川人）、黄绮芬（香港人）、张基（大埔人）等人在君陈小学以教书职业为掩护，从事革命工作，先后发展了陈启林、陈柏祥、陈少卿、陈志英、陈维史、许蔚青等人入了党，成立了支部、区委，由程光、郑重文直接领导。

　　1941 年 9 月中共河西县委成立，驻地三河流洞文明小学，书记李福民；1942 年李福民调走后改特派员制，章平为特派员，郑重文为副特派员；1943 年 1 月章平调走，郑重文为特派员，县委机关设在上莞君陈小学；1944 年郑重文调走后，欧阳梧为特派员，县委机关仍然设

---

① 摘自《革命老区上莞》，有删改。

在君陈小学。在党的领导下，君陈小学教员向学生教唱抗战歌曲，如《延安谣》《保卫黄河》《二月里来》《长城谣》《义勇军进行曲》《吕梁礼赞》《毕业歌》《松花江上》，还进行出墙报、演话剧、火炬游行等多种抗日救亡运动宣传。

1942 年夏成立了上莞乡农民抗日救国会，由党员陈志英任会长。农民抗日救国会和上莞乡公所召开联席会议，作出了实行"二五"减租减息决议，并贴出布告进行实施。减租减息行动直至 1946 年从不间断，减轻了农民负担。恢复武装斗争后，1947 年春在上莞建立了飞虎一队（队长陈国汉）、飞虎二队（队长陈云舫）、飞虎三队（队长李汉杰），共有 200 多支枪。

1947 年 8 月 30 日，国民党保五、保八团 500 多人从船塘、曾田两路突然袭击驻在墈背的中共九连工委机关和我游击队，飞虎一队、飞虎二队处于前哨阵地，首先和敌人开战。战斗打响后，工委领导严尚民指挥铁流队、雄狮队、黄日大队紧急应战，边打边后撤。激战 3 个多小时，敌人被击退，我工委机关和游击队安全撤退到杨坑、李田等地。此次战斗，飞虎一队队长陈国汉、飞虎二队队长陈云舫和 3 名战士英勇牺牲。战斗结束后，敌进驻下圩。我游击队在夜间对下圩驻敌不断进行骚扰、袭击，敌人住了几天便不得不撤走了。

墈背战斗后，飞虎一队、飞虎二队、飞虎三队进行了整编，除部分队员编入铁流队外，其余队员组建成上莞武工队（也称"常备队"）。领导分别是队长李汉杰，指导员田裕民，司务长陈怒警，文化教员叶剑辉。

1947 年 8 月成立上莞区工委（含曾田、骆湖党组织），书记魏秋环。1947 年冬各村建立了农会，实行停租废债；1948 年春全乡实行了土地改革。同年春起各村建立了党支部，上莞乡成立了党总支，陈集甫任书记。

1948 年 5 月，国民党保五团纠集龙川、柳城联防队 500 多人，经石侧、黄洞三折岭进攻上莞。河西区武工队和民兵常备队 1000 多人在坳顶进行防御，打响了保卫战，打退了敌人多次进攻，取得了战斗的胜利，敌人败退至柳城。

1948 年 6 月，上莞行政委员会成立，7 月改称上莞乡人民政府，乡长陈治民，副乡长李汉杰。

1948 年 8 月 7 日和 12 月 7 日，广东人民解放军粤赣边支队和河源县人民政府先后在上莞成立并常驻。

1949 年 1 月 8 日，粤赣边支队 1000 多名武装队员在上莞六角楼举行誓师大会后，星夜挥师东江河边大人岭截击国民党保十三团。大人岭战斗大捷后，粤赣边支队于 13 日在上莞圩岗举行祝捷暨公祭烈士大会。

1949 年 7 月上旬，在上莞下圩召开各乡村干部、群众团体代表、民主人士大会，成立了河西区人民政府，欧阳轲任区长、陈志英任副区长。区政府驻下圩，后迁往船塘。

1949 年 9 月，河西民工营成立，陈志英任营长，张汉民任教导员，陈昊任副官。其中上莞民工连 150 多人，陈治民任连长，高云任副连长，陈为任指导员。

1949 年 10 月，上莞民工连随解放军十五兵团、两广纵队一直打到广州、中山、珠海等地。他们的主要任务是为作战部队抬担架，运输粮食弹药，救护伤病员。民工连于 11 月胜利返乡，受到两广纵队的嘉奖。解放战争中，地委、支队司令部、政治部下属机关电台、报社、交通总站、税务总站、军需室、文工团以及河源县人民政府各种科室都在上莞频繁活动。上莞在解放战争期间被称为九连地区的"小瑞金"，是最巩固的根据地。

原东二支队司令员郑群同志为中共九连地委、粤赣边支队、河源县人民政府成立纪念亭所写的亭志中说："上莞是当年河西游击区的中心，又是九连地委、粤赣边支队、河源县人民政府的成立地和常驻地。上莞人民曾经踊跃参军参战支前，出人出枪捐钱献粮，为革命流血流汗，作出了巨大的贡献，在历史上写下了辉煌的篇章。"

六角楼里的革命往事

——中共九连地委、粤赣边支队司令部旧址 [①]

李成东

★

　　位于上莞镇新南村的这座绿树掩映的客家方围屋，便是著名的六角楼。据介绍，这座粤东典型硬山顶结构的六角楼，始建于清宣统二年（1910年），名为善继堂，坐北向南，占地面积2300多平方米。围屋四角建有角楼，角楼每层均设有瞭望孔、射击孔，集祠、家、堡于一体，是一座具有鲜明防卫特征的坚固民居。因这里原有6座3层高的碉楼，故而称为"六角楼"。

　　上莞，是解放战争时期中国共产党在东江流域河西地区开辟的革命根据地之一，素有"小瑞金"的美称。无数革命先辈在这里战斗过，留下了许多可歌可泣的英雄事迹。中共河西县委、塱背反"扫荡"战斗、河源县人民政府等红色革命旧址（遗址）就出现在这方有着优良革命传统的热土上，它为研究河西、河源乃至九连地区革命历史，以及广东人民解放军粤赣边支队在东江流域的活动提供了珍贵的史料。

　　六角楼，集中国共产党九连地方委员会旧址、广东人民解放军粤赣边支队司令部旧址和中国人民解放军粤赣湘边纵队东江第二支队司令部旧址于一体，是解放战争时期整个九连地区指挥机关最重要的办公场所。六角楼大门口的左右上方，分别悬挂着"中国共产党九连地方委员

[①]　主要参考了《中国共产党河源县地方史》、《东源县党史资料汇编》第二辑、《桑榆晚霞》、《狮头山下铸信仰》中的相关文章，载于《薪火》第81—84页。

会旧址""河源市爱国主义教育基地""广东人民解放军粤赣边支队司令部旧址""中国人民解放军粤赣湘边纵队东江第二支队司令部旧址"四块金色牌匾，向后来的人们昭示着一段光荣的革命历史。

时光倒流到 1947 年 8 月 30 日，为期 4 天的中共九连地区工作委员会（简称"中共九连工委"）第二次扩大会议在上莞墨背高排屋召开后，魏南金、钟俊贤、曾志云等立即离开上莞，分赴九连各地领导游击战争。严尚民、陈实棠及林若、陈君明、曾观和、黄日等，原本也打算于次日离开，不承想，一场激烈的战斗在等待着他们。由于反动地主陈廉楷向国民党县政府告密，国民党广东当局立即纠集军警 500 余人，于 31 日上午分别从曾田、船塘方向朝上莞墨背扑来。面对如此严峻的形势，中共九连工委被迫紧急撤离，在墨背狮头山与国民党省保五团、保八团展开殊死战斗，最后安全撤离到杨坑、李田交界的安全地带。在此次阻击战中，陈国汉、陈云舫等 5 人献出了宝贵的生命。

国民党当局因此加紧了对九连地区游击根据地的"清乡"与"围剿"，河东、河西、连和、和东都处于国民党军队的疯狂进攻中。1948 年 3 月，国民党当局纠集反动武装 6000 多人，向九连地区发动了大规模进攻，致使我九连地区人民武装遭受了严重损失，从 5100 多人锐减到 3700 多人。

为保卫解放区，加强人民武装，1948 年 5 月底，黄松坚、梁威林受中共中央香港分局、粤赣湘边区临时党委委派，来到河西区。6 月 20 日，由黄松坚、梁威林主持的中共九连工委第三次扩大会议在船塘流石白竹坑村召开，会议通过了改组中共九连工委和建立主力部队等五个重大决议。

6 月底 7 月初，新成立的中共九连地方委员会（简称"中共九连地委"）和大部分主力部队，安全转移到革命基础较好的上莞地区。九连地委办公场所就设在建筑规模宏大、利于防御的六角楼。部队集中驻扎在河西地区后，九连地委加紧对部队进行了整编和整训。

1948年8月1日，九连地委在六角楼召开了广东人民解放军粤赣边支队成立动员大会。8月7日，3000多军民在上莞下岗举行了成立典礼，以钟俊贤为司令员、郑群为副司令员、魏南金为政委、黄中强为政治部主任、曾志云为参谋长的广东人民解放军粤赣边支队宣告成立，司令部就设在六角楼。庆典大会通过了《广东人民解放军粤赣边支队成立宣言》，还给中共中央等发了《通电》。

1948年底，全国军事形势发生巨大的变化，国民党的统治岌岌可危，全国胜利指日可待。1949年1月1日，中共中央发表题为《将革命进行到底》的新年献词，号召中国共产党和全国人民把伟大的人民解放战争进行到底。根据粤赣湘边区党委的指示，为有效打击敌人，采用"普遍发展，在普遍发展中有方向、有步骤、有配合、有策应地建立安全根据地"的军事斗争方针，粤赣边支队主动出击，四处打击国民党残余部队。

1月8日，1000多人的誓师大会在六角楼举行后，支队主力立即挥师东江边。1月11日，在东江边义合的大人岭伏击国民党保安第十三团一个加强营，经过英勇顽强的战斗，取得了自1948年秋支队成立以来的第五次大捷，与白马、大湖、鹤塘、大坪四次战斗合称"五战五捷"，从根本上扭转了九连地区战局，彻底粉碎了国民党反动派的"围剿"计划。1月13日，河西军民2万余人在上莞举行祝捷暨公祭烈士大会。

1月17日，广东人民解放军粤赣边支队改编为中国人民解放军粤赣湘边纵队东江第二支队，郑群为司令员，钟俊贤为政委，曾志云为参谋长，黄中强为政治部主任，司令部仍然设在六角楼。为震慑敌人，瓦解敌军，扩大政治影响，争取更广泛的拥护和支持，九连地委按粤赣湘边区党委指示，举行10000多人参加的隆重集会，庆祝中国人民解放军粤赣湘边纵队东江第二支队正式成立。晚上，人声鼎沸的河西上莞，举行了场面壮观、热闹非凡的联欢晚会，支队文工团和河源县人民政府宣教队，还有河西洪流剧团的演员们，演出了丰富多彩的文艺节目。

　　作为中共九连地委驻地、粤赣边支队和粤赣湘边纵队东江第二支队司令部所在地，六角楼的红色往事被永远地载入了史册。2011 年 7 月，六角楼被中共河源市委、河源市人民政府公布为"河源市爱国主义教育基地"。粤赣湘边纵队东江第二支队司令员郑群对上莞人民在解放战争中的贡献给予了高度评价，他说："上莞人民曾经踊跃参军参战支前，出人出枪捐钱捐粮，为革命流血流汗，作出了巨大的贡献，在历史上写下了辉煌的篇章。"

临危不惧反"扫荡"

——发生在上莞塱背战斗旧址上的故事 [①]

李成东

———————————— ★ ————————————

上莞位于东源县北部山区，地处九连要塞，界连三县，独特的地理位置，优异的自然禀赋，造就了上莞深沉厚重的历史、多姿多彩的文化和多元并存的经济。勇立乡村振兴潮头的上莞镇，不仅有"南粤茶乡"之美誉，还是闻名遐迩的水泥大镇和红色古镇。

常美村是上莞所辖的一个风景美丽的山村。这里群山环绕、绿树掩映，时值暮春，百花争艳，到处呈现出一派生机勃勃的景象。不远处的狮头山，偶尔传来一两声清脆悠扬的鸟叫声，为苍苍莽莽的大山增添了几分幽静。塱背反"扫荡"战斗遗址就在狮头山脚下一带。

上莞镇，红色文化底蕴深厚，解放战争时期便有"小瑞金"的美称，是中国共产党早期在东江流域河西地区开辟的革命根据地之一，还是中共河西神经中枢，与船塘并称河西革命中心。这里的一山一水、一草一木，无不承载着可歌可泣的革命斗争史。70多年前，一场场惊心动魄的战斗在这里上演，一曲曲震撼人心的时代之歌在这里奏响……

1947年3月15日，为了扑灭人民武装力量，国民党广州行辕发布"清剿"令，国民党驻九连地区部队纠集保安第五团和独立第一大队主力，拼凑地方反动武装约3000人的兵力，对我根据地发动了猛烈进攻，

———————————————

[①] 主要参考了《中国共产党河源县地方史》《河源市源城区革命老区发展史》《红色船塘》《狮头山下铸信仰》等，载于《薪火》第156—159页。

企图集中兵力一举消灭我九连人民武装部队。

7月下旬，国民党部队向连和区、河西区进犯，中共九连工委驻地和平青州陷入敌手，严尚民率中共九连工委机关人员和主力部队撤出青州，采用游击战术与敌人周旋。敌人凭借优势兵力，有恃无恐，步步为营，加紧对我部队进行"围追堵截"。8月3日，中共九连工委和主力部队辗转进入群众基础较好的九连腹地——河西继续战斗。

转战河西以来，在骆湖坪塘首次与反革命势力正面较量并取得反包围战重大胜利的我主力部队，为保存实力和巩固革命根据地，于8月16日奉命驻防上莞。十天后，中共九连工委第二次扩大会议在这里召开。

处暑之后，秋意渐浓。8月27日，中共九连工委第二次扩大会议在佐清居拉开了帷幕。佐清居始建于清朝嘉庆年间（1800年左右），是一座大型客家方形围屋，背靠狮头山，占地面积大约4200平方米。

佐清居外，与附近农民们一起收割的游击队员，机警地瞄着进入垦背高排屋的各个路口，不时地学着鸟叫交换着眼下安全的信息。佐清居里虚掩的大门两旁，荷枪实弹的游击队员严肃地站立着。大厅正上方，牌匾上"式谷诒谋"四个金字在晨曦中闪烁着醒目的光芒。严尚民、魏南金、钟俊贤、曾志云、陈实棠、林若、陈君明、曾观和、黄日等人神态严肃地围坐后厅里，按照既定的议程召开会议。

会议在总结九连地区恢复武装斗争初期经验的基础上，决定在九连地区分设河西、河东、和东、连和四个战略区，在更广阔的地域里，分散创立和发展游击区，再逐步联片形成以九连山为中心的巩固根据地，积极开展武装斗争，有效有力地打击敌人。

8月30日，为期4天的中共九连工委第二次扩大会议结束，一部分与会人员当天便离开了上莞，严尚民等人却因事滞留当地。没想到的是，地主陈廉楷指使其爪牙陈亚秋告密，国民党当局调动反动军警500

多人，于 8 月 31 日上午向上莞大举进犯，企图围歼中共九连工委和我主力部队。

严尚民接报后，马上召开紧急军事会议，部署战斗。经分析，中共九连工委认为敌人有自忠信途经船塘来袭的极大可能性。而铁坑是船塘到上莞的必经之路，在布置许逢利率猛狮队在铁坑丝茅坪戒备后，中共九连工委决定继续增派连和区的民主义勇队主力雄狮队和河西区的铁流队分赴铁坑，并迅速采取行动，部署主力部队在上莞与曾田交界处伏击迎战。

不料，敌人却一反常态，避开大路，专抄小路，凶神恶煞般朝上莞垄背袭来。战斗下午打响。我黄日大队、铁流队、雄狮队、飞虎一队、飞虎二队与敌人正面交火。

大队长黄日是有名的机枪手，他身先士卒，奋不顾身，端起轻机枪，"哒哒哒……"就是一通猛扫。敌人先头部队遭当头痛击，顿时鬼哭狼嚎，仓皇四散，惶惶然有如丧家之犬。不久，敌人主力部队也向我游击队扑来。飞虎一队队长陈国汉、飞虎二队队长陈云舫临危不惧，指挥若定，利用熟悉的地形和精准的枪法，打退敌人一次又一次的进攻。

暮霭沉沉，枪声阵阵。战斗仍然在继续。由于敌众我寡，我游击队员且战且退，掩护中共九连工委机关人员迅速向林木茂盛、莽莽苍苍的狮头山撤离。当夜，趁着月色，我工委机关和部队撤至杨坑和李田交界的安全地带，完成了安全转移。此次战斗，经过 3 个多小时的激战，击毙敌人 20 余人。我飞虎一队队长陈国汉、飞虎二队队长陈云舫和另外 3 名战士壮烈牺牲。这就是有名的垄背反"扫荡"战斗。

垄背反"扫荡"战斗遗址，承载了东江纵队英勇奋斗的光荣历史，抒写着可歌可泣的历史篇章和感人事迹，是上莞的宝贵财富，也是弘扬革命传统和红色文化、激发爱国热情、振奋民族精神的生动教材。

忆往昔峥嵘岁月稠，看今朝绿水青山秀。红色文化底蕴深厚的上莞，为研究河西、河源乃至九连地区革命历史，以及人民解放军粤赣边支队在东江流域的活动提供了弥足珍贵的史料。今天，"红色文化"已经为上莞乡村振兴注入新动力，红色古镇正乘势开启红色文化与绿色生态旅游融合发展的爱国主义教育新模式。

河西党组织的神经中枢

——访中共河西县委驻地君陈小学遗址 [1]

吴楚生

---★---

革命老区上莞，是解放战争时期中国共产党在东江流域河西地区开辟的革命根据地之一，素有"小瑞金"的美称。上莞不但是南粤闻名遐迩的绿茶之乡，还是闪耀在历史长空中的红色古镇，那些红宝石般镶嵌在绿水青山间的革命旧址，依旧在岁月长河中熠熠生辉。中共河西县委旧址，就是那些耀眼的红宝石中的一颗。

成立于抗日战争时期的中共河西县委，曾设在上莞新民村君陈小学里。君陈小学的前身，是始建于清代的私塾——大丘书屋。"君陈"二字，出自《尚书》。君陈原为周成王手下的一名臣子，相传其孝顺恭敬，既孝顺父母，又友爱兄弟，多次受到周成王赞赏。中华民国建立不久，陈氏族人改大丘书屋为君陈小学，借"君陈"之名以教育后人，表达对"温、良、恭、俭、让"的美好愿望的追求。至今，陈氏祠堂仍保留着一块四字牌匾，上书"愿学君陈"。

如今，君陈小学已经不存在。新民村在君陈小学的遗址上，建起了一个宽阔的广场。广场地上铺的均是红色的广场砖，与周围苍翠欲滴的绿树形成鲜明的对比。

据曾经在这里读过书的老战士陈速影回忆，君陈小学占地约 900 平

---

[1] 主要参考了《中国共产党河源县地方史》、《东源县党史资料汇编》第二辑、《桑榆晚霞》中的相关文章，载于《薪火》第 65-68 页。

方米，学校大门正对着半月形池塘，第二道门上悬挂着"大丘书屋"四字牌匾，与白色墙壁上的四个大字"读书救国"相映生辉。南雄沦陷后，省立南雄中学迁到上莞办学，从 1945 年 9 月到 1946 年 2 月，学生们就在君陈小学里上课。

中共河西县委成立于 1941 年 9 月，距今已有 80 多年了。在那段峥嵘岁月里，国民党掀起了多次反共高潮，由于东江阻隔，河东河西联系十分不便，为有利于开展隐蔽斗争，更好地发展和巩固东江两岸的地下党组织，中共东江后方特别委员会（简称"中共后东特委"）根据当时形势发展的要求，决定实行小县小区制。结合自然地理环境实际，中共后东特委遂以东江为界，划山高林茂的河西地区为河西县，建立了河西县委。

新成立的河西县委以李福民（李中达）为书记，章平为组织部部长，黄兰为宣传部部长。因为李福民等都在流洞村文明小学任教，县委机关便设在三河流洞村文明小学。中共河西县委下辖上莞、三河、畲寮、新寨（含李田、许村）、老围（含流石）五个区委和船塘中学党小组、漳溪蓝屋小学党小组和黄沙党小组等三个直属党小组。为了提高干部思想觉悟、增强革命斗志，中共河西县委在三河漂湖岩先后举办了多期区委、各支部书记训练班。

1942 年 1 月，由于斗争形势的变化，中共后东特委指示撤销委员制，改为特派员制。其时，李福民调离中共河西县委，章平同志任特派员，郑重文同志任副特派员。河西县委成立后，先后在船塘、上莞、三河等地组织和发动群众开展革命斗争。

1942 年 5 月，在中共河西县委的领导下，上莞区特派员程光及共产党员陈志英、田裕民、陈少卿、陈柏祥等，成立上莞乡农民抗日救国会，开展"二五"减租减息运动，得到了群众广泛的拥护和支持。

1943 年 1 月，已经引起国民党顽固派怀疑的特派员章平，调离中共河西县委，前往东江抗日前线工作。中共河西县委由以教师身份为掩护在君陈小学当老师的郑重文同志任特派员，程光任副特派员。中共河西县委机关也因此转移到了君陈小学。

1942年夏，"粤北事件"发生，省委组织部部长郭潜被捕叛变。受此影响，省委通知各地党组织暂停组织活动，除少数党员保持单线联系外，其他党员之间一律不联系。因省委通知直到1943年3月才传送到河西县基层党组织，故中共河西县委在这时才调整组织机构，停止活动，郑重文继续利用教师身份为掩护进行隐蔽工作。

从此，中共河西县委与中共后东特委及所属各地党组织一样，全面进入分散隐蔽、极其艰苦的地下斗争。程光、黄绮芬、张基、魏杰、田观旺等在郑重文的领导下，继续以教师身份作掩护，在君陈小学秘密发展党员，为党培养了一大批优秀的后备力量。

1944年7月，中共河西县委仍坚持隐蔽以待时机。按照敌后游击战争方针和"酌情抽部分干部到游击区受训，参加游击工作"的原则，郑重文调到东江纵队工作。之后，中共河西县委由欧阳梧接任特派员，直至1947年7月中共河西分工委成立。

抗战时期的中共河西县委，建立抗日救亡活动基地、实行"二五"减租减息、深入开展武装斗争，为取得抗日战争乃至解放战争的最后胜利，作出了不可磨灭的贡献。

不幸的是，作为中共河西县委旧址的君陈小学，于20世纪70年代被拆除。虽然君陈小学已不存在，但它的光荣历史永远不会被遗忘。

在新民村广场的旁边，有一幢特别醒目的建筑——中共河西县委纪念展馆。里面展示着抗日战争和解放战争时期，新民村涌现的革命志士的英雄事迹和一批珍贵文物。一段段激情燃烧的革命岁月，昭示着一个个波澜壮阔的奋斗历程，定格成震撼人心的历史瞬间，给人以奋进的力量……

　　为挖掘上莞红色文化、打造党性教育基地和爱国主义教育基地，近年来，上莞镇致力于传承红色基因，不断探索绿色生态与红色文化旅游融合发展新路子。作为爱国主义教育基地的中共河西县委旧址，仍激励着来这里接受革命洗礼的每一个人砥砺前行。

九连人民政权探索的丰碑

——访河源县人民政府昌隆屋旧址 ①

吴楚生

---　★　---

　　在猛烈的阳光照射下，修缮一新的河源县人民政府旧址显得格外耀眼。坐落在太阳村的这幢方形围屋，洁白的墙壁、黛青的瓦片、古色古香的门窗、古朴典雅的门墩与柱子，还有绕梁翻飞的燕子……一幅散发着淡淡乡愁的画卷，细腻、清晰、真实地展现在眼前，填满记忆的深处。

　　1948 年 12 月 7 日，河源县人民政府成立大会隆重举行。河西六大乡各界人士 3000 多人，从四面八方涌向上莞圩镇参加成立大会。会上，中共九连地委宣读了任命粤赣边支队政治部主任黄中强任县长、粤赣边支队第七团政委李辉任副县长的决定。新成立的河源县人民政府，下辖上莞、船塘、三河、漳溪、骆湖和曾田六乡。河源县人民政府的建立，是新民主主义革命时期中国共产党在九连地区掀起的一次革命斗争高潮，胜利浪潮迅速波及广袤的九连地区。

　　河源县人民政府的办公地址，设在上莞黄龙岗村昌隆屋。黄龙岗村，就是现在的太阳村。昌隆屋，是一幢占地面积 1300 多平方米的客家方形围屋，始建于清同治二年（1863 年），由三堂二横屋组成，属典型的硬山顶土木结构。1948 年，昌隆屋里居住着 10 多户农户。河源县

---

① 主要参考了《中国共产党河源县地方史》《河源市源城区革命老区发展史》《河源红色革命记忆》《桑榆晚霞》，载于《薪火》第 181-184 页。

人民政府在上莞成立后，原居住在这里的农户主动让出他们的祖屋，给当时县政府人员办公及居住。现在，昌隆屋作为河源县人民政府旧址，对外开放。

走进昌隆屋，思绪透过时光的缝隙，在历史深处徜徉；70 多年前的峥嵘岁月，仿佛在历史的长河里汩汩流淌……

1947 年 12 月 26 日，中共九连工委在《关于大搞方针与任务的决定》中，提出了要在游击根据地建立政权工作的问题，政权建设便成为党组织的一项重要任务。粤赣湘边区党委成员梁威林、黄松坚开始摸索新的人民民主政权的筹建工作。那时，经过近一年的奋斗，九连地区游击战争发展迅猛，河西、河东、和东、连和四大战略区人民武装队伍不断壮大，反击国民党"清剿"的群众基础不断得到夯实、力量不断得到增强。把持政权、横行乡里的土豪劣绅被打倒后，翻身农民当家做主，"一切权力归农会"。这时，国民党在乡村的政权普遍被摧毁，而顺应历史潮流成立的农会，理所当然地成为取代旧中国乡村保甲制度的农村政权机构。

1948 年 6 月 20 日，中共九连工委第三次扩大会议在河西船塘流石白竹坑召开，会议通过五个重大决议，其中一个就是《关于统一领导成立地委及支队司令部决议》，为新的政权和人民解放军的成立提供了遵循，指明了方向。会上，中共九连地委宣告成立。1948 年冬，活跃在九连地区的广东人民解放军粤赣边支队给国民党以沉重的打击，连续取得内线、外线作战的重大胜利，人民解放战争迅速胜利发展。这时河西区广大农村已经全面解放，河西地区船塘、上莞、漳溪、三河、骆湖、曾田 6 个乡分别建立了人民政府。

乡级人民政权的建立与巩固，为县级人民政权的成立创造了有利条件，更高一级的人民政权呼之欲出。为了统一和加强河西区各乡人民政权的领导，中共九连地委审时度势，决定撤销河西行政委员会，成立河源县人民政府，统揽全县之党政工作。上莞地处东源县北部山区，是当年河西游击区中心，也是中共九连地委、粤赣边支队常驻地，新成立的河源县人民政府，也把机关常驻地选在了上莞。这是中国共产党带领和团结河源人民群众，经过长期、艰苦卓绝的斗争，在九连地区缔造的第一个县级人民政权。

当场宣读的《河源县人民政府成立宣言》指出，"河源县人民政府是全县各阶层及一切反蒋反美人士联合的人民民主政权"，以全心全意为全县人民服务为宗旨，始终代表着全县人民的利益，执行全县人民的共同意志。《宣言》还明确规定了政府的施政方针和各项政策。

县长黄中强、副县长李辉先后发表了就职演说。县长黄中强表示，将带领全县干部，团结全县人民，执行中国共产党的主张、政策，坚决维护广东人民解放军粤赣边支队，尽一切力量巩固我人民地区，粉碎蒋军进攻和解放蒋管区人民，从根本上推翻国民党反动统治，以迅速解放全河源，建立全县人民政权。

河源县人民政府成立后，发动和带领翻身得解放的人民群众兴修水利、开荒造田、多收粮食支援前线；还加强民兵训练，动员进步青年参军参战，壮大武装力量，保卫人民政权；恢复和发展中小学教育，组织文艺宣传队送戏下乡，活跃农村文化生活。河源县人民政府的成立，开启了中国共产党在九连地区建立人民民主政权的新篇章，不仅为支援前线和解放河源全境作出了不可磨灭的贡献，也为建立新的人民民主政权积累了宝贵的经验。

1949年6月，河源县人民政府迁往蓝口，同年9月迁往河源县城。1988年1月，经国务院批准，撤销河源县，设立河源市，下辖源城区、郊区（1993年改为东源县）等6个县区，东源县、源城区就是原河源县的主体。

斗转星移，沧海桑田。站在饱经沧桑的古宅前，感悟百年辉煌党史，昌隆屋里的一砖一瓦、一桁一桷，无不透射出真理的光芒。昌隆屋，处处蕴藏着中国共产党人探索革命、救国救亡、资政育人的经验和智慧，是九连地区首个县级人民政权驻地，是九连地区中国共产党在探索建立人民民主政权路上绕不开的历史丰碑。

历史不会忘记上莞人民为革命和解放战争作出的巨大贡献，河源县人民政府旧址与上莞其他红色革命旧址（遗址）一样，被列入了《广东省革命遗址通览·河源市》。作为河源县人民政府旧址，昌隆屋于2010年9月被列为县级重点文物保护单位。它不但是历史留给上莞人民的宝贵财富，还是东源县爱国主义教育基地之一，对弘扬革命传统和传承红色基因，有着历史和现实意义。

第二章

红址概览

上莞镇革命烈士陵园

———————— ★ ————————

上莞镇革命烈士陵园，位于河源市东源县
上莞镇新南村

上莞镇革命烈士陵园位于河源市东源县上莞镇新南村。

自抗日战争爆发以来，上莞人民在每个时期的革命斗争都有着光辉的历史和应有的贡献。抗日战争时期，中国共产党在上莞建立了基层党组织，领导人民组建抗日武装，开展抗日救亡运动。解放战争时期，上莞地区组建了人民武装队伍飞虎一队、飞虎二队、飞虎三队和上莞武工队，打退了敌人一次又一次的进攻及"围剿"。1948年，广东人民解放军粤赣边支队和河源县人民政府在上莞成立。新中国成立后，一些有志青年参加了抗美援朝战争、对越自卫反击战，英勇抗击侵略者。为纪念当地从事地下工作牺牲的共产党员和在战争中牺牲的革命烈士，上莞镇修建了革命烈士陵园。

革命烈士陵园始建于1959年，有烈士纪念碑，2002年扩建为烈士陵园，总面阔36米，总进深87米，占地面积约4000平方米。烈士陵园由门楼、纪念碑、烈士墓、纪念亭、廊亭及围墙组成，钢筋混凝土和红砖砌筑。门楼面宽三间，黄色琉璃筒瓦面，明间横额镶嵌有凸铜字"革命烈士陵园"。门楼有直道通往纪念碑。直道中点设有圆形花圃。花圃右侧为纪念亭，亭为正六边形，边长2.9米，黄色琉璃筒瓦攒尖顶；左侧为长方形廊亭，长7.3米，宽2.7米，黄色琉璃筒瓦面歇山顶。直道终端为革命烈士纪念碑，由碑座、碑身、碑顶等组成。碑座为长方体，正面中间镶嵌有黑色大理石阴刻碑文；碑身为长条形，正面镶嵌有"革命烈士永垂不朽"凸铜字；碑顶为攒尖顶。碑后面为革命烈士墓。

上莞镇革命烈士陵园于 2003 年 1 月被东源县人民政府公布为东源县革命传统教育基地，2006 年 6 月被东源县人民政府公布为东源县县级保护单位、东源县爱国主义教育基地。

中共河西县委驻地上莞君陈小学遗址

中共河西县委驻地上莞君陈小学遗址位于河源市东源县上莞镇新民村。

1941 年 9 月，中共后东特委根据当时形势发展要求及河源自然地理环境，为发展和巩固河源东江两岸的地下党组织，以利于开展隐蔽斗争，批准河源实行小

中共河西县委驻地——上莞君陈小学遗址，位于河源市东源县上莞镇新民村

县小区制，以东江河为界，把东江河以西的地区划分为河西县委。撤销原船塘区委，建立中共河西县委，县委机关设在三河流洞村文明小学，属中共后东特委领导，下辖五个区委和三个直属党小组。1942 年 1 月，由于斗争形势的变化，中共后东特委指示撤销委员制，改为特派员制，章平任河西县特派员，郑重文任副特派员。1943 年 1 月，章平调离后郑重文任特派员。当时，特派员郑重文在上莞君陈小学以教书为掩护，开展革命工作，县委机关设在上莞君陈小学。1944 年 7 月郑重

文调离后，8月起由欧阳梧接任特派员至 1947 年 7 月。抗战时期的中共河西县委，开展党的建设和建立党的统一战线，开展武装斗争，实行"二五"减租减息，建立抗日游击根据地，为夺取抗日战争和解放战争的最后胜利，作出了不可磨灭的贡献。

遗址原建筑因受风雨侵袭，年久失修，逐渐倒塌。2019 年至 2020 年 7 月，在原址建设有中共河西县委旧址展馆（上莞镇新民村红色展馆）、新民村卫生站和纪念亭。

中共九连工委第二次扩大会议塱背村旧址

中共九连工委第二次扩大会议旧址，位于河源市东源县上莞镇常美村塱背小组

中共九连工委第二次扩大会议旧址位于河源市东源县上莞镇常美村塱背小组。

1947 年 8 月 27 日至 30 日，中共九连工委在高排屋召开第二次扩大会议，参加会议的人员有中共九连工委领导，河东区、河西区、连和区、和东区、川南区等区的地下党组织负责同志及黄日大队、雄狮队、铁流队负责同志严尚民、魏南金、钟俊贤、林若、郑群、黄中强、李辉、林镜秋、王彪、黄日、陈明、曾观和、魏洪涛、陈君明、梁珊、陈实棠等。会议内容包括：1. 贯彻落实上级党委"实行小搞，准备大搞"的方针；2. 总结 1946 年起恢复武装斗争的工作；3. 发展和扩大武装队伍和游击解放区；4.组织农会，自1947年起实行停租废债，一手拿枪一手分田；5.准备实行土地改革（河西区上莞、船塘、三河、漳溪、骆湖、曾田和河东区黄村、叶潭、康禾等9个乡于1948年春实行土地改革）。8月30日，第二次扩大会议结束，参会人员分赴各地开展工作。

中共九连工委第二次扩大会议，对九连地区发展和壮大人民武装力量、扩展新区，对1948年9个乡顺利实行土改，对1948年中共九连地委、粤赣边支队、河源县人民政府的成立，取得"五战五捷"，九连地区的解放等都起了十分重大的作用。

该旧址为传统客家围屋，由砖、瓦、土、石、木构筑，因年久失修，部分屋体坍塌，部分墙面搪灰剥落、木材腐朽，但旧址主体结构保存完整，可满足参观需求。

中共九连地委、粤赣边支队司令部
上莞新南村六角楼旧址

中共九连地委、粤赣边支队司令部旧址位于河源市东源县上莞镇新南村六角楼。

1948年6月，中共九连工委在河西船塘流石白竹坑召开第三次扩大会议，改组中共九连地区工作委员会为中共九连地区委员

中共九连地委、粤赣边支队司令部旧址，
位于河源市东源县上莞镇新南村六角楼

会，并决定将九连地区的武装部队统一整编，成立广东人民解放军粤赣边支队。

白竹坑会议后中共九连地委和部队机关转移到上莞。部队的集结地选择在有着良好群众基础的上莞镇新南村。8月7日，河西军民3000余人在上莞镇参加了粤赣边支队的成立典礼，其中粤赣边支队下设4个主力团和2个独立（直属）大队。支队成立后，司令部就设在六角楼。钟俊贤、郑群等支队领导人在这里分析敌情，研究战局，并带领九连人民相继取得白马战斗、大湖战斗、鹤塘战斗、大坪战斗、大人岭战斗的胜利（"五战五捷"），一举扭转了九连地区战局。直至1949年5月龙川老隆解放，才把办公地点迁至老隆。

旧址建筑又称"六角楼"，建于清宣统二年（1910年），坐北向南，是由一头门二堂四横屋组成的客家方围屋。建筑前面为一禾坪和一半月形的鱼塘。左右横屋共有六座三层高的碉楼，材质为夯土墙。总面阔67.6米，总进深34米，占地面积约2300平方米。硬山顶，屋面板瓦，有滴水。材质为夯土墙基，泥砖墙身，属土木结构。

现旧址主体建筑结构基本完整，大部分瓦面、泥砖墙体和木构件出现老化和损毁，现做简单翻新、粉刷。左路靠外侧横屋被拆建为纺织加工小作坊，无人居住。可基本满足参观需求。

六角楼于2011年被河源市委、河源市人民政府公布为河源市文物保护单位、河源市爱国主义教育基地，于2019年被中共河源市委党史研究室公布为河源市中共党史和革命传统教育示范基地。

河源县人民政府上莞太阳村昌隆屋旧址

河源县人民政府旧址位于河源市东源县上莞镇太阳村昌隆屋。

河源县人民政府是中国共产党在九连地区（含河源、连平、和平、龙川、紫金5个县）缔造的第一个县级人民政权。1939年秋，上莞镇建立中共党小组；

河源县人民政府旧址，位于河源市东源县
上莞镇太阳村昌隆屋

1940年冬，君陈小学成立党支部；1947年春，中共九连工委派遣东纵三支队到河源县河西区（下辖船塘、三河、上莞、漳溪、曾田、骆湖6个乡），配合当地党组织先后组建猛虎队等十几支武装队伍，废除国民党乡政权和保甲制度，成立乡人民政府及农民协会等群众组织，并率先进行土地改革，使河西人民翻身得解放。

1948年12月7日，河源县人民政府在上莞圩岗召开群众大会，庆祝河源县人民政府成立，办公地址设在上莞太阳村昌隆屋。由粤赣边支队政治部主任黄中强兼任县长，李辉任副县长。县政府成立后，带领群众兴修水利、开荒造田，多收粮食，支援前线，做好税收和粮食征购工作，加强民兵训练，不断提高民兵的政治和军事素质，组织文艺宣传队送戏下乡，活跃农村的文化生活。

昌隆屋，建于清同治二年（1863年），坐东向西，是由一头门三堂二横屋组成的客家方形围屋，硬山顶，屋面板瓦，属土木结构。总面阔34.6米，总进深37.8米，占地面积约1300平方米。该建筑大部分瓦面、泥砖墙体和木构件出现老化和损毁，现作简单翻新、粉刷，右路横屋被拆建为现代建筑。可基本满足参观需求。

　　昌隆屋于 2010 年 9 月被东源县人民政府公布为东源县重点文物保护单位。

"太平洋"总部登仙湖顶遗址

"太平洋"总部登仙湖顶遗址，位于河源市东源县上莞镇仙湖村

　　"太平洋"总部登仙湖顶遗址位于上莞镇仙湖村。

　　"太平洋"是铁流队、火球队、捷克队、长江队等所在的粤赣边支队七团的代称。

　　1947 年春，中共中央发出"放手发动群众，扩大人民武装，打击地方反动势力"的指示以后，河西区在党的领导下，恢复武装斗争如火如荼。以东纵北撤留守的同志为骨干，在地下党组织的领导下，很快建立了猛虎队、猛龙队和猛豹队等武装小分队。与此同时，分布在河西各地的地下党组织成员也纷纷组建了规模不同的武装工作队。他们在农村提出"减租减息，分田废债"等口号，极大地调动了群众闹翻身求解放的斗争积极性。铁流队、火球队、捷克队和长江队等就是在这个时候发展壮大起来的。这几个武装小分队建立以后，1947 年秋冬就以河西人民自救队的名号，破仓分粮，打击地方反动势力，帮助地方建立农村政权。1948 年 8 月 7 日，粤赣边支队在上莞六角楼成立，下辖四个主力团队和两个独立大队。

　　1948 年秋冬，铁流队、火球队等归属粤赣边支队第七团，由李辉、黄日、郑风等领导，对外称"太平洋"，后捷克队并入了铁流队，长江队并入了火球队，其总部驻上莞登仙湖顶。"太平洋"所辖的部队除了铁流队、火球队、捷克队和长江队，还包括猛狮中队、翻身队、飞虎一队、飞虎二队、飞虎三队、白狼中队、天马中队、猛豹队、长虹中队、飞鹅中队、熊虎中队、飞鹿中队。"太平洋"在反击国民党的进犯、保卫河西区的斗争中作出了贡献。

　　"太平洋"总部登仙湖顶遗址原为民居，由于年久失修，原建筑坍塌，1997 年重建为现代两层民居，占地面积约为 200 平方米。遗址位于登仙湖山顶，视野开阔，风爽气清。山脚分布有民居，山坡上种植有大片茶树。

李白农会四角楼旧址

　　李白农会四角楼旧址位于上莞镇李白村李屋楼。旧址建筑名为镇兴楼，属传统客家方形围屋，建于清光绪年间，坐北向南，占地面积 2040 平方米，由三堂二横杠一后杠组成，因四角建有三层高石灰夯墙碉楼，俗称"四角楼"。围屋外墙均为石灰夯墙，墙体设有瞭望孔和射击孔，集家、

李白农会四角楼旧址，位于河源市东源县
上莞镇李白村李屋楼

堡于一体，是一座具有鲜明防御功能的客家民居。

1947年7月17日至9月13日，中共中央工委在西柏坡村召开全国土地会议。9月13日，会议通过了《中国土地法大纲》。《中国土地法大纲》规定没收地主土地、按人口平均分配土地。全国土地会议拉开了在全国农村开展土地改革的序幕。九连地区于1948年1月开始，全面开展以"停租废债、分田分粮"为中心任务的"大搞"运动。为确保土地改革工作顺利开展，中共九连工委在和平青州举办了政治干部训练班，河西区受训干部回来后，分为6个工作队，分赴各乡发动群众开展土地改革工作。在工作队的发动组织下，上莞各村纷纷建立农民协会（简称"农会"），以一批苦大仇深的农民为骨干，组成土改中坚力量，同时将一批受苦的青壮年组织起来，建立民兵队伍，维持社会治安，与地主恶霸斗争。李白村李屋楼人李汉杰作为上莞土地改革的组织者和领导人之一，在李白村开展土地改革的过程中，以四角楼农民觉悟高、农会会员较多为基础，把四角楼作为农会活动场所，多次组织农会会员在四角楼中下厅开会动员，针对地主退出的土地，研究制定土改办法和远近田、肥瘦田合理搭配分配方案，推动李白村土地改革工作顺利开展，确保春耕前完成土改工作。当年4月，上莞全乡完成土地改革，实现了农民"耕者有其田"的愿望。

九连地区从开展"大搞"运动至1948年4月全面完成土地改革工作，建立农会近300个，会员约2万人（户）。各乡、村农会实际上以人民政权形式取代国民党的乡、村政权，部分区、乡还建立了人民政府。人民群众在区、乡政府及村农会的领导下，积极发展生产慰劳部队，发动青年踊跃参军，武装部队迅速发展，为九连地区全面解放打下了坚实的群众基础。

斗转星移，沧海桑田。回顾百年历史，四角楼人跟随共产党一起追求真理、探索革命、投身斗争，涌现出了一批又一批革命志士，有河源县三江高级小学的老师李岐山；有革命志士李家俊，其与欧阳俊并称"东江二俊"；有农会会员李奎梯、李诒翼、李诒友、李家廉、李诒纲、李诒燕、李诒宜、李诒粦、李诒臧、李滋池等。此外，李开、李滋增解放前参加革命，李滋益、李东轩参加抗美援朝，等等。可以说，四角楼的一砖一瓦、一厅一堂，处处蕴藏着中国共产党人革命救国、带领人民翻身做主人的智慧和艰辛，是中国共产党带领上莞人民探索建立人民民主政权艰辛历程的历史丰碑，对弘扬革命传统和传承红色基因，有着深远的历史和现实意义。

四角楼由李明辉于清末斥资建造，一直由其子孙后代居住，高峰期住有近百人，改革开放后，随着人们生活水平的提高，原住户陆续搬迁，现已无人居住。目前四角楼整体保存完好，因无人居住，部分瓦面破损，多处漏雨，部分木构件腐朽，大部分墙面批灰剥落，泥砖外露，被风雨侵蚀严重。族人多次捐资对漏水瓦面及批灰剥落墙面进行了简单修缮，并定期进行卫生清扫、杂草清除等维护。

百坝农会旧址

百坝农会旧址位于河源市东源县上莞镇百坝村。

1948年1月开始，九连地区开展以"停租废债、分田分粮"为中心任务的"大搞"运动，在和平青州举行了政治干部训练班。参加训

百坝农会旧址，位于河源市东源县
上莞镇百坝村

练班的干部回到河西区后，分为 6 个工作队，分赴各乡开展土地改革和群众工作。上莞各村建立农会，实行停租废债。4 月百坝农会成立，会长陈玉令，副会长陈洪其，妇女主任杨阿来。农会会员以农业生产为主，农会组织和调配人员生产劳作，合理分配粮食作物。上莞全乡实行土地改革，实现了农民"耕者有其田"的愿望。

九连地区从开展"大搞"运动至 1948 年 4 月，建立农会近 300 个，会员约 2 万人（户）。各乡、村农会实际上以人民政权形式取代国民党的乡、村政权，部分区、乡还建立了人民政府。人民群众在区、乡、村农会、政府的领导下，积极发展生产慰劳部队，发动青年踊跃参军，武装部队迅速发展。

百坝农会旧址为传统客家民居。

塱背反"扫荡"战斗遗址

塱背反"扫荡"战斗遗址，位于河源市东源县上莞镇常美村塱背小组

塱背反"扫荡"战斗遗址位于东源县上莞镇常美村塱背小组。

1947 年 8 月 31 日上午，地主陈廉楷指使陈亚秋向国民党报信：塱背的一所农宅内发现中共九连工委成员。国民党保五团、保八团和河源县警队共 500 多人分路从曾田、船塘向上莞根据地"扫荡"，意图围歼中共九连工委机关和驻上莞的主力部队。下午，我部队前沿哨兵在黎壁峰狮头山上发现敌人大群窜来，黄日大队、铁虎队、飞虎一队、飞虎二队正面迎敌，黄日大队大队长用轻机枪猛烈射击。严尚民指挥九连工委机关人员和其余人员边还击边后撤，向黎壁峰狮头山登山后撤。反包围战斗持续了3个多小时，当夜，中共九连工委机关和主力部队撤至杨坑、李田的安全地带。留下的少数队员采取"敌驻我扰"的方法，在其营区张贴传单、打冷枪，以扰乱对方。两天后，国民党部队无奈撤离上莞。

该遗址地处山岭，草木茂盛，生态环境保护较好。中共东源县委员会、东源县人民政府于2011年4月5日在此立碑纪念。

坳顶防御战遗址

坳顶防御战遗址位于东源县上莞镇仙湖村峡下小组坳顶坪。

上莞坳顶（又称"柳城坳"）是上莞到柳城往龙川县必经的山坳，为狭长山谷，地势险要，九连游击队常到这一带活动。1948年5月，上莞、曾田联防指挥部

坳顶防御战遗址，位于河源市东源县上莞镇仙湖村峡下小组坳顶坪

收到情报人员来报：蓝口增添了一批河源县警，龙川佗城来了国民党保五团和地方反动武装，伺机袭击上莞。

次日一早，1000多名民兵进入柳城坳和三折岭两侧的高山隐蔽。上莞武工队派分队长陈钦令带领32名战士和300多名民兵，进入柳城

坳顶及其前面的三个山头，隐蔽于壕沟掩体之中，作正面防御阻击，其他战士则视战斗发展情况进行紧急支援。上午，保五团一个营及龙川、柳城联防队和自卫队 500 多人，沿三折岭向坳顶袭来，集中火力向坳顶及两边山头射击。正面战场屡攻不破，便向两侧山头射击。当保五团等接近山顶时，坳顶两侧山头的民兵集中火力射击敌人，农民群众也跑上山头参战。保五团等敌人疑我军有主力部队参战，恐被截断后路，开始组织撤退。民兵战士见状组织追击，把保五团等敌人赶出了三折岭。

中共九连地委、粤赣边支队、河源县人民政府成立纪念亭

中共九连地委、粤赣边支队、河源县人民政府成立纪念亭，位于河源市东源县上莞镇圩镇文化广场

中共九连地委、粤赣边支队、河源县人民政府成立纪念亭（简称"'三成立'纪念亭"）位于河源市东源县上莞镇圩镇文化广场。

1948 年 6 月，中共九连工委在船塘流石白竹坑召开第三次扩大会议。根据粤赣湘边区临时党委的指示和扩大会议的决议，将中共九连地方工作委员会，改组成立中共九连地方委员会（简称"中共九连地委"）。白竹坑会议结束后，梁威林、严尚民、魏南金、钟俊贤等人率中共九连地委和部队领导机关转移到上莞。

中共九连地委以上莞为中心，建立巩固的根据地，集结主力，开展整训。在部队整训的同时，8月1日，中共九连地委在上莞宣告正式成立广东人民解放军粤赣边支队（简称"粤赣边支队"），并于8月7日举行粤赣边支队成立典礼。是年冬，粤赣边支队连续取得内线、外线作战的胜利，河西区广大农村全面解放，根据地进一步巩固，各乡政权全面建立。为统一河西区乡村政权的领导，12月7日，河西区各界人士在上莞举行河源县人民政府成立大会，会上发表了《河源县人民政府成立宣言》。为纪念中共九连地委、粤赣边支队、河源县人民政府成立，在此修建了"三成立"纪念亭。

"三成立"纪念亭建于2003年，为平面六角形，边长3米，占地面积7.8平方米，钢筋混凝土预制砌筑，六柱承重钢筋混凝土亭顶屋面，琉璃筒瓦流水收边，攒尖顶，顶尖上承托琉璃球形方体装饰顶尖。纪念亭东南侧和西北侧四面筑有钢筋混凝土预制平板水泥椅，供游人休息。西南和东北侧为纪念亭入口，入口处两侧上方横额分别镶嵌有黑色大理石阴刻"中共九连地委粤赣边支队河源县人民政府成立纪念亭""中共九连地委粤赣边支队河源县人民政府成立纪念亭志""九连地区解放战争形势图"石匾。现纪念亭经重新粉刷，台阶及地面铺有新地砖，可满足参观需求。

河源县人民政府集体宿舍
太阳村司马第旧址

河源县人民政府集体宿舍旧址位于东源县上莞镇太阳村司马第。

河源县人民政府集体宿舍旧址，位于河源
市东源县上莞镇太阳村司马第

河源县人民政府集体宿舍旧址全景

河源县人民政府成立后，领导干部办公的场所设在太阳村昌隆屋，干部宿舍设在太阳村司马第。

司马第，属方形客家围屋建筑群，2014年住有村民40户，152人，以陈姓为主。司马第目前主体建筑结构基本完整，该建筑大部分瓦面、泥砖墙体和木结构件出现老化和损毁。改革开放后，随着人们生活水平的提高，住户陆续搬迁，现剩下两户孤寡老人居住。因几乎无人居住，导致房屋坍塌，部分瓦面破损，多处漏雨，部分木结构件腐朽，大部分墙面批灰剥落，泥砖外露，被风雨侵蚀严重。

司马第于2022年4月被东源县人民政府公布为东源县历史建筑。

河源县第七行政区区府旧址

1953年，河源县把上莞、漳溪从船塘析分出来，设立第七区，区公所设在上莞黄龙岗（今太阳村）区府，区长陈少卿。区府旧址也属革命历史遗址。

区府位于太阳村委会北 530
米处，东南靠下柯，西接文化第，
北至上莞镇政府。占地面积 17 万
平方米。2014 年有村民 53 户，
211 人，以陈姓为主。耕地面积 6
公顷，林地面积 9 公顷。因 1947
年该村被设为河西临时政府驻地，

河源县第七行政区区府旧址，位于河源市
东源县太阳村

故名区府。1947 年建村，称为区府大队，1999 年更名为区府自然村，
此名沿用至今。

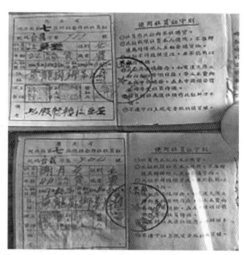

河源县第七区供销合作社社员证

第三章

红色印迹

从粤赣边支队到东江第二支队 ①

林镜秋

⋆

粤赣边支队是解放战争时期，党领导下的一支以八路军、新四军为榜样，按照毛泽东军事思想组建起来的人民子弟兵。它的前身包括以梁威林同志亲自创建的原东江人民抗日武装自卫总队在河源黄村留下的20多人，东江纵队第三支队主力北撤时在九连地区留下的指战员58人，和东江纵队北江支队在新丰留下的7人，以这批同志为骨干，经过一段时间的各自分散掩蔽和坚持斗争而组织起来的武装队伍。1947年春，中共香港分局作出了关于恢复武装斗争、实行"赤色割据"、建立九连山革命根据地的指示，为了适应斗争形势的需要，统一整个九连党的领导，香港分局决定撤销中共九连临时工委，成立中共九连工委，派严尚民任书记。从此九连地区党组织和武装斗争在中共九连工委统一领导下，先后建立了连和民主义勇队、东江人民抗征队和河西人民自卫队。这几支人民武装，长期转战在广东东江上游的和平、龙川、河源、连平、紫金和五华、兴宁、新丰以及江西南部的定南、龙南等广大地区，为战斗的胜利、为伟大的解放事业、为创建九连山等革命根据地、为解放全区，打下了坚实基础。

1948年6月，中共九连工委召开了重要会议。梁威林、黄松坚也出席了会议，在会上传达了香港分局二月扩大会议精神，并作了重要的指示。严尚民代表中共九连工委作了题为《目前的形势与我们的方针任

---

① 摘自《东源县党史资料汇编》第二辑。

务》的报告，传达了区党委关于公开斗争旗帜，组织主力团队，成立广东人民解放军粤赣边支队等主要决定和指示。根据香港分局的指示和会议的决议，将中共九连地区工作委员会改为中共九连地区委员会（简称"中共九连地委"），书记魏南金，副书记钟俊贤。九连地区的武装部队改编为"广东人民解放军粤赣边支队"，以钟俊贤为司令员，魏南金为政治委员，郑群为副司令员。严尚民调粤赣湘边区党委任职。

1948年8月7日，九连地区军民3000多人，在河源县上莞下岗，隆重举行了广东人民解放军粤赣边支队成立典礼。典礼上宣读了《广东人民解放军粤赣边支队成立宣言》（简称《宣言》），还给中共中央、各友军、各人民团体、各界同胞发了《通电》。《宣言》明确宣布："我们是伟大光荣的中国人民解放军的一部分，我们是中国共产党和毛主席领导下的人民子弟兵。"还号召全区军民团结起来，解放我全区人民，配合中国人民解放军，推翻帝国主义、封建主义、官僚资本主义的独裁统治，彻底解放全中国。粤赣边支队的成立和公开斗争旗帜，是九连地区人民武装队伍发展史上一个重大的转折点，标志着九连地区人民武装队伍正式跨入中国人民解放军光荣的战斗行列。

在粤赣边支队成立的同时，为了加强党的方针政策的宣传、相互传递各地的胜利消息，中共九连地委决定将原中共九连工委机关报《人民报》、河东《燎原报》、和东《大众报》，合并为中共九连地委机关报《粤赣报》。

1948年12月7日，中共九连地委在河西上莞成立了第一个县人民政府——河源县人民政府，县长黄中强，副县长李辉。1949年1月1日，连和县人民政府在九连青州山塘成立，县长骆维强，副县长邓基、黄志猷。人民政府成立后，为恢复和发展生产，支援前线作出了许多贡献。为了解决干部的不足，加强地方和部队的建设，中共九连地委和粤赣边支队司令部于1949年元旦在船塘创办了东江公学，由司令员钟俊贤兼任校长，政治部秘书科科长钟雄亚任副校长，董易任教育长。学校开设政治、财经、军事、民政等六个系（学科），学习时间四个月。老隆解放后，东江公学在老隆培训了第二期学员，后来还分别在佗城、河源县城和惠州市培训了第三、第四、第五期学员，这些学员结业之后，分赴九连、东江、韩江以及广州等地的部队和政府机关工作，为革命作出了贡献。

1949年1月1日，中国人民解放军粤赣湘边纵队（简称"边纵"）在陆河县河田成立。粤赣边支队改称为中国人民解放军粤赣湘边纵队东江第二支队（简称"东二支队"）。原粤赣边支队政委魏南金调边纵政治部工作，由钟俊贤改任东二支队政委，郑群任司令员，曾志云仍任参谋长，黄中强仍任政治部主任。

1949年元旦，中共中央发表新年献词《将革命进行到底》，给九连地区军民极大的鼓舞。东二支队全体指战员纷纷表示决心，不怕疲劳，不怕牺牲，英勇作战，干净、彻底消灭一切敌人。2月，东二支队在边纵统一指挥下，在地方党和地方武装配合下，向东南西北驰骋2700多里，横扫顽敌，战果累累，歼灭了敌人大量有生力量。至4月底，粤赣两省13个县广大农村120万人口获得解放，建立了人民政权90多个，全区人民武装主力壮大到7000余人，地方武装工作队和民兵10000多人，将敌人完全牵制在东江走廊的河源、蓝口、老隆、东水等孤立市镇，进退有据的九连地区大块山地游击根据地完全建立起来了。

1949年4月21日，毛主席和朱总司令向中国人民解放军发布了《向全国进军的命令》，命令中国人民解放军全体指战员和南方各游击区人民解放军"奋勇前进，坚决、彻底、干净、全部地歼灭中国境内一切敢于抵抗的国民党反动派，解放全国人民，保卫中国领土主权的独立和完整"。同月，英勇的中国人民解放军百万雄师挥戈南下，强渡长江，彻底摧毁了敌人的长江防线；4月23日，解放了国民党反革命中心南京，宣告了国民党反动统治的覆灭；紧接着中国人民解放军又马不停蹄地以秋风扫落叶之势分别向华东、华南、西南进军，追歼残敌。此时，我九连地区的军事形势也发生了根本的变化。经过"五战五捷"及以后一系列战斗的我军，兵力更加雄厚，装备更加完善，战斗经验更加丰富，我大块游击根据地已经形成并得到空前的巩固。我军完全处于主动出击的位置，而驻在我区的敌军则处处被动挨打，只能固守在防地苟延残喘，我军要一口一口地吃掉这些残敌，是完全有可能而且为期不远了。

国民党广东省保安第十三团（简称"保十三团"）在 1948 年 10 月进犯河源以来，经我区军民几个月的痛击，尤其经骆湖和大人岭两次歼击后，实力大减，士气低沉，只能龟缩在河东地区几个孤立的据点里。全国解放战争的大好形势，以及保十三团面临的种种困境，使团长曾天节等人不得不考虑其出路。为了争取保十三团起义，中共中央同香港分局派饶彰风同志对曾天节做过教育争取的工作。大人岭战斗之后，我东二支队领导就授意支队政治部联络科科长钟雄亚，利用与曾天节同学同乡的关系，由钟俊贤、钟雄亚联名写信给曾天节等人，指出大势所趋，人心所向，劝他弃暗投明，举旗起义。经过多次争取劝告，终于促使曾天节、刘勉等人选择了起义的光荣道路。

曾天节团起义，使我区敌我双方力量的对比又一次发生变化，我军更加强大了，东二支队达 7000 人，包括起义部队总数 1 万多人。在南下大军即将入粤作战的大好形势下，我区军民与反动派决战的时机到来了，5 月中旬，我东二支队和曾天节起义部队相配合及时抓住战机，在边纵司令部的统一指挥下，果敢地发动了解放老隆的战斗。

老隆解放后，面对敌人的反扑又进行了保卫老隆的一系列战斗，与此同时，在边纵的其他兄弟部队和东二支队四团、六团、七团、二团及江防、川北大队，互相配合向九连地区敌军全面发动进攻，解放了和平、新丰、紫金、连平县城。到此，九连地区除河源城及龙南、寻邬、定南几个孤城未解放外，其余各县城、重镇均已解放，乡村则几乎全部解放，给予广东国民党反动派当局沉重打击，使整个广东甚至华南地区的战局发生了根本的变化。老隆战役结束后，我东二支队司令部从河西根据地迁驻老隆。为了加速我解放区的建设，在粤赣湘边区党委的领导下，我九连地区各县、区、乡相继建立和健全了人民政府和党的各级领导组织。同时，在东江行政委员会主任谭天度领导下，还在老隆设立了粤赣湘边区东江第二行政区督导处，下辖河源、龙川、五华、和平、连平五县，调任黄中强为督导处主任。

接着，边纵六团和四团由老隆沿广兴公路直下灯塔、仙塘、南湖，正面迫击河源城；边纵四团及东二支队部分主力团队，经过河源城北部，进抵回龙、平陵一带，会合北一支队主力部队，从北、西两面以包围态势，威胁河源城。此时，河源城守敌一九六师又闻我大军南下，更加丧魂失魄，9月18日星夜弃城向埔前、石坝溃逃，伪县党政反动头目黄锡彤等也跟随敌军逃命。19日晨我军先后进入河源城，万民欢腾，额手称庆，到此，我九连全区获得全面解放。最后配合南下野战军作战，解放了广州，为新中国的建立作出了自己的贡献。

全国解放后，东二支队分别被整编为公安部队、省军区所属部队和县大队等，部分人员则转业到地方工作。至此东二支队完成了自己的历史使命。

九连山上的电台 ①

★

1945 年 7 月，中共后东特委在九连山创办的电台，战斗在九连山区，在极其艰难困苦的环境中，出色地完成了电讯联络任务。

1945 年 7 月下旬，中共后东特委根据中国共产党第七次全国代表大会制定的"放手发动群众，壮大人民力量，在我党的领导下，打败日本侵略者，解放全国人民，建立一个新民主主义的中国"的路线，为了适应形势发展的需要，决定建立电台，实现与中央的联系。

电台最初设在河源黄村文秀塘地下党组织成员黄中强的家中，由钟应时同志负责。这电台只能收音，不能发报。每天晚上 11 时至凌晨 4 时，收听新华社的电讯。8 月间，电台接连收到中、美、英三国发表的《波茨坦公告》，促令日本无条件投降，同时，收到苏军向东北日本关东军大举进攻等重大消息。

抗战胜利后，10 月间，电台转移到黄村南拔寨地下党组织成员张华基家里。12 月，敌人进攻黄村，包围南拔寨，电台又转移到白云嶂。1946 年春，又转移到五华仙溪沥。这时，电台增加了郑波和郑平两位负责人。6 月，东江纵队北撤时，便将两部机掩蔽在五华三多齐钟俊贤家里。

1947 年 7 月，由于武装斗争的需要，中共九连工委决定，重新恢复电台的活动。8 月下旬，电台再次搬到黄村文秀塘黄中强家里，钟应

---

① 摘自《东江党史资料汇编》第四辑，连平县委党史办叶新根据钟应时、邱海生、叶佐平、郑波、曾裕廷、叶醒华提供的史料整理。

时、郑波、郑平等人重返岗位。收到的第一条电讯，是刘邓大军在鲁西南强渡黄河，揭开了战略进攻的序幕。还收到《中国土地法大纲》以及毛泽东《目前形势和我们的任务》等重要报告。这些电讯，对于九连山区的武装斗争，有重大的指导意义。

9月间，香港分局派机要员叶佐平、报务员张小章两人到电台工作。叶佐平带来香港分局的密电码，可以收译分局发来的秘密电讯。于是电台分为联络台和新闻台。叶佐平管联络台，张小章管新闻台。钟应时管训练班，学员有曾长、邓瑞玲等四人。9月23日，第一次通过电台与香港分局取得了联系。从此，中共九连工委可以与香港分局直接取得联系。

1947年12月，敌人进攻黄村，电台随工委领导机关撤至和平青州。电台在那里战斗了近一年的时间，克服了种种困难，工作有了一定的进展。

1948年1月底，香港分局派邱海生携带大批器材来九连电台。2月，举办第二期电讯干部学习班，接收学员曾裕廷、曾坚、刘志文、刘振东、胡青、游立群、罗刚、钟亮、吴越、钟勇、钟声、吴敏、叶若春、李彬、张若子等人。学习内容一是练习发报，二是抄报，以抄收电码为主。当时，因缺乏纸张，一张白纸，密密麻麻地写了又写。一支铅笔，也时常是用到抓不住的时候，才丢弃。

2月下旬，敌人第三次"扫荡"开始了。为了配合反"扫荡"，电台成立工作委员会，提出"人在机器在"的战斗口号。新闻台、联络台转移到担杆滩、天溪斜。电台每到一地，工作人员做的第一件事就是察看位置，架设电台，收录新闻，发出联络信号。

3月，敌人进攻九连山，为了轻装上阵，与敌周旋，把10多担器材用棺材、瓷器装好，埋藏在担杆滩、天溪斜、古地一带，工作人员分成两组：邱海生、叶佐平率联络台10余人，奔赴东南方向；钟应时、张小章、郑波率 10 余人上上八砾、下八际，江西古地、和平岑岗。古地、岑岗地处深山，加上敌人的封锁，给养十分困难。我电台的工作人员，采野菜、摘杨梅、捉坑螺充饥。住的是茅棚，睡的是地板。加上梅雨季节，衣服、被盖常常是湿的。

在这艰苦斗争时期，电台收到了新华社发来关于西北解放军收复延安的电讯，还有中共中央关于纪念"五一"劳动节的口号，提出"打到南京去，活捉蒋介石"，使部队受到巨大的鼓舞。为配合部队活动，5 月，第一批学员曾长、叶若春等调往北江第一支队建立电台。6 月，联络台和新闻台在担杆滩会合。7 月，新闻台、联络台转移河西，进入上莞。8 月，结束第二期训练班，邱海生、叶剑平等率学员 12 人赴江南办电台（后为粤赣湘边纵队的电台）。这时，九连电台的技术水平和战斗力也不断提高。8 月，粤赣边支队成立的时候，通过电台向中共中央、香港分局、兄弟部队连续发出《通电》，同时沟通了与延安总部的联系。9 月，为适应形势发展的需要，举办第三期报务人员训练班，接收学员叶醒华、陈锦华、叶飞、郑召、欧阳仔、蓝慰、许芝、骆金等。

1949 年 3 月，收到胡琏兵团要窜犯广东的电讯，电台随主力三团，直入九连青州，再到忠信高陂。敌保一团以及连平县大队，包围忠信高陂。郑波等背着收报机，奋力冲出重围，转移至九连山塘。为了掩护电台撤退，我副连长张明、指导员陈金壮烈牺牲。

4—5 月，电台再次进入江西三南掩蔽，正逢青黄不接时节，生活更加困难。电台的战士忍饥挨饿，坚持值班，坚持学习。同志们的手脚、脸部常常被蚊子咬得红肿起来；同时，由于工作艰苦，营养不足，有的患夜盲症，有的手脚浮肿，大部分神经衰弱。支队领导经常关心电台的战士，常常给电台的同志送食物和日用品。

1949 年 5 月，老隆解放，电台转移至老隆，与江南总台会师。在老隆举办第四期训练班，接收学员张浩、李翠、陈文彪、邓秋云、李芳、黄珍、李珍、钟汉香、李英、潘日照、钟秋梅、钟芳、钟柏林等。

河源、惠州解放后，电台经河源到达惠州。10月，电台工作人员在惠州学习以后，分三批奔赴新的征程。战斗在九连山的电台，胜利完成了历史赋予它的使命。

粤赣边人民义勇总队的成立及活动 [①]

1946年6月底，国民党反动派在美帝国主义的支持下，撕毁了一切和平协议，调动了160万兵力，以大举进攻中原解放区为起点，发动了全面内战。为对付国民党反动派的反革命内战，在东纵部队北撤时，东三支队命令曾志云、王彪、林镜秋和陈实棠带领58名指战员，配备轻机枪2挺、冲锋枪2支、步枪24支、短枪23支及弹药一批，留下坚持斗争，保护复员军人和人民群众。成立了中共九连区临时工作委员会（简称"临时工委"），由曾志云任书记，王彪任副书记，部队番号改为粤赣边人民义勇总队。为了不给敌人任何破坏和平协议的借口，保证北撤部队安全到达山东，留下的部队秘密转移到江西定南边境的三亭、古坑、古地、丰背、五花嶂与和平县的坪溪、岑岗一带的深山里隐蔽，停止公开活动。

在定南边境地区隐蔽时，江西保安团天天进山扫荡。小分队只好凭借高山深壑与敌人周旋。此时，正是梅雨季节，有时一连几天阴雨连

---

① 摘自《东江党史资料汇编》第四辑。

绵，同志们坚持吃大苦、耐大劳，没有进村住过一夜，避过了敌人的搜剿。由于敌人"清乡"和人地生疏、语言不通等原因，部队侦察行动极不方便，粮食供应困难。部队在这一带深山野岭隐蔽半个月后，7月中旬又回到广东境内的九连山区。

返回广东境内时，国民党驻军六十三军大部已经撤走，但留在九连地区的一五二师四五五团，与地方势力相勾结，组织反动武装，强化保甲制度，大搞"清乡"和强迫"自新"。为了解决部队给养，避免被敌聚歼，临时工委决定兵分三路突出外线活动。林镜秋、陈实棠率领18人到古寨、东水一带活动；王彪率领12人的短枪队到河源的船塘、上莞及龙川的老隆一带活动；曾志云率领28人继续留在九连山区坚持隐蔽斗争。

留在山里的小分队，在敌人的围剿、封锁下，处境非常困难，很难找到地方党。为了不拖累人民群众，队伍只好昼夜隐蔽在深山密林里，睡篱棚，住岩洞，过着极其艰苦的野营生活。野营10多天后，伤风感冒和患疟疾的病号逐渐增加，战士们在深山搭茅房居住。砍竹没有大刀就用石头砍，用小刀破竹篾；割草没有草镰就用手拔，许多战士的手脚被竹片、茅草划破，鲜血直流，仍坚持着干。战士们在茅屋里读书写字，学文化，上政治课。曾志云经常给大家讲革命的气节，革命斗争的前途，鼓舞同志们的革命斗志，增强战胜困难的信心和决心。

隐蔽初期，战士们还能依靠部队留下来的钱，向山里的老百姓买点粗米、薯片、芋干维持生活。后来，钱用光了，战士们就采山果、摘野菜来充饥，一些同志肠胃不适、腹胀、拉肚子，还有一些患上夜盲症、水肿。在这绝粮断炊的艰难日子里，战士们仍然严守纪律，从不挖群众的番薯芋头，不采摘群众的蔬菜瓜果。曾志云眼看着过去打起仗来生龙活虎的战士，现在却饿得面黄肌瘦，心如刀割。经全体党员商议，决定将部队仅存的二两黄金兑款买粮，派体力较好的陈东化装成木排工人，由地方党派王水泉掩护带路，从热水乘木排到老隆兑换纸币买粮。到了老隆陈东竟然避开王水泉带着黄金逃走，当了可耻的逃兵。为了解决安全问题和粮食困难问题，队伍又转到粤赣边的深山密林，并召开了党员干部会议，发动大家想办法、出主意。卫生队长江培荃把自己结婚时留作纪念的金戒指献出来，和陈贵友下山，找到了堡垒户赖日扬，换来1斗米和10斤番薯片。第二天，又派人下山借了两担谷。战士们虽然十几天粒米未吃，但面对着煮好的白米饭谁也不愿多吃，总是你让我，我让你，让身体不好的同志多吃一点。后来，部队找到了和平热水的当地群众，热水地下党组织和群众对部队非常支持，给其送来一些粮食，同志们每天只用少量的粮食拌和着野菜、竹笋煮稀饭过日子。不久，反动派竟把接济部队的堡垒户赖日扬抓去严刑拷打，要他说出部队的驻地和枪支弹药埋藏的地方。他守口如瓶，始终没有吐露半点秘密。最后，敌人将赖日扬押赴刑场，他大义凛然，昂首挺胸，英勇就义。有一些群众也因为送粮食支持部队被敌人抓去毒打。敌人妄图借此割断部队和群众的联系，把部队饿死、困死在山里。不久，曾志云派出短枪队惩办了青州的一个反动地主，这事在山村到处传开了，群众知道游击队还在山里，就渐渐大胆起来，积极帮助部队解决困难。

王彪率领的短枪队和林镜秋、陈实棠率领的小分队，活动于和东地区及河西地区，以"东纵复员军人自卫队""粤赣边人民自卫队"的名义，发表宣言，张贴标语，反"清乡"、反迫害，重申"人不犯我，我不犯人；人若犯我，我必犯人"的严正立场和自卫原则，警告国民党反动军政人员和地主豪绅，切莫为非作歹，必须停止对我复员军人和群众的迫害。对罪大恶极的反动分子，则坚决伺机镇压，以保护复员军人和人民群众。部队采取灵活机动的战略战术，林镜秋、陈实棠所率小分队留在和东地区分散隐蔽活动，王彪则率短枪队直插河西进入船塘。当时，船塘驻扎着国民党一个连的兵力。为避其锋芒，短枪队飞兵插入上莞、李田一带，通过陈坚找到了地下党组织成员欧阳霞，随后又与河西地下党组织的负责同志欧阳梧、欧阳年取得联系。从此，部队有了地方党的支持，如鱼得水，斗争又活跃起来了。为扩大影响，鼓舞民众斗志，保护人民群众，警告土顽，部队决定打击河源李田恶霸大地主丘挺山。丘挺山压迫剥削农民，无恶不作，并一贯仇视我党我军。丘挺山家一年收租千余担，有十几支枪，雇用四五个家丁走卒，加上他的几个儿子，勾结国民党军队，凶残迫害我地下组织成员和人民群众。部队主力北撤后，他经常恐吓威胁群众，监视群众与我地下党组织及部队联系。短枪队行动前，先派地下党组织成员欧阳佛前往侦察，掌握敌情后，于9月10日拂晓潜入丘挺山家周围埋伏，突袭碉楼，经过激烈冲杀，迫使敌人缴械投降。丘挺山及其两个儿子当即被擒，缴获步枪6支、左轮2支、驳壳2支、手榴弹4枚及弹药一批，在扣押丘挺山期间，逼其交出驳壳10支、子弹1000余发、粮食和现金一批，此举是东江纵队北撤后，九连地区一次较大的军事行动，产生了很大的影响。

接着，短枪队返回上莞，开展宣传工作，揭露国民党反动派破坏协议，迫害我复员军人，压榨人民群众的罪行。同时，积极开展统战工作，通过一些统战对象，警告地主和反动土顽，不得肆意欺压百姓，与我对抗。从此，部队在河源一带扎下了根，初步打开了斗争局面。9月底，王彪、林镜秋从《华商报》看到北撤部队胜利到达山东烟台的消息后，立即派遣通信员带着钱、粮和《华商报》进九连山。曾志云所率小分队接到这一喜讯后，全体指战员顿时欢腾起来，即派战士挖起秘密掩埋的轻、重机枪，擦拭干净，做好战斗的准备。

10月初，3支小分队集结在和平东水大山赵公庙，总结了3个多月的斗争经验，公开打出旗帜，准备新的战斗。

为了打开新的斗争局面，11月间，部队挺进贝墩、长塘、下车一带活动。不久插入川北（即龙川县北部，下同），得知黄石乡乡长、恶霸地主、特务黄景新反动至极，群众称其为"黄斑虎"。车田干天岭的大地主彭肇选，勾结蒋军残酷剥削农民，群众恨之入骨，经过仔细侦察，部队趁黄石圩日潜入敌乡公所，抓住黄景新，根据当地群众的要求将黄景新就地枪决。当天下午又奔袭车田干天岭，是夜攻下彭屋，活捉彭肇选，缴获步枪12支、短枪4支、财物一批。接着，部队返回河西，短枪队在地下党组织的密切配合下，又镇压了船塘乡罪恶累累的反动乡长欧阳超凡。这一系列的行动，使反动地主、土豪劣绅和国民党党棍、地痞闻风丧胆，人民群众则扬眉吐气，拍手称快。

　　部队在河西、和东活动期间，还先后派出小分队进入老隆一带活动，与地方党黄用舒、叶惠南、刘振光接上了关系，得到了老隆地方党的有力支持，接着又派刘铭才到河东与中共后东特委的武装小分队周立群、张惠民等取得联系。还派陈苏、潘松等六人到河东协助开展活动。河东、河西彼此相互配合，伺机袭击了曾田、骆湖之敌，使敌人收缩兵力，减少了对我部队活动的阻力。从此，河东、河西、和东与老隆之间的联系变得方便得多。

　　12月底，中共中央香港分局派罗革进入九连山，传达党的指示。12月30日，曾志云偕同罗革前往香港，代表临时工委向中共香港分局汇报工作，接受新的战斗任务。

　　1947年1月中旬，钟俊贤在香港接受任务后返回后东地区，由五华三多齐抵达河西上莞。在上莞磨刀坑见到王彪、林镜秋、陈实棠，向他们传达了中共香港分局关于恢复武装斗争的指示，全体指战员知道要恢复武装斗争，斗志倍增，决定立即先行动，于春节夜袭驻东水圩的和平县警中队，因故未得手，只将其赶走。春节过后不久，河东部队和王彪所率队伍，又在龙川坪田刘屋夜袭县警黄居成中队80余人，俘中队长以下40余人，缴轻机枪1挺、长短枪40余支。接着又在四甲扇陂径伏击龙川县自卫队徐洪中队，击毙副中队长以下20余人。自从传达恢复武装斗争指示后，部队互相配合，四处出击，对各地反动土顽及县警队狠狠地进行打击。

在上莞举办的河西区青年音乐学习班①

陈尚平

· ★ ·

恢复武装斗争以后，河西区的革命形势大好。当时粤赣边支队和中共河西分工委领导，为了搞好宣传鼓动工作，培养文化骨干，发展文艺事业，为革命战争、为各项工作大造声势，指派李滨同志在上莞下圩举办了一期河西区青年音乐学习班。

李滨同志于 1948 年夏来到船塘上莞从事文艺宣传工作。他身高 2 米，站在人群中高人一截，被河西区群众昵称为"高佬李"。他擅长作曲、演剧、唱歌、音乐指挥，而且写得一手好字，是个文艺通才，曾为《钢铁连之歌》谱曲，并创作了《送棉衣》《蒋介石快要倒台了》《欢迎南下大军》等许多歌曲。唱起歌来，声如洪钟，犹如现在的高音喇叭，方圆几十米都能听到，河西区人民无人不识他。

1948 年 8 月中旬，各乡选派了 30 多个知识青年，在上莞下圩集中，参加河西区青年音乐学习班。30 多个知识青年自带简单行李，由各乡、村农会供给伙食费，除一人管理伙食外，组织领导、讲课、油印教材都是由李滨同志一人负责的。

---

① 摘自《革命老区上莞》。

　　李滨同志一边教唱歌曲一边讲述音乐简谱，将什么是 A、B、C 调，什么是半拍、一拍、休止号、延长号、装饰音、滑音等音乐理论基础知识讲得清清楚楚。通过一个星期的学习，学员的识谱和演唱水平大为提高，不太复杂的歌曲经过一两次的演练都能自唱，课间人人手捧曲谱一次次地练唱，进步很快。

　　一个星期的学习后，大家把 20 多首的革命歌曲，如《东方红》《国际歌》《延安颂》《送郎参军》《你是灯塔》《兄妹开荒》和《白毛女》插曲《新年大合唱》《生产大合唱》等唱得滚瓜烂熟。短短的 10 多天学习中，李滨同志言传身教，不论是单人演唱还是集体演唱，从口形发音正不正确，有无走调，他都不厌其烦地一一指出，给予纠正示范再唱，直至唱准为止。

　　音乐学习班在 9 月上旬结束时，河西分工委曾拨来一些经费，加了两餐菜，举行了结业典礼，并由李滨同志自刻蜡纸，油印了一本有简谱知识、20 多首歌曲和学员姓名通信地址的小册子分发给每一个人。

　　30 多名学员学习结束后回到各乡村，在日校、夜校、各种会议中，教学生、青年、妇女、农民大唱革命歌曲，在河西区掀起了一浪高过一浪的唱歌高潮，"北风那个吹""东方红，太阳升"等歌声随处可闻，文化活动多样，政治气氛浓厚，对推动当时河西区各项运动，丰富和提高民众的文化生活起到了功不可没的促进作用。

　　后来，这批学员有的加入连队当文化教员，有的加入工作队，有的在小学工作，都成为文化工作的骨干。

粤赣边支队成立通电 ①

---- ★ ----

　　毛主席、周副主席、朱总司令、彭副总司令、叶参谋长、林彪司令、贺龙司令、刘伯承司令、陈毅司令、陈赓司令、聂荣臻司令、徐向前司令、曾生司令、冯白驹司令、广东人民解放军各支队、新华社、各民主党派、各民主报社、各人民团体、各界同胞钧鉴：

　　俊贤等奉命成立广东人民解放军粤赣边支队，已经于八月七日在粤赣边某地正式宣誓成立。兹后当一本忠诚，在毛主席、中国共产党中央、中国人民解放军总部领导下，绝对服从指挥执行命令，虚心学习各友军的经验，配合友军，为人民群众服务，坚决彻底消灭蒋介石匪帮，驱逐美帝国主义侵略势力，解放华南及全国，建设新民主主义的中华人民联邦共和国。成立伊始，诸多未遂，敬希经常赐予指教为幸。

广东人民解放军粤赣边支队

司令员　钟俊贤

副司令员　郑群

政治委员　魏南金

政治部主任　黄中强

参谋长　曾志云

未虞（日期代码）

---

① 原载《粤赣报》创刊号第二版，摘自《东江党史资料汇编》第四辑。

粤赣边支队成立时的一副对联 ①

赤日照岭南，迎接解放军，宝剑吐光，为人民伸正义，粤赣湘雄狮争异彩，同心协力，无数英雄尽欢腾。

碧桃绣东江，庆祝胜利年，珠唇含笑，向领袖献鲜花，源龙和福地闹芳菲，万紫千红，大好河山多娇艳。

在上莞举办的河西区第一期
党员骨干训练班 ②

林洋波

河西地区恢复武装斗争成立农民协会之后，在上莞举办了第一期党员骨干训练班。

1947年冬的一天，接到交通站长欧阳佛送来的通知：1. 各乡党支部书记和中心支部委员，明天上午前到上莞陈寿尧和陈粤家里报到，晚饭后到中心小学办班；2. 参加人员带日常生活用品和被席并带足一个星期的伙食费。参加学习的共20多个党员依时到达目的地，当天晚上开

---

① 摘自《东源县党史资料汇编》第二辑，陈速影供稿。
② 原载《东源县党史资料汇编》第二辑，摘自《革命老区上莞》。

了一个预备会，也叫动员会。由杨庆同志作了动员报告，接着刘波同志宣布学习纪律。具体负责人余进文、陈浩明、赖强等同志，分别到各学习小组参加讨论。人人表决心、订学习计划……

学习内容包括：1.怎样搞好党支部工作（杨庆同志报告）；2.做好部队的后勤工作，发动积极青年参军，动员富裕家庭捐钱献粮支援游击队……（余进文同志报告）；3.协助农会领导，做好民兵工作……（陈浩明同志报告）；4.刘波同志做土改工作报告，要求第一阶段大张旗鼓进行宣传动员，开大会、贴标语、出黑板报、演剧……发动青年积极分子、民兵骨干丈量土地，大力协助农会做好分田分地工作。总的方针、口号是"依靠贫雇农、团结中农，中立富农，打倒地主阶级，一切权力归农会……"。

每一次报告都分组讨论一次到两次，利用休息的时间我们几个组长向领导做学习汇报。学习结束由杨庆和刘波两同志分别做了总结报告，布置了今后工作。

学习一星期后，各党员回到自己的工作岗位上去。通过学习，我们受益匪浅，对以后支前、分田分地、清匪反霸、焚烧一切契据、建政、发动农民搞生产、兴修水利、修路修桥和集体送公粮等一系列工作都起了积极的作用。

上莞一次反"清剿"斗争的故事[①]

田裕民[②]

· ★ ·

　　1948 年 7 月初，我九连部队正忙于青州等地反"清剿"斗争，而我广大群众也忙于夏收，乘这个空子，敌保八团一部纠合河源县警队 400 余人，突然奔袭河西上莞。为了避敌锋芒，上莞武工队主动转到三塘一带边沿山区。在敌强我弱的形势下，我们运用毛主席的人民战争思想，采用"敌进我退，敌驻我扰，敌疲我打，敌退我追"的游击战术，与来犯之敌开展了频繁的斗争。

一、骚扰战

　　敌军进驻上莞圩后，我们采用悄悄而来，悄悄而去，神不知鬼不觉的骚扰战。每到夜间，在群众的掩护下，我游击队战士和民兵，利用山岗、坟地、树林、河边，隐蔽前进，接近敌人据点，时南时北，时东时西，东一枪，西一枪，打敌人哨兵，有时又用排火打敌人营地。敌人在梦中惊醒，晕头晕脑乱开枪，我们就立即转移射击位置，稍待平静下来再放几枪，打几枪后即行撤走。我们这样反反复复，弄得敌人坐卧不安，精疲力竭。由于敌人不知道我们在什么时候出现，也不知道我们在什么地方出现，又恐我主力部队对其袭击，因此，每听到枪声就出来乱

---

　　① 摘自《革命老区上莞》。
　　② 时任武工队指导员。

开枪壮胆，听到爆竹声也误以为是枪声，不得安宁，觉得四面楚歌。

二、儿童智斗敌军

敌军到上莞后，如同瞎子、聋子。他们为了摸查情况，追踪游击队，晚上听到哪个村庄的狗狂吠，次日白天即派班、排人员向那个村庄寻踪觅迹，或审群众，或拦路盘查。一天上午，河源县警队一个班长带着全班 10 多个白军，来到下田屋村。当时，青年、老人大都已下田上山，只有三四个 10 岁的孩童，在村前地坪唱歌嬉戏。但见白军一来，个个不作声。敌兵则鼓掌说："唱得好！"要他们再唱，小孩说："不唱，你们凶恶要打人，还想骗人唱歌？"又说："游击队时常从这屋边大路经过，那些叔叔讲话和气，有说有笑，又讲古仔（故事），又教唱歌，还给糖仔。"敌班长说："你们唱歌给我们听，我们不打人，下次买糖送给你们吃好吗？"小孩说："好。"于是，他们合唱《谁说我们年纪小》。唱后，敌人又鼓掌说："好听，再唱一个。"小孩笑嘻嘻地说："再唱一首打日本鬼子的，叫'神枪手'。"（实是《游击队歌》）"我们都是神枪手，每一颗子弹消灭一个敌人，我们都是飞行军，哪怕那山高水又深……没有吃，没有穿，自有那敌人送上前！没有枪，没有炮，敌人给我们造……"敌人再三鼓掌，叫他们再唱，一个小女孩先唱"你看那个蒋介石"，其他小孩便跟着一齐唱："到处都是打败仗，丢盔弃甲，落花流水，个个喊冤枉……"刚唱到这里，一个敌兵右手一挥，大声吼道："你们骂人……"话未说完，敌班长即以手势制止，插嘴说："这些小孩懂什么，不要吓他们。"接着又细声细气地指着那些狗说："你们这里养很多狗啊！昨夜这些狗狂吠不停，你们听到了吗？"小孩说："听到了，吵得我和妈妈睡不着觉。今朝听过路人说，昨夜好多游击队来来往往，说要关门打狗。"

有个敌兵说："我们入屋去搜查。"敌班长说："你嫌命长啦？！我们来了多少人，这个村寨那么大，横巷直街，纵横交错，如有游击队潜伏，只怕进得去出不来了。"又说："我看这里百姓全赤化了，连小孩子都从头红到趾甲。走吧，回去交差。"一班敌兵就这样灰溜溜地走了。

一天，上莞圩日，各地群众去赶集买卖东西，几个儿童团员受命带领一群小孩趁圩（赶集）看热闹。他们在敌军临时驻地原乡公所门前边吃糖果边嬉戏玩耍，哨兵在门前来回巡逻。儿童团从我内线获悉，敌军官正在某商店里与乡绅们聚赌。于是几个儿童团员立即绕至乡公所侧背，将准备好的传单、标语口号快速投掷入敌兵营房后，随即嘻嘻哈哈地和十多个小孩分散钻入人群之中，跟随趁圩的大人回家。敌兵发现传单标语后，争相抢看，惊恐不安。这情况恰被敌军官回营发现，暴跳大骂。敌兵垂头丧气，低头奋耳，龟缩一团。当敌人派兵到街上、路口对来往的人突击检查时，这些儿童早已逃之夭夭，敌人也只是枉费心机地白白忙乱了一阵了事。

三、狗狂吠敌急逃

由于我们白天向敌人营房散发传单，晚上又不断骚扰，搞得敌人惶惶不可终日。针对敌人几天来夜晚龟缩不出，白天循狗吠声寻找我游击队的特点，为了迷惑和惊扰敌人，我各村民兵采取整夜轮班，相互交叉巡逻，有意惹全乡四面八方的大狗、小狗汪汪乱吠，此起彼伏，连续不断。敌人误以为这是我集中主力部队来个"关门打狗"，吓得心惊肉跳，乱作一团，鸡啼三更便急匆匆逃跑。

清早，群众得知国民党兵逃走了，欢呼声、爆竹声响彻云霄。人们奔走相告，议论纷纷。

这次反"清剿"斗争，是毛主席人民战争思想的伟大胜利。我们衷心感谢人民群众对自己子弟兵的全力支持，并表彰了民兵、儿童团英勇的革命行动。

上莞的土地改革工作 ①

李汉杰

1947 年，中国共产党召开了全国土地会议，制定了《中国土地法大纲》，规定"没收地主土地，废除封建剥削的土地制度，实行耕者有其田的土地制度，按农村人口平均分配土地"。两千多年的封建剥削的土地制度寿终正寝了，历代农民战争无法实现的梦想，将由中国共产党变为现实。

1948 年 1 月，在党组织及农会的领导下，上莞的常备队和武工队有效地进行合作，将工作重点放在土地改革工作中去。当时革命形势已越来越好，国民党反动政权的覆灭已成定局，广大人民群众逐渐看到了革命胜利的曙光，越来越倾向于革命了。在这大好形势下，我们抓紧了土地改革工作。

建立农民协会，将一批苦大仇深的农民组成骨干，成为土地改革的中坚力量。另外及时将一批受苦的青壮年组织起来，建立民兵队伍，维持社会治安，斗争地主恶霸。当时正值春耕时节，为了使广大农民分

---

① 摘自《革命老区上莞》。

得土地，并能及时种上庄稼，我们采取了宜粗不宜细的做法，将人员分到各村，与农村工作队同志密切配合。在斗争地主恶霸的同时，我们按各村土地及人口情况，具体问题具体解决。例如：村有总土地多少？人口多少？我们掌握了准确数字后，按土地政策平均分配土地。地主，除了他们按人口分配所得到的土地外，其余土地一律没收。将退出的土地进行统计后，根据多退少补，远近田、肥瘦田合理搭配的原则进行分配，并做到优先照顾贫农雇农。1948年春耕前，胜利完成土地改革工作。

上莞飞虎队和常备队的建队过程 [①]

李汉杰

解放战争时期，河西区上莞乡有两支由当地农民子弟组成的人民武装队伍，一支是飞虎队，一支是常备队。这两支队伍，在几次反击敌人扫荡，支持和配合当地农会分田废债，打击恶霸豪绅和反动派，保卫河西解放区中都起了重大的作用。

1947年初，中共九连工委委派欧阳梧、黄锐两位同志在上莞召开民主青年联合会秘密会议，宣传、学习党中央和香港分局关于恢复武装斗争的指示精神，讲形势、谈出路、指方向、给办法，明确提出上莞一定要建立武装队伍。我是青年会长，会后感到责任重大，于是联络一群

---

① 摘自《革命老区上莞》，叶柏松根据李汉杰提供资料整理。

进步青年，在地下党组织和几个开明父老的帮助支持下筹建河西上莞人民自救队，简称飞虎队，由陈国汉、陈云舫和我三方分头活动，经过两个月的筹措，终于在 1947 年春建成了上莞飞虎三个中队，人员近 200 人。经上级审查批准，陈国汉为一中队队长，陈云舫为二中队队长，李汉杰为三中队队长。我飞虎三个中队初建时有 68 个人，56 支枪，下设 4 个小队，后来人、枪的数量逐渐增加。上级指令李时林为三中队副中队长，李志林、李雄、李友舫为分队长（兼文化教员），李文俭为事务长。

三个中队在组建过程中，始终运用党的政策和策略，依靠基本群众，争取开明绅士和进步宗族父老的支持，对存心刁难抵制建队的地主富户给予政治压力，务使他们屈从，老实交枪、交粮。

吸收队员时，以民主青年联合会会员为核心，主要面向贫苦青壮年，吸收对革命有一定的认识，有决心而且完全自愿参队的人入伍。通过首批志愿入伍的人，分头去串联发动，逐渐扩大，有些稍富裕的子弟还带枪、带粮入伍。如地主家庭出身的李文俭，彻底与家庭决裂，花 40 担谷买支驳壳枪参队，举动感人，真心革命堪可赞扬。

收缴枪械时，首先瞄准李族公尝护庄、护宅，预防姓氏纠纷而购进保存的那批枪支、弹药（16 支），要求全部献出；其次是摸清底细，向地主、富户借枪（12 支），写给借据，作为他们支持革命、争取进步的表现；对于少数顽劣的地主、旧官吏，我们召集他们开会，讲政策，软硬兼施，逼他们表态，限期交枪，若伪诈说无枪，限他交钱谷抵数，或买枪上交。

筹集粮食和军需方面，第一，面向我李姓太公的公尝财产和田亩租谷。李屋一年公尝田租谷收入近 1000 担，除了用于每年祭祀、节日喜庆之外，尚有大量积存。我们动员族长、乡绅，申明利害，使他们把存下的几百担公尝田租谷作部队军饷。第二，对一般富户，适当让其认捐或适当摊派任务。第三，对反动地主我们就开硬功，破其仓征粮、收枪，甚至抓人抵押，交粮放人。当然，后者是不得已的办法，而且须事先经上级批准才敢行动。

上莞的地主富户开明者不少，像陈湛波、陈鼎新和旧军官陈丽泉等都交出了不少钱、粮、枪给我部队（包括给其他游击队），这是我们党耐心细致做好统战工作的结果。

有了人、枪、粮、财，加上党组织的正确领导、策划，飞虎队就建立了，而且逐渐壮大，终于在塈背战斗中作出了较大的贡献，为保卫河西出了应尽的力量。

1947 年 8 月塈背战斗以后，飞虎一队陈国汉、飞虎二队陈云舫 2 个队长牺牲，3 个队合并为 1 个队，由我任中队长，改名为民生队，别号黔江队。10 月，抽调大部分精壮人员编入"太平洋"主力铁流队，黔江队番号取消。少数人员参加地方工作，有些以后重新编进上莞常备队。至此，飞虎队（民生队）已完成阶段性任务。

由于革命形势急剧发展，地方上农会工作和分田废债运动需要有革命的地方武装保卫，还要与地方恶势力斗争。上级决定在上莞乡新建一支常备队，做到一手拿枪、一手分田，1948 年 3 月，上莞常备队建成。上级指令李汉杰为中队长（兼武工队长）、陈达生为副中队长，田裕民为指导员（后由李华、钟芸生、邓若施接任），何艾、叶剑辉、李雄、陈洪光、陈超中、陈王祺、陈寿琴等同志为分队一级的干部。上莞常备队高峰期有 80 多人，建队后曾参加过坳顶、班石坳两次战斗，与兄弟部队合力抗击过国民党军队的多次进攻。在保卫土改分田，支持农会和民主建政方面做了大量工作，也镇压了白石示土匪恶霸冯某，曾田土匪头子黄作升，使人民安居乐业，敢于支持革命。

1948 年 12 月，河源县人民政府在河西上莞成立时，上莞常备队抽调两个分队组成县府警卫连，其余人员到 1950 年全部并入河西区中队，保卫新生政权，维护社会治安。

至此，上莞常备队已完成了历史使命。

上莞抗战时期的
"二五"减租和减息运动①

陈尚平　陈怒涛　陈斐材

抗日战争时期的上莞乡，约有 2000 多户 13000 多人口，耕地面积近 11 平方公里。上莞贫富悬殊，阶级矛盾尖锐复杂，土地高度集中，约占人口 5% 的地主富农占有土地 60%—70%，封建尝典会约占 20%，80% 的贫农只占有土地 10%。而田租和借贷利息很高，农民租一亩较好的水田，年田租高达三石②，中等的田租二石五斗，差的田也要一石五斗。借谷利息一石一年还本利二石。广大农民的租赁负担如牛负重，不堪其苦。

抗日战争中后期，国民党政府为支撑其庞大机构和军队的巨额费用，滥施发行钞票，货币贬值，物价飞涨。"关金券"每张高达千元万元，今天能买到一斤猪肉，明天只能买半斤，过一段时间甚至没人要，被民众称为"湿柴"。市场交易除少量白银外，多数以物易物，一斗谷换一斤猪肉，八升谷换一尺"土蓝"（土布）。特别是 1943 年，逢上百

---

① 摘自《革命老区上莞》。

② 当时，一石约等于十斗，一斗约等于十升，一石约折合为 72 公斤，以此类推。

年一遇的大旱，赤地千里，许多土地没有插秧，颗粒无收，但田租还要交。当时国民党"抽壮丁""捉壮丁"，抽到壮丁不去的要交十多石壮丁谷，没有抽到的也要交壮丁谷，真是天灾人祸，民不聊生，农民处于水深火热之中。

1942年春夏间，中共上莞区委看到这一情况，秘密开会，宣传抗日，成立了上莞乡农民抗日救国会，以地下党组织成员陈志英为会长，会员很快发展到1000多人。

上莞乡农民抗日救国会成立后，陈志英与时任上莞乡乡长的陈宏令（与陈志英共住一栋屋）多次交谈磋商，动员说服他支持抗日救国，实行"二五"减租减息①。陈宏令表示支持，于农历四月间，以上莞乡公所名义，召集各保保长和部分绅士联席会议，会议主要议题是抗日救国，实行孙中山先生"三民主义"的"平均地权，节制资本"之主张，要求在全乡实行"二五"减租减息，抗日救国会和上莞各保保长绅士达成决议，决定在全乡实行"二五"减租减息，减轻农民过重的租息负担。并联合在上莞圩及各保贴出布告。据一些上莞80多岁老人回忆描述，布告大概内容如下：

上莞乡乡公所、上莞乡农民抗日救国会联合布告

迳启者，本所、会业经召集各保保长、绅士联席会议，为实行中山先生"三民主义"的"平均地权，节制资本"之主张，概自今年起实行"二五"减租减息，兹议定下列章则，希各出租田者、尝典会管业人、佃户（即租田人）遵照执行，议案在卷不得有违。

---

① "二五"减租减息，即每石租谷减交二斗五升。

一、自民国三十一年（1942年）起每石租谷减交二斗五升；

二、不得大斗进小斗出，本所会制有公斗（标准斗）十把颁发各保使用（地主收租的斗上小下大圆形，公斗为方形，并烙有火印）；

三、出租田产者不得以任何借口脱田、起耕转卖；

四、借谷利息每石谷年利不得超过五斗；

五、违抗减租、减息者各佃户可报告乡公所，一经查确，严惩不贷。仰各周知，切切。

此布

中华民国三十一年五月

布告一经在上莞圩和各保贴出，广大农民拍手叫好，欢呼雀跃，此规定一年可为全乡农民减轻租息四五千石，对鼓动农民、组织反对和消灭封建主义的压迫和剥削起到了巨大作用，为1947年的停租废债、1948年的土地改革打下了坚实的思想和组织基础。绝大多数地主都按布告规定减租，但也有个别顽固不化的地主违抗减租，农民告到乡公所，乡公所派所丁传讯地主到乡公所进行训诫后也乖乖减租了。上莞的减租减息运动是地下党组织成员程光、田裕民、陈志英、陈少卿、陈柏祥等在幕后策划和组织的。在当时来说是一次较大的农民运动，自1942年起一直延续到1946年，上莞的减租减息运动从未间断过。

上莞塱背反"扫荡"战斗 ①

叶柏松

  1947 年农历七月十六日，国民党保安五团、八团的五个连和河源县警队共 500 多人分路从曾田、船塘向我上莞根据地"扫荡"，妄图一举围歼我中共九连工委和驻上莞的主力部队。上莞反动地主陈廉楷指使其爪牙陈亚秋引路。

  农历七月十五日，区工委扩大会议散会，魏南金、钟俊贤、曾志云等已离开上莞，严尚民、陈实棠及林若、陈君明、曾观和、黄日等打算农历十六日开赴各地开展工作。

  会议结束前，已接到情报说敌将进犯河西，我们正在进一步探察其具体兵力和路线。总部预计其主力应是从忠信经船塘袭来，已先布置猛狮队许逢利部往铁坑丝茅坪戒备，农历十六日晨决定让主力曾观和、陈君明、林若的雄狮队，黄日、陈明的铁流队分赴铁坑增援，但该两队的领导和所属几个分队住在塱背村工委驻地，午饭后才开赴阵地，也布置了上莞飞虎一队的陈国汉、飞虎二队的陈云舫，在新民准备迎击。飞虎三队李汉杰在下寨兴隆寺御敌，没想到地主鹰犬陈来令带敌军绕小道捷径包抄而来，我们被迫仓促应战。

  下午 2 点多，我哨兵发现黎壁峰狮头山上出现敌人，立即鸣枪报警，震惊了总部领导和正在吃午餐、即将出发的战士，大队长兼铁流队队长黄日同志大喊："有情况，紧急集合，抢登制高点！"他摔下饭碗，

---

 ① 摘自《革命老区上莞》，根据李楚、陈明、李汉杰口述整理。

端起一挺机枪迅速带领战士集合登山，雄狮队曾观和等也快速占领有利地形，准备迎敌。飞虎一队、飞虎二队在凹下塘尾山至水碓山一带正遇到敌人向阵地冲来，占领了有利地形，我们处于被动。

总部有的非战斗人员正在河边洗浴，听到枪声立即投入战斗，有些想冲向墿背村屋背山，严尚民同志临危不乱，指挥若定说："我们被包围了，应向杨坑、李田方向撤！"很快，雄狮、铁流两队登占了水碓屋后山，部队领导及工作人员在他们掩护下边战边撤。这时敌人集中火力向我们猛射，陈国汉同志身中5弹，当场牺牲，还有3名战士也被击中倒地，飞虎二队队长陈云舫同志右腕也中弹受伤，但还登上长岗岌想冲出重围，最后因流血过多经抢救无效壮烈牺牲了。

战斗中，飞虎一队、飞虎二队为保全实力分散撤退，有个连队的花名册丢失，当晚被群众拾获送至新驻地。幸而飞虎三队守驻下寨兴隆寺，有力阻止船塘来的敌人。

当总部人员和铁流队登上屋后水碓山顶时，距离拉大了，敌火力减弱。检查人数时，发现少了工委组织干事梁珊（严尚民妻子），大家非常焦虑，明明见她一起登山，可能……歇息20分钟后，敌人停止了射击，梁珊也喘着气爬上来说："刚才敌人火力太猛，我只得伏在山腰一土坑中静待，让大家焦急费心了。"

反包围战斗打了3个多小时，我方牺牲5人，伤6人；敌也抬着10多副担架窜至上莞下圩住宿。我雄狮队暂时撤退至李田、苏坑，留下少数人员用"敌驻我扰"的办法，在其营区贴传单、打冷枪等弄得他们不得安宁。两天以后，敌人无奈撤离上莞。

10月初，以陈鼎新、李汉杰领导的民生队（后改称黔江队）配合铁流队回到上莞，召开了数千人参加的誓师保卫革命根据地并公祭墿背战斗牺牲的烈士大会。后来处决了地方反动首恶陈廉楷、陈亚秋。军威大振，民心激奋。

参加过垦背战斗的还健在的老同志认为，这次战斗虽然被迫仓促应战，但指挥有力，进退得宜，以极小的伤亡确保了大部队的安全，粉碎了敌人一举扫平河西的痴心妄想，锻炼了部队。

解放前地下交通战斗生活的回忆 [①]

刘 刚

我的家乡河源上莞杨坑是革命老区，是九连地区交通总站站长罗革同志在河西区建立的地下交通站之一。我原名刘裕光，1947年改用钟俊贤同志为我起的刘刚这个名字。

我于1947年2月参加革命队伍，经九连青干班短训后即分配做交通工作，直至50年代中期，历时8年多，先后做过地下交通、政治交通、军邮、机要交通等工作。

新中国成立前，地下交通的任务不是单纯送信，还要负责护送往来的干部、侦察敌情、做情报工作以及掩护伤病员，保护电台、武器等。新中国成立后，由于形势的变化，主要以传递党政军领导机关的机要文件为主。回顾以往岁月，有几次经历我永记不忘。

---

① 摘自《东源县党史资料汇编》第二辑。

一、烈日当空奔李田，归途回营遇激战

1947年农历七月十六日，我们部队驻在上莞塱背上围龙屋。当天早饭后，潘冰同志交给我一封信，叫我送去李田给黄锐（黄仕彪）同志。我接过信抬头一看，万里晴空，阳光四射，天气很热。我带好信，取了笠帽戴上就出门了，走不久便爬"三百六十托"的石级，爬到顶已汗流浃背，翻下山走不久，在李田一个小村庄找到黄锐部队，当即将信交给黄锐同志。午饭后我即从原路返回，当我返到距塱背约三华里的园墩附近，即听到密集枪炮声，特别是轻重机枪射击非常猛烈，不时还夹杂炮声，随即看见很多老百姓向我迎面跑来，跑在前面的人对我说："唔好（不要）往前去呀！好多'白狗'打来了。"我因急于归队，还是拼命挤着往前去，待我走出山嘴，发现我们部队已抢占高地右侧山头，战斗十分激烈。当时我手无寸铁，又无法过河登山，便立即掉头向左侧山坑撤退，天黑后才回到家里。为防备敌人前来骚扰，我们当夜将杨坑交通站转移到苏坑陈屋，第二天上午才返回部队。

二、新春"油果"迎稀客，护送"客人"上九连

1947年春节，全村人都很高兴，特别是大多数的穷苦人家，由于我们部队年初发动群众破仓（国民党政府粮仓）分粮，并实行减租减息，乡亲们都分得不少粮食，欢欢喜喜过新年，家家户户盆满钵满，还炸了很多糯米油果。年初二下午，我家（交通站）来了三男一女像教书先生打扮的稀客，说要上九连。因天快黑了又过春节，我便挽留他们住宿一晚。我们家乡过年的风俗习惯都是先吃蒸油果，喝糯米酒，然后才吃饭的，尤其人来客到，必定如此。我们也是这样招待了晚餐，他们对油果感到很新鲜，席间连声称赞说："好吃，又香又甜……"第二天

临走前，他们很礼貌地说："感谢你们的盛情招待，难忘香甜的油果。"因为保密之故，那时我们没有问他们的姓名，只称他们同志。后来在革命队伍中相遇才知他们是董世扬、丘海生、叶佐平和叶伟等同志。

三、趁夜冒雨送急件，风吹雨打心里乐

1948年八九月间，当时粤赣边支队司令部驻在漳溪井口的四角楼。有一天晚上我已睡着了，潘冰同志叫醒我说："钟同志有封急件给李辉同志，你马上送去上莞六角楼。"当时哗哗地下大雨，天昏地黑伸手不见五指。因是急件，我便立刻穿好衣服，拿了纸伞，穿上车轮胶凉鞋，打亮手电筒冒雨前进，一路上风雨不停，经过坳顶走下小山坡，不久便到了上莞六角楼，即把信交给李辉同志。我想趁这时雨小快走，打声招呼后便立刻往回跑。当走到坳顶时四周突然卷起一股旋风，把雨伞卷翻吹裂撕破，随即雷电交加，把整个山坳照得通亮，大雨倾盆而下。因无法避雨，只好任由狂风暴雨吹打，同时由于手电筒进水也不亮了，只能摸黑一脚高一脚低踏着泥泞山坑路往回走，往返只30多华里的路程，却直至天亮才摸回司令部。辛苦奔波了一夜，心里却乐滋滋的，因为完成了党交给自己的任务。

四、"掌牛仔"巧察敌情，司令员复信鼓励

1949年5月初，我在大湖黄岩当交通站长时，一天上午九点钟左右，正是阳光灿烂，交通站几个人在黄岩附近的圳坜里摸鱼摸虾，以改善生活。这时听见老乡说忠信有白军上大湖。我们脚也没有洗，就拿了锄头、粪箕等东西急忙跑回交通站，立刻商量决定，我和曾添发去了解敌情，其余两人留家收拾东西。那时大家都一身泥水，裤脚也没有放

下来，商量完曾添发就往门外走，我问他去哪里，他说洗脚，我叫他不用洗了，走吧。他说："这样不是像'掌牛仔'（放牛娃）了吗？"他这一说启发了我，变成"掌牛仔"不就方便接近敌人了。于是我叫他牵来一头牛，他在前牵牛，我在后赶，直往大坝公路走，到了公路附近的水沟里，把牛放下水沟吃草，我们则在这里等候观察。近中午时，看见忠信方向公路上出现了敌人，沿路朝我们这边走来，我即告诉曾添发，如敌人路过，你注意人数，我察看武器装备。敌人走得很快，像是急行军。一瞬间敌人队伍从我们正面大路通过，向绣缎和平方向而去。敌军过后，我们即刻回站。我将这次了解到的敌军人数、武器装备及经过时间和去向等写成了情报并标注了"BBB"的紧急军事情报符号，当天下午由严德胜同志送交东二支队钟司令员亲收。几天后意外地收到司令员的复信，大意是说"你报送的敌情收到，非常重要，你的工作干得很出色，很值得大家学习"。

广东解放以后，我从东江地委军邮局调入中共华南分局保密室工作，任特密机要员，与分局几位领导时有接触。此后，较长时间在这一战线效力。

河源县人民政府宣教队活动片断 ①

陈速影

　　1948年，解放战争已进入了决胜的阶段。辽沈战役、淮海战役和平津战役先后发动，革命胜利指日可待。在这样一派大好的形势下，中共九连地委、粤赣边支队审时度势，决定建立河源县人民政府，统一全县建政工作。河源县人民政府于1948年12月7日在上莞宣告成立。县政府成立后，县领导为了加速各乡的建设工作，动员全县人民参军参战，开垦荒山，增加生产，支援前线，踊跃捐献钱粮、棉衣布鞋，支援部队。为迎接即将到来的南下大军，于12月中旬组建了河源县人民政府宣传教育工作队（简称"宣教队"）。宣教队由宣教科科长钟恕兼队长，副队长为朱文，队员有张帆、李影、陈速影、蓝超强、叶治中、陈定中等12人，这些同志都是具有初中以上文化的青年。宣教队组建后集中到上莞学习训练了约一个星期，由李辉和钟恕布置了任务，唱熟了10多首革命歌曲，如《送郎参军》《生产大合唱》《新年大合唱》《钢铁连之歌》《闹元宵》《捐棉衣》《延安颂》《你这个坏东西》等；排练了《兄妹开荒》《新女性》等几部歌剧。每逢各乡墟日，宣教队便带着简单的道具，略为化装，便走上街头演唱起来。宣教队一上街演出，便有许多群众前来观看，效果很好。若不是墟日，我们便三四个人一组提着桶带着自制的土朱水、墨烟等涂料到显眼的墙壁上写大标语。如"踊跃参军参战，迎接全国胜利！""开垦荒地，增加生产，支援前线！""捐

---

① 摘自《革命老区上莞》。

献棉衣布鞋，支援部队！""彻底打垮蒋介石反动统治，消灭地主阶级！""农民兄弟组织起来，当家作主！"……记得在骆湖墟写大标语时，我把"开垦荒地，增加生产"的"垦"写成"恳"，副队长朱文同志发现后，批评我写了别字。当夜我独自提着涂料把那个错字改正了。这事对我教育很大，我认识到对待革命工作是马虎不得的。夜间，宣教队三四个人一组深入群众中去，进行口头宣传，宣传当前的形势，号召广大农民支援前线，迎接全国的解放。

1949年元旦，粤赣边支队司令部驻在上莞六角楼，县人民政府初驻在文化第，后迁至昌隆屋。当日中午，宣教队带着简单的道具略为化装，在六角楼门前大晒场上给部队首长和县领导拜年，并和战士同台演唱了《新年大合唱》《生产大合唱》等歌曲，气氛十分热烈，受到首长的好评。大人岭战斗结束后，部队于1月13日在上莞墟岗举行了有2万多人参加的祝捷暨公祭烈士大会，当夜宣教队又在上莞墟岗演出了反映解放区女青年风姑公而忘私，发动妇女打布鞋支援部队和动员自己丈夫参军的中型歌剧《新女性》以及《兄妹开荒》等剧目。是夜人山人海，演出效果很好，对鼓舞部队士气和教育群众起到了很大的作用，受到群众的好评。

宣教队辗转于河西各乡镇，开展宣传工作，演出场次不可计数，受教育群众数万人次，服务于解放战争功不可没。1949年蓝口解放后，宣教队宣布解散。一些同志调到连队，一些同志调到司令部，一些同志留在地方，我则被调到县人民政府警卫排任文化教员。

回忆抗日战争时期
上莞地区党的活动情况 ①

郑重文　程光

一、党员的情况

1. 刘成章同志是河源县叶潭人，1939 年入党，1940 年由中共河源县委派往上莞黄龙岗逢源小学任教，1940 年下半年调离上莞，1941 年调往曾田任教，他是外地党员首先在上莞干革命工作的。

2. 1939 年至 1941 年秋，先后参加组织的本地党员有：经河西县委组织部部长章平同志介绍给我俩的陈金荀、陈启林、陈柏祥、陈振中、陈少卿、陈福令（陈志英）等六位同志。

3. 1941 年冬至 1942 年，在君陈小学发展的学生党员有陈维史（敦头人）、许蔚青（船塘铁坑许屋人，又说是李冠，船塘李田人）。

4. 1941 年至 1944 年上半年，先后在君陈小学任教的党员有程光（河源人）、郑重文（在学校叫炳文）、黄绮芬（女，香港人）、张基（大埔人）等六位同志。

二、党的组织分工与活动

1941 年下半年至 1944 年上半年，我俩在上莞地区工作时期，国民

---

① 摘自《革命老区上莞》。

党反动派已经发动过二次反共高潮，在逆流中，党的活动已转入地下以隐蔽活动方式进行。特别是1942年下半年，由于中共南委和粤北省委被国民党反动派破坏，党的组织一律停止活动，实行单线联系。执行"隐蔽精干，长期埋伏，积蓄力量，以待时机"的方针，号召党员开展勤业、勤学、勤交友的"三勤"活动。在这一方针与原则的指导下，上莞地区党的组织活动情况如下：

1. 1941年下半年至1944年上半年，上莞君陈小学便是河西党领导机关的一个重要基地。因为1941年下半年，河西县委派程光到君陈小学任教，指示程光负责上莞与曾田地区党的工作；1942年下半年，河西县委撤销后，改为特派员制，章平同志为特派员，郑重文同志为副特派员。不久，章平同志调往前线东纵工作，郑重文同志为河西县特派员，程光同志为副特派员，兼任上莞、曾田地区的特派员。

2. 君陈小学党员。党员教师有郑重文、程光、魏杰、田观旺（田裕民）、黄绮芬、张基6名；学生党员有陈维史、陈启林、许蔚青3名。成立支部，由郑重文、程光直接领导并传达党的各项指示，党的组织生活是分散进行的。黄龙岗的那几位党员，由我俩通过陈启林、陈金荀和他们联系活动。

3. 君陈小学是上莞唯一的完全小学，亦谓最高学府。历史悠久，它是有声望的学校，校长陈一中，还有陈宏令、陈春苑、李俊士等，他们都是本地老师，是富豪子弟，绅士阶层人物，我们党必须做好他们的团结工作，才能保持与巩固党的阵地，才能站住脚跟，才能开展党的活动。所以我们和他们团结和睦相处，感情融洽。事实证明，我党的活动，他们都不干涉和限制，而且还起掩护作用。

4. 我们以党员教师为核心，与当地的教师秘密合作，认真抓好教学质量，提高学生文化素质。同时，大力宣传抗日救亡运动，大唱革命歌曲，宣传我军的抗日主张与战绩，扩大与提高我党我军政治影响和威信，对促进学生思想进步，起着重大作用。历史事实证明，君陈小学出来的学生基本都走上了革命道路。

5. 上莞地区，贫富悬殊，阶级矛盾是尖锐的，而我们正确执行党的团结抗日政策，大力做好统战工作，经常走访上莞知名绅士和开明地主，与他们取得密切联络，如陈湛波、陈春浓、陈瑞洲、陈升楷、陈泽、陈寿良等，他们对我们办好学校是表示好评的，对我们的宣传抗日救亡工作亦是赞赏的。因此，他们家里做红事，都邀请我们做客。上莞地区处在白色恐怖形势下，他们对我们起着掩护作用，而组织没有遭受破坏，工作得以顺利开展，是党的统战工作成功的结果。

大人岭战斗 ①

1949 年元旦，中共中央发表新年献词《将革命进行到底》，给全区军民极大的鼓舞。支队全体指战员纷纷表示决心，不怕疲劳、不怕牺牲、英勇作战，干净、彻底歼灭一切敌人。

元旦过后不久，第五大队获悉国民党保十三团第二营全部及第一营第三连，共 700 余人，从河源护送一支船队沿东江溯江而上。支队司令部决定，以大人岭为截击地点，消灭敌人。1 月 8 日，严尚民、郑群率领三团及四团、七团、第五大队各一部，从上莞疾驰大人岭附近山地掩蔽待命。时值严冬，时而又下小雪，埋伏两天仍未见敌人，所带干

———————

① 摘自《东江党史资料汇编》第四辑。

粮已全部吃光，因而部队开始撤出。1月11日上午10时许，四团、七团已经撤出伏击地点，当主力三团正准备后撤时，突然发现敌人船队溯江而上，护航之敌也正从西岸搜索前来。机不可失，指挥部立即下令四团、七团后撤部队火速返回，占领高地，截击下游，堵死敌军归路；主力三团正面迎敌。正面战斗打响后，我对敌逐渐缩小包围圈，猛攻敌侧，把敌阵斩成三段，将其分割包围。经激烈战斗，敌右翼首先被我消灭，缴获机枪2挺，我军士气更高，乘胜围歼敌主力。敌见势不妙，迅速抢占大人岭主峰和两侧高地，背靠东江，凭借有利地形和优势火力防守。从中午战至黄昏，我军多次对主峰发起强攻，均未能奏效。指挥部一面加强阵地政治思想动员，一面重新组织兵力，在各级干部带动下，纷纷组成火线立功参党班、党员先锋班、敢死队、肉搏团。此时，林镜秋率六团一部援兵赶到，士气更加高涨，部队阵容为之一新，准备天黑后发起总攻。夜间作战是我军之长敌军之短，敌军黑夜作战无法发挥其火力优势，我军则便于接近敌阵，发挥手榴弹、刺刀的作用。晚7时许，指挥部发出总攻命令，冲锋部队趁黑接近敌阵，后续部队紧紧跟上，经四次冲锋，敌被迫收缩两侧兵力，困守大人岭主峰。各连长、排长、共产党员带领肉搏团、敢死队、尖刀班从四面八方向山顶冲锋，年仅16岁的战士曾汉道，攀上悬崖一把抓住敌人封锁道路的机枪，竭尽全力与敌拼搏。此时，我突击队员乘虚猛扑敌阵，先投手榴弹，后拼刺刀。一时杀声冲天，鬼哭狼嚎。经一番格斗厮杀，敌即败溃，跪地求饶，缴械投降。大人岭战斗将敌军一个营又一个连的兵力打垮，其中全歼几个连的兵力。共计缴获八二迫击炮2门、六〇炮4门、火箭筒10支、重机枪2挺、轻机枪8挺、步枪155支、手榴弹42枚、炮弹52发、子弹万余发，其他物资一大批；击毙敌人90余人，伤敌50人，生俘85人，其他投河坠崖死伤均未计算在内。其余溃散之敌，狼狈地往禾溪、下屯等地逃命。我牺牲魏强（云南队连长）、袁国祥、叶剑辉、郑道坤、黄伯良、曾娘芬、曾亚华、陈金为、陈林、陈林增、李清、吴炳香、廖东果等 13 位同志；九江队连长叶日平等 37 人受伤。此役，由于我军打扫战场缺乏经验，打扫不彻底，因而俘虏、缴获还不多。

1 月 13 日，我军民 2 万余人，在河西上莞隆重举行盛大的祝捷暨公祭烈士大会。纵队、支队及各团领导同志和战士们一起，抬棺扶枢，在礼炮声中，将 13 位烈士安葬在上莞。

1949 年初河西区斗争情况的回忆 ①

从 1948 年 10 月 24 日至 1949 年 1 月 11 日，在这两个多月的时间里，我军正确执行毛泽东关于集中优势兵力打歼灭战的战略方针，相继取得了"五战五捷"。首战白马战斗极大地鼓舞了我军士气；大湖战斗和鹤塘战斗扭转了九连地区军事上的被动局面；大坪战斗和大人岭战斗则是较大规模的山地运动战，在运动中整连、整营歼灭敌人，完全打开了九连地区的局面。

1949 年 1 月 1 日，中国人民解放军粤赣湘边纵队成立，并与闽粤赣边纵队、桂黔滇边纵队一起发表成立宣言。广东人民解放军粤赣边支队，改称为中国人民解放军粤赣湘边纵队东江第二支队（简称"东二支队"）。原支队政委魏南金调边纵政治部工作，由钟俊贤任政委，郑群任司令员，曾志云仍任参谋长，黄中强仍任政治部主任。原新丰的江北

---

① 摘自《东江党史资料汇编》第四辑。

人民自卫总队一部，编为东二支队二团，卓扬任政委，龙景山任团长，郑大东任副团长，李锋任政治处主任。紫金大队则划归东江第一支队司令部属辖。

东二支队成立后，建立了健全的交通联络站（在此之前，各地都建立有地下交通站）。交通总站设在上莞，由罗革任总站长，曾博任副总站长。地下交通站为部队及地下党组织传递情报、护送干部、筹备粮食和物资，做了大量的工作，不少精明能干的交通员为了人民的解放事业献出了宝贵的生命。

1949年1月1日，连和县人民政府在九连青州山塘成立，县长骆维强，副县长邓基、黄志猷。连和县人民政府成立后，抓紧恢复和发展生产，大力支援前线。每次战斗，都发动人民群众组织运输队、担架队在战斗中运弹药、送粮食、抬担架、救伤员、送情报。有不少民兵还直接参加战斗，英勇杀敌。为了战斗的胜利，为了伟大的解放事业，九连地区的人民群众付出了巨大的代价，作出了重大的贡献。

为了解决干部不足的问题，加强地方和部队建设，中共九连地委于1949年初在船塘创办了东江公学。开办时，由钟雄亚任校长，董易任教育长。学校开设政治、财经、军事、民政等6个学科。全区各地青年纷纷前来报考。第一期培训学员40多人，学习时间为4个月。学员们一面学习，一面参加民运工作，还与东二支队文工团、船塘中学进步师生一起，排演了大型歌剧《白毛女》，深入农村、部队演出，受到热烈的欢迎。老隆解放后，东江公学迁至老隆，第二期学员达300多人。随着学员的增多，领导力量也进一步加强。校长仍由钟雄亚担任，副校长为李曼辉，政治处主任为董易，教务处主任为陈晓凡。龙川、河源、惠州解放后，东江公学随着领导机关迁至龙川、河源、惠州，继续招收第三、四、五期学员，培养了一大批革命干部。

大人岭战场的选定 ①

阮振声

· ★ ·

　　1949 年 1 月上旬，我中国人民解放军粤赣湘边纵队东江第二支队（简称"东二支队"）司令部接到第五大队的情报，获悉国民党保十三团副团长刘勉督第一、二营 4 个连共 700 余人，配以迫击炮 2 门、六〇炮六门、重机枪 2 挺、轻机枪 30 余挺，护送大批弹药溯江而上，于 1 月 6 日到达河源城。我部即派富有作战经验的指挥员董易到江边去选择伏击地点，决心在春节前夕再打一场大胜仗。

　　董易同志受命后，指令作战参谋梁钧、李九及小部分战士，从上莞出发，飞驰江边。在当地群众的支持下，跟着向导，翻山越岭，仔细观察地形。当时，正是寒冬腊月，雨雪霏霏。为了确保战斗的胜利，我军首长和战士们不分昼夜，不顾疲劳和严寒，奔忙在荒山野岭之间。首先到禾溪村绘制了一张地形图，接着到了白马村绘制了一张地形图，最后又到大人岭绘制了一张地形图。

　　指挥大人岭战斗的我军领导郑群、严尚民和王彪等同志，对 3 个伏击点都作了认真细致的分析和充分的估计。他们认为，禾溪村山地距离江面较远，山脚下一带是人家，如果打起仗来，射程远，没有集中点，消灭敌人的有生力量比较困难，还很可能殃及群众。白马村虽然江面狭窄，高山直插江边，便于对敌军射击，也不影响群众的安全，但打这一仗，我军人数多，预计有 1000 多人，这里山势过陡，荆棘丛生，不利

---

① 摘自《革命老区上莞》。

于我军调遣。红军营村背后的大人岭位于东江西岸，离江面不远，不接近人家，独立于连绵的群山之中。在军事上来说，是个孤山；附近的山较低，不能作它的掩护，如果军队登上此山，实有受包围之危；估计敌军沿江而上，一有动静就很可能会占领此山，我军乘机包围，歼灭敌人的有生力量则胸有成竹。于是，我支队司令部选定了大人岭为伏击点，并作了详尽的战斗部署。

1月8日，我三团、四团、七团及第五大队（江防大队）各一部，从上莞疾驰至大人岭，迅即进入附近山地掩蔽待令。11日上午10时许，敌船果然溯江而上，护航的敌军也沿岸搜索而至。下午1时许，战斗打响后，敌登上大人岭及两翼小山。我军即包抄过去，将敌截为三段，并迅速解决右翼守敌，逼敌收缩兵力，孤守大人岭。战斗至黄昏时，我军发起总攻。冲锋部队乘夜幕冲向敌阵，后续部队紧紧跟上。经四次冲锋、厮杀、格斗，敌全线崩溃，缴械投降了，我军获得了东江第五次战斗的伟大胜利。实践证明了大人岭战场的选定是非常正确的。

大人岭战斗牺牲烈士遗体运回上莞过程 ①

李 九

1949年1月11日午夜，大人岭战斗胜利结束后，参战的主力部队，一面打扫战场，收集缴获的武器弹药，看守、押解俘虏，一面运送牺

---

① 摘自《革命老区上莞》。

牲烈士遗体，安排伤员撤回上莞等一系列战后工作。12日天亮后，严尚民、钟俊贤两位领导找到我（我当时是七团武工队队长，带队策划及参加这次战斗），要我武工队千方百计将烈士遗体运回上莞，对我说："战斗胜利结束了，主力部队要将伤员、收缴的武器弹药送回上莞，将俘虏押回上莞，运送烈士遗体的任务由你负责完成，烈士们英勇战斗壮烈牺牲了，功劳很大，不能让烈士遗体丢在荒山野岭。"当时只有我和赖同志在阵地，其他队员都各自执行其他任务去了，我对首长说："保证完成任务，请首长放心。"

我和赖同志接受任务后，即到附近下围等村庄，找人帮助。当地农民听说要协助运烈士遗体，大家都表示大力支持，16位农民很快集中起来，迅速砍树砍竹扎了8副担架，早饭后，将8位烈士遗体放在担架上，中午抬到白礤村。另有5位战士受重伤，由作战部队运回医治无效牺牲了。烈士遗体运回白礤后，交给了正在白礤村负责筹粮筹款搞后勤补给的陈黄石同志，后由陈黄石负责转运回上莞。陈黄石是上莞成功寨村人，出身贫苦，早年参加部队，是"大平洋"（河西区工委代号）短枪队队员，参加革命后，阶级觉悟高，工作积极负责，战斗勇敢。他愉快接受了转运任务，立即组织白礤（已解放，群众支持革命的热情很高）农民，继续扎牢扎稳担架，吃过午饭后，由陈黄石同志带队起程准备运回上莞根据地。白礤到上莞有30多公里，而且走的都是崎岖的羊肠小道，山高林密，当时正值严冬，天寒地冻，走一段路要休息一阵，经骆湖、漳溪，终于在12日下午顺利将8位烈士遗体运到上莞。

13日在上莞举行了祝捷暨公祭烈士大会。大会后由纵队、支队领导严尚民、钟俊贤、郑群、黄中强、曾志云等抬棺扶柩安葬于上莞学堂岗。

有着丰富战斗经验、智勇双全的陈黄石同志当时在转运烈士遗体路途中，想了不少办法，克服种种困难，是有功的，事后曾受到司令部首长的表扬。革命烈士遗体被妥善转运、安葬，九泉之下的英灵有知，也可告慰了。

广东人民解放军粤赣边支队的成立 ①

1948 年 8 月 1 日，九连地区武装部队集中在上莞，举行了成立广东人民解放军粤赣边支队动员大会，庄严宣布粤赣边支队正式成立。8 月 7 日，九连地区军民 3000 多人，又在上莞隆重举行了广东人民解放军粤赣边支队成立典礼。大会通过了《广东人民解放军粤赣边支队成立宣言》（简称《宣言》），并给中共中央、各友军、各人民团体、各界同胞发了《通电》。《宣言》明确宣布："我们是伟大光荣的中国人民解放军的一部分，我们是中国共产党和毛主席领导下的人民子弟兵。"《宣言》号召，全区军民团结起来，消灭一切敌人，解放我全区人民，配合中国人民解放军，推翻帝国主义、封建主义、官僚资本主义的独裁统治，彻底解放全中国。粤赣边支队的成立和公开斗争旗帜，标志着九连地区武装队伍向正规化大大地前进了一步，从而极大地鼓舞了九连全区军民夺取新的胜利的信心。在粤赣边支队成立的同时，为了加强党的方针政策，以及各地胜利消息的宣传，中共九连地委决定将原中共九连工委机关报《人民报》、和东《大众报》合并为中共九连地委机关的《粤赣报》，报社社长黄中强（兼），副社长陈东，总编辑陈培，后期代总

① 原载《东江党史资料汇编》第四辑，摘自《革命老区上莞》。

编辑李永清。报纸于 8 月 15 日创刊发行，为油印四开版，老隆解放后改为铅印。许多记者不顾个人安危，冒着敌人的炮火，活跃在硝烟弥漫的战场，采访我军的英雄事迹。报纸办得像嘹亮的进军号，激励广大军民奋勇向前，英勇作战，为解放全中国而斗争。

粤赣边支队主力经组建之后，抓紧战斗空隙进行新式整军运动和实地作战训练，开诉苦会，进行阶级教育。支队政治部根据人民军队的建军原则，建立了一整套的政治工作制度。与此同时，遵照我军"支部建立在连上"的原则，积极加强连队党支部的组织建设和思想建设，发挥党支部的战斗堡垒作用，加强政治思想工作，教育指战员严格执行"三大纪律八项注意"，开展立功竞赛运动，使部队官兵政治素质和军事素质不断提高。在作战训练过程中，官教兵、兵教官、官兵互教互学。郑群亲自讲述人民解放军在山东孟良崮等地打歼灭战的战例，生动地介绍了集中优势兵力消灭敌人有生力量的经验；强调了我军作战不应计较一乡一村的得失，而应该集中优势兵力歼灭敌人有生力量的战略战术思想；阐明了"存人失地，人地皆存；存地失人，人地皆失"的辩证关系。通过整军运动，激发了全体指战员的阶级感情，提高了斗争觉悟，为摆脱被动局面，扭转整个战局，解放全区，打下了坚实的基础。

《广东人民解放军粤赣边支队成立宣言》①

十五个月来的群众斗争和武装斗争，已把在蒋匪和封建势力高压下的本区面貌，改变得焕然一新了。在破仓分粮、减租减息、分田废债

---

① 本部分由刘华琴提供，摘自《革命老区上莞》。

的运动中，人民表现了无比的英勇和不可抵御的力量。十余万农民翻了身，建立了民主的秩序，人民武装——连和民主义勇队、东江人民抗征队、和平人民义勇队、河西人民自卫队、川中民主义勇队、川北人民自卫队、龙和人民自救队、三角人民义勇队等，在领导与支持群众斗争中得到了百十倍的发展，活动地区遍及九县，摧毁了百余乡镇的蒋匪统治，并粉碎了蒋匪土顽的多次进犯。这是本区光芒四射的历史场面，这是本区几千年来的历史转变。

本区群众斗争与武装斗争的胜利，是全省斗争胜利配合的结果，是坚决朝着中国共产党的方向前进的结果。如果没有全省、全国的配合，离开了中国共产党的方向，要取得这样的成就是完全不可能的。今天，形势有利的发展，原来分散的地方力量的壮大，并逐渐汇合成一支巨流了。这新的条件要求我们在中国共产党和中国人民解放军的领导下，实行统一名义与统一指挥，这样才能更准确地更有效地打击敌人。这是全区军民的迫切要求与热诚希望。

本军严肃宣言：在中国共产党中央和中国人民解放军总部的领导下，我们现在奉命把全区人民武装整编为广东人民解放军粤赣边支队。这是我们全军的光荣与福音，也是全区三百万人民的光荣与福音！在这里，我们深悉今后任务之重大。我们号召全区人民与我们密切团结起来，为驱逐与消灭全区蒋匪土顽，打倒其腐败独裁的伪政权，建立全区民主政权，解放全区人民而斗争！进一步与友军协同作战，为打倒蒋介石，建立全国民主联合政府，解放中国人民与中华民族而斗争！

本军坚决表示：我们完全拥护去年双十节总部宣言的主张和政策。为着联合一切反美反蒋的力量，凡爱国民主分子，凡拥护与同情我们主张的人们，我们愿与之积极合作。其他只要不做美国和蒋介石帮凶者，我们均愿待之以友好的态度。对蒋方人员严格执行分别对待的方针，首恶不悟者必办，协从者不究，起义立功及暗中帮助本军者奖赏，参加本军者欢迎。在分田区，对原有地主富农（逃亡者在内）均予以生活出路，对中农利益一律保护，对民族工商业积极扶助。过去某些单位的过火错误，应该迅速纠正。斗错了的，实行道歉、赔偿。对于蒋管区，我们号召各阶层人民团结起来，进行反对压迫和减租减息，改善人民生活，以便集中力量，打击蒋匪土顽。

我们同时坚决表示：完全拥护中共中央最近的号召，在解放战争的第三年内，取得对全局有决定性的胜利的同时，要把解放战争深入和扩大到蒋管区去；要在适当时机立即召开全国人民代表大会，成立联合政府。

四月以来，蒋匪对本区的进攻，是这样的残酷，平均每天有三个老百姓被屠杀，有一间房子被焚毁，几千亿的金钱在三征与组织反动武装名义下被抢掠，千百人被迫去当匪军，几千人被迫得流离失所。对于这种情形，我们认为不是蒋匪的胜利，而是他们更大失败的开始。他们这样做，只能说明他们的统治已经破产，不能不作死前的疯狂挣扎。一时被摧残的人们，都能更清楚地认识蒋匪的凶残，提高对我党我军的信仰，并将加强对蒋匪土顽的斗争。至于所有在蒋匪统治区受难的人民，则久已在渴望着我们的解救。只要我们实行正确政策，坚决打击敌人，在全区人民积极支持下，在全省全国斗争的配合下，一定能够取得完全的胜利！

过去十五个月，我们流血流汗，已经取得了很大的成绩。今后我们的责任是更加重大了，我们势必向全国的解放军看齐，提高斗志，提高战斗力。我们是伟大光荣的中国人民解放军的一部分，我们是中国共产党和毛主席领导下的人民子弟兵，我们一定要执行三大纪律八项注意，密切团结群众，严肃纪律，改造成为攻无不克、战无不胜的铁军！我们一定要百分之百地完成党与人民给予我们的任务！

毛主席万岁！

中国共产党万岁！

中国人民解放军万岁！

粤赣边三百万人民解放胜利万岁！

中华民族解放万岁！

司令员　钟俊贤

副司令员　郑　群

政治委员　魏南金

政治部主任　黄中强

参谋长　曾志云

中华民国三十七年八月七日

坳顶防御战 ①

田裕民

柳城坳是上莞到柳城往龙川县必经的山坳，俗称上莞坳顶。这是个二三十华里的狭长崎岖山谷，两边高山耸立，由西而东夹着石头小河伸向柳城。由于地形险要，我九连河西、河东游击队常到这一地带活动。

原河源县上莞乡是抗日战争时期的老革命根据地。蒋介石发动全

① 摘自《革命老区上莞》。

面内战后，上莞开始了地下武装活动。1947年上半年，开展"小搞"，进行破仓分粮，收缴地主祖尝武器活动，扩建游击队伍，组建了飞虎一队、飞虎二队、飞虎三队。8月31日，由于本乡反动土豪劣绅通敌，敌保五总队配合保八总队500余人，从船塘、蓝口两个方向奔袭河西上莞，与河西游击队在壆背发生遭遇战，由于武工队刚建立，缺乏战斗经验，因而遭受一定损失。但是，上莞人民并没有被吓倒，继续坚持革命斗争。当年秋天，公开建立了乡村农会行使乡村政权的权力，并建立起民兵、青年、妇女、儿童和工会等群众组织。冬季，全乡开展"大搞"，进行退租、退押、停租、废债群众运动，进一步开展收缴地主恶霸祖尝武器的斗争。1948年1月，在党组织的领导下公开成立了上莞武工队，这是一支有100多人枪的游击队伍，实行"一手拿枪，一手分田"，开展土地改革运动，人民翻身做主，欢天喜地。

河西六乡土改的完成，引起了国民党反动政府和东江反动派的极端仇视，他们在河西周围集结兵力，组织对河西进行"清剿"。当时，河西六乡在"保卫土改胜利果实"的战斗号召下，各乡群众都组织了起来，在这次反"清剿"斗争中，开展乡自为战、村自为战、人自为战的人民战争，准备把来犯之敌埋葬于人民战争的汪洋大海之中。根据河西工委书记李辉同志的布置，上莞曾田成立了联防指挥部，我为总指挥，统一领导，组织反"清剿"斗争。上莞主要阻击龙川、东水来敌，曾田主要阻击蓝口来犯之敌。我们实行总动员，做到"人人自卫，全民皆兵"，并立即组织群众在柳城坳顶的几个主要山头筑工事、挖壕沟、建掩体，以作正面防御阻击。

5月，我情报人员及商贩纷纷来报，蓝口又增添了一批河源县警队，传说要打曾田、上莞，同时，龙川佗城也突然来了国民党保五团部队，以及地方反动武装黄道仁、谢岳臣联防队，根据这个情况，我们立即加强了柳城坳方向警戒，同时，召开各村农会长、民兵队长紧急会议，布置战斗任务，决心在柳城坳阻击敌人。次日一早，全乡民兵1000多人，带着旗鼓号角，进入柳城坳和三折岭两侧高山隐蔽起来。上莞武工队派分队长陈钦令带领了32名战士和300多名基干民兵，进入柳城坳顶及其前面成掎角之势的三个山头，隐蔽于壕沟掩体之中，以正面防御阻击；其他部队战士则视战斗发展情况进行紧急支援。

那天上午，敌保五团一个营，纠集龙川、柳城的联防队和自卫队500多人，浩浩荡荡沿三折岭向我坳顶袭来，当敌将要进入我射击范围时，由于缺乏战斗经验，有的民兵未接到"打"的命令就开枪射击，于是，敌人的机枪、掷弹筒、步枪即集中火力向我正面阵地猛烈射击，同时向左右两边山头乱开枪扫射，以壮其声势，并作火力侦察。我们则以班、排火力轮流进行反击，打退了敌人组织的一次又一次猛烈的冲锋。敌人见我部队民兵隐蔽于壕沟掩体之中，正面屡攻不破，便兵分两路，向左右两边山头猛烈扫射，妄图从侧翼打开缺口，攻入上莞。当首批来敌接近山顶，"打"字令下，两边山头鼓角齐鸣，步枪粉枪土炮齐发，震天动地扫射一片，打得敌人嗷嗷叫，纷纷滚下山窝，不敢抬头。许多农民群众也纷纷跑上山去助威参战。敌人疑心有主力部队参战，怕被截断后路，向我阵地进行了一次猛烈射击后，即以后队为前队撤退。我民兵战士立即组织追击，把敌人赶出三折岭后，收兵凯旋而回，欢呼声响遍大地。

这次反"清剿"自卫防御战的胜利，大灭了敌人威风，大长了人民志气，受到粤赣边支队司令部的表扬和奖励。

河源县人民政府成立 ①

陈速影

· ★ ·

解放战争进行到 1948 年底，全国的军事形势是：中国人民解放军各路野战军大举反攻并以雷霆万钧之势向蒋管区挺进。辽沈战役已经胜利结束，淮海战役和平津战役已经发动，全国的解放指日可待，九连地区在 1948 年 12 月底取得四战四捷，全区的解放也为期不远。中共九连地委和支队司令部领导审时度势，为了统一河源县的行政，迎接即将解放的新区接管和建政工作，决定从部队抽调干部成立河源县人民政府。

1948 年 12 月 7 日，河西上莞、船塘、漳溪、骆湖、三河、曾田 6 乡 3000 多军民，在上莞圩岗（现文化广场）隆重举行河源县人民政府成立典礼。出席典礼在主席台就座的有：粤赣湘边区党委、中共九连地委领导梁威林、严尚民、魏南金、钟俊贤、郑群、黄中强、李辉等以及河西各乡负责人。大会由魏南金主持并宣读中共九连地委任命书，任命黄中强为河源县人民政府县长，李辉为副县长。黄中强宣读了《河源县人民政府成立宣言》，并做宣誓就职讲话。河源县人民政府是九连地区最早成立的县级人民政权。

县政府设秘书，秘书叶惠南；宣教科，科长钟恕；财政科，科长谢梅添；群运科，科长欧阳涛；军事科，科长欧阳梧；民政科，科长钟芸生；行政督导员欧阳轲，负责船塘、三河、漳溪三乡的督导工作；行政督导员田裕民，负责上莞、曾田、骆湖三乡行政督导工作。

---

① 摘自《革命老区上莞》。

县政府成立后，根据党的政策和当时当地的实际情况，制定和颁布了婚姻、教育、征收公粮、保护耕地、不准在耕地建房以及奖励开荒扩种等一些临时性法规。

县政府成立后，常驻上莞黄龙岗昌隆屋办公。1949 年 5 月蓝口解放，县人民政府于 6 月 11 日迁往蓝口。

1949 年 6 月，县人民政府主要领导作了调整，县长李辉，副县长邹建，秘书欧阳涛，其他科室无变动，下设第一督导区（船塘、上莞、三河、漳溪），督导员欧阳轲；第二督导区（灯塔、骆湖、南湖、顺天），督导员欧阳梧。

1949 年 7 月上旬，下辖机构调整为：第一督导区，督导员欧阳轲、田裕民；蓝口督导区，督导员欧阳裕；灯塔特派室，主任欧阳梧；黄田督导区，督导员刘英才。

1949 年 7 月中旬后，成立各区人民政府。第一区（船塘、上莞、三河、漳溪、曾田、骆湖）区长欧阳轲，副区长陈志英；第二区（蓝溪、能溪、柳城、归淳、沙村、康禾）区长刘瑞廷，副区长田裕民、黄亮；第三区（灯塔、顺天、双江、涧头、南湖）区长欧阳年，副区长欧阳诚、肖俊强；第四区（黄田、义合、久社）区长曾光，副区长李怀、程佩勇。

1949 年 9 月中旬，边纵各团、第四支队（由保十三团起义改编）和东江第二支队，从东、西、北三面对河源城进行合围，准备歼灭国民党驻河源城的一九六师。该师困守孤城，如惊弓之鸟，为免被我军歼灭，于 1949 年 9 月 18 日夜弃城逃窜，9 月 19 日早晨，我边纵直属各团、第四支队、东江第二支队进入河源城，河源城宣布解放，也是河源全县的解放，彻底摧毁了国民党的统治。

9 月 22 日下午 6 时，河源县人民政府机关和警卫排共 50 多人乘 5 艘木船艇从蓝口起航，于 9 月 23 日进入河源城。

9 月 23 日，河源县军事管制委员会成立，主任张华基，副主任李辉。

河源县人民政府入城追记 ①

陈速影

· ★ ·

粤赣边支队在上莞成立后不久，河源县人民政府于 1948 年 12 月 7 日在上莞宣告成立并发表了《河源县人民政府成立宣言》。当日在上莞圩岗（现文化广场）举行了 3000 多人参加的庆祝大会，首任县长为黄中强，副县长李辉，县府设民政科（科长钟芸生）、宣教科（科长钟恕）、财政科（科长谢梅添），秘书为叶惠南。河源县人民政府是九连地区最早建立的县级人民政权。

县府成立后驻上莞办公，主持开展各级人民政权的各项建设工作，动员全县人民支援部队，配合南下大军解放全广东，为彻底摧毁国民党在东江的统治作出贡献。

县府成立后，根据当时当地的实际情况，依据中国共产党的政策方针，制定和颁布了一系列地方法规，例如土改、婚姻、公粮征收、不准在耕地建房，等等。三大战役的胜利和大人岭战斗的胜利，促使曾天节于 1949 年 5 月率部起义，河东一带和老隆先后解放。

为适应新解放区建政、支前的需要，河源县府于 1949 年 6 月 11 日

---

① 摘自《革命老区上莞》。

由上莞迁往蓝口办公，县府领导也做了调整。县府自成立之日起至迁往蓝口，驻扎上莞 6 个月零 4 天。河源城解放，县府又由蓝口迁往河源，在蓝口驻扎 3 个月零 8 天。

　　1949 年 9 月 19 日，河源城解放。边纵、东二支队命令要在 20 日将县府迁往河源城。19 日中午，县领导对县府警卫排下令：下午 4 时前清理好营房，打扫好卫生，借群众的东西要还清，收管好武器弹药，各人打好背包，在四时半吃完晚饭准备转移（警卫排有 37 人，排长陈超中、副排长陈世平、指导员许均权、文化教员陈速影）。当时我们全排也不知发生什么情况，要转移到哪里，直到上船后才知要进城。

　　当日傍晚，晴空万里，秋风送爽，一轮红日正慢慢西沉，放射出万道彩霞。全排人除哨兵外都在营房待命。约 6 时，县领导传来命令："出发！"全排人高唱"向前，向前，向前！我们的队伍向太阳……""解放区的天是明朗的天……"列队开到蓝口码头准备上船。时任县长李辉带领各科室人员上了 2 艘船，我们全排也上了 3 艘船。船是当日中午租好的，每艘木船载重四五吨。第一艘船由副排长陈世平带 1 个班 11 人护送，配 10 支步枪、1 支短枪；第二艘船为县府人员；第三艘船由指导员许均权、文化教员陈速影带 1 个班干部 12 人，配 10 支步枪、2 支短枪；第四艘船为县政府领导等；第五艘船由排长陈超中带 14 人，配 1 挺轻机枪、10 支步枪、1 支短枪护航。人员上完船后，已近黄昏，便开船顺流而下。船开出几百米，三艘武装船由带领人宣布纪律：一不准睡觉；二不准抽烟和打手电筒；三不准大声说话；四枪不准离身；五遇有情况要通报，没有命令不准开枪。每船相隔五六十米远，不能靠得太近和离得太远，以防突袭。

　　当时是农历闰七月二十七日，正值仲秋时节，离秋分还有两天，江风微吹，秋高气爽，战士和县政府人员个个精神振奋，百感交集，因能够进城感到十分光荣幸福，充满胜利的喜悦。包括我在内 30 多个战士绅大多数都没到过县城。每个战士枕戈待旦，哪有心思睡觉呢，个个双眼注视着两岸和河中的动静。因为当时蓝口、黄田、义合、仙塘等地刚解放不久，还残存一些反动派和土匪，有可能对我们发动突然袭击，要百倍提高警惕，为县府能顺利进城随时准备战斗。

我乘坐的那艘船是夫妻船，丈夫在前面撑篙，妻子是个 30 多岁的船妇，在船尾摇橹。我看她一脸焦虑，便问她是不是不情愿载我们进城。她说："不是，是怕土匪来抢劫。"我说："大帮的反动土匪没有了，三五个或十多个土匪，我们可以三下五除二地把他们消灭掉，你怕什么呢？"经我解释后，她顾虑顿消，更卖力地摇橹了。

沿途水路没有遇到什么敌情。经过一夜的行驶，于 20 日晨约 5 时胜利到达中山码头对面东埔（现珠河桥头北岸）。天亮了，一轮红日从东方的山头上喷薄而出，冉冉升起，万道霞光映红了每个人的脸庞，我们欢呼雀跃等待进城。

约 8 时，对面的中山码头（现珠河桥头）已站满了欢迎群众，举着"欢迎县人民政府进城""欢迎新县长"等欢迎牌匾和彩旗。我们 5 艘船横渡新丰江，在中山码头停泊，李辉、邹建等首长先上岸，后面跟着的是科室人员，最后是警卫排全体战士。我们一行受到了商会会长梁合勤、陈日东等千余人的夹道欢迎，经中山路、太平路、化龙路，过化龙桥，入中山公园，然后进入国民党旧县府（后东源县招待所）。沿街两边挤满了欢迎人群，并燃放鞭炮表示欢迎，盛况空前。时至今日，当时的情况仍历历在目，终生难忘啊！

河源县人民政府进城后，结束了钻山沟的历史，翻开了新的篇章。

河西人民武装力量在解放战争中成长 ①

陈 明

· ★ ·

　　1947 年春节过后，九连地区全面恢复武装斗争。中共九连工委决定，以东江纵队第三支队（简称"东三支队"）北撤后留守在九连山区的 58 名同志为骨干，组成 4 支战斗分队，高举连、和、河人民自卫总队的旗帜，奔赴连和区、和东区、河东区、河西区配合当地党组织，发展人民武装队伍，开展武装斗争，建立游击根据地。黄日（后为河西区工委委员、七团副团长）、陈明、罗志伟、莫秀英四人配备武装，组成武装小分队，先后被派去上莞、曾田、骆湖一带开展工作。当我们进入上莞开展活动后，上莞人民奔走相告："红军回来了，莫医生回来了！"上莞黄龙岗、堂尾山一带的群众看见我们，十分热情，送食物、敬茶水、留住宿，像久别重逢的亲人一样。因为 1945—1946 年，东三支队第一大队领导王彪同志曾率领过一个小分队在河西的三河、船塘、上莞、李田一带活动过，所以人们会说红军回来了。人民群众迫切祈望我们这次要留下来，不要走，为他们作主，为他们撑腰，组织领导他们与恶霸地主、国民党反动派作斗争。

　　自 1946 年 8 月以来，地方党组织配合我们积极宣传党的政策，基本依靠群众，团结大多数，对反动势力进行分化瓦解，做有理有节的斗争，实行教育、团结为主与适度镇压相结合。如黄龙岗的地主士绅陈鼎新，终于被我们团结争取过来，弃暗投明，以后为我们做了很多好事；

---

① 摘自《东源县党史资料汇编》第二辑。

对旧军官陈丽泉做统战工作后，他也倾向我们，不敢与我军作对；而对坚决与人民为敌的船塘老围反动地主、伪乡长欧阳超凡、李田恶霸地主丘挺山就给予镇压，从而鼓舞了民心，震慑了反动势力。莫秀英同志虽不是专业医生，但懂医疗，她白天公开在上莞黄龙岗一带为贫苦群众治病发药，密切了我们武装工作队与广大群众的关系，加深了武装小分队与人民群众的感情，人们异口同声地说："红军的莫医生是大好人。"其芳名留颂到河西一带直至全国解放。

由于我们坚决执行了党的政策，认真搞好统一战线工作，又为贫苦群众排忧解困，人民对小分队更加信任了，一般的中小地主、旧职人员也不想、不敢与我们作对，我们就站稳了脚跟，可以较广泛自由地活动了。我们短枪队驻在上莞时，陈明胃病突然发作，又不便在圩镇医院诊疗，却能够在当地进步士绅陈鼎新等人的掩护下，住在君陈小学隐蔽治疗1个多月，未发生任何事故。

经过几个月的串联活动，三河、漳溪、上莞、船塘的武工队建立了。接着有20多人枪的上莞地方武装工作队正式建立；随后船塘的猛虎队，三河的猛龙队，骆湖的白狼队，漳溪的飞鹏队（初名东墩队），上莞的飞虎队，黄沙的麒麟队，铁坑的猛狮队，曾田的捷克队、天马队，灯塔印光的雄虎队等也先后建立。到1948年春天，河西六乡粗略统计已有十几支地方武装队伍，600多名武装人员。

河西的武装队伍，由小到大，从弱到强，在建队过程中，也遇到过不少困难曲折。我们克服困难，做细致工作，根据中共九连工委的指示精神，第一，积极发动群众，让他们有枪出枪，有人出人，带枪参军；第二，动员有枪的中层人士和进步士绅自愿把枪支贡献出来，为革命立功，如陈鼎新捐谷数百担，捐枪10多支，还以保长身份保护了许多革命志士；第三，借枪；第四，把护祠、保家保庄园的公尝（宗族）枪支缴给地方武工队；第五，向地主豪绅征粮、借枪，若反抗者，勒令摊派。如上莞大地主陈湛波前后交出长、短枪 40 多支，子弹 300 多发，捐稻谷 200 多担，其他地主也自动交出了枪支、粮食。曾田的天马队是向地主豪绅郭植桥、张仰光、李新初、叶德权等共收缴了长枪 93 支、稻谷 500 多担而建成的一支 100 多人的队伍。

通过系列的动员参军、收缴民间枪械、向富户筹款筹粮，初步解决了部队的装备和给养问题，队伍在壮大。同时做好战士的政治思想教育、军事技术的训练，已初步把河西区 10 多个地方中队培养成有觉悟、有纪律、有一定战斗力的地方人民武装，在反击敌人的扫荡，打击土豪恶霸和顽固的反动统治势力，保卫河西这块革命根据地方面起到了重要作用。

1948 年 8 月，经上级批准成立了广东人民解放军粤赣边支队，我九连地区的武装斗争进入了新的阶段，中共九连地委和粤赣边支队司令部实行党军政统一领导、统一指挥，部队实行团连建制，支队司令部下辖三、四、六、七四个团（后增设二团，驻新丰、连平东部），全九连地区的武装力量发生了迈向正规的根本变化。

河西区六乡成立了党的区工委（县级），驻在河西一带的部队编入七团序列，下辖铁流队（连）、长江队、火球队、捷克队、猛龙队、上莞队、长虹队、白狼队八个队，其中以铁流队（连）、火球队、捷克队为团的主力队，其余为地方队，共有 900 多人枪；政委李辉、副团长黄日、政治处主任郑风。七团组建后各队按正规化要求，实行严格的军事训练和加强政治思想建设，把党支部建在连队，配政治指导员。排设政治服务员，以班、排或连为单位进行阶级教育，开展"三查"诉苦自我教育运动、纪律教育等一系列着重提高军事素质的工作。自此，全军上下精神振奋、斗志昂扬，直到在半年内取得了震撼九连乃至粤东的白马战斗、大湖战斗、鹤塘战斗、大坪战斗和大人岭战斗的胜利（"五战五捷"），打开了九连地区解放战斗主动进攻的局面。

　　1949年元旦后，中国人民解放军粤赣湘边纵队（简称"边纵"）成立，广东人民解放军粤赣边支队改编为中国人民解放军粤赣湘边纵队东江第二支队（简称"东二支队"）。我河西人民的子弟兵东二支队七团不断奉命出击外敌，参加了逼迫国民党保十三团起义的关键性战事大人岭战斗后，与兄弟部队并肩解放敌占区。

　　1949年6月，根据形势发展的需要，为了配合南下大军解放广东，进军海南、广西，粤赣湘边区党委决定，组建边纵直辖的主力四团和六团的建制，以东二支队二团、七团，东三支队三团的一个营，组成全员足额、装备优良的"边纵一六团"，团长王彪、政委陈中夫、副团长丘松学、政治处主任魏洪涛。以东二支队七团的铁流队、火球队、捷克队为主并抽调部分地方队的力量，组成主力六团一营，营长游良、副营长陈明、教导员陈丹、副教导员郑行；一连连长方毓辉、指导员陈刚（80年代为佛山军分区政委）。这个一连，以河西的铁流队、捷克队的力量为主。从此，河西的主力部队已完成保卫河西解放区的历史使命，离开河西与兄弟部队一起解放连平城，继续向南推进，解放桥头、南湖、双江，进驻河源县城。

　　河源县城位于东江和新丰江（俗称"小江"）交汇处，三面环水，有天然屏障，敌军一九六师驻防后，构筑了很多城防工事，并派出1个团在城郊20里外的木京建外围据点，妄图负隅顽抗。我边纵司令部命令四支队派出1个团向木京守敌进攻，敌无力守御，丢下10多具尸体逃回县城龟缩。9月18日，驻城一九六师1个团又2个连闻南下大军已抵赣粤边境，星夜弃城往埔前、石坝方向逃窜。我边纵六团参加解放河源城后，马不停蹄穿城而过，奉命追歼南逃之敌。9月25日，我率领的第一营（即原铁流队、捷克队、火球队）追至埔前圩附近，敌派出一个营在三角岭附近阻止我们前进。下午3时，双方遭遇，互相反复抢占三角岭制高点，敌人向我一营一连阵地猛烈进攻，敌机枪10多挺向我扫射，炮弹如大雨倾盆洒向我阵地，炮弹拖着连串火球在一连阵地开花，碗口粗的松树枝被节节轰断后压在战士身上。一连连长方毓辉、指导员陈刚带领全连战士顽强抵抗，冒死坚守阵地，时年18岁的曾田籍战士李达运中弹牺牲，班长叶慈林（曾田人）下阴和腿部连中两弹重伤，鲜血湿裤筒，副班长李发波、卫生员欧阳美冒着弹雨把叶慈林从前沿阵地抢回安全地带救治。眼看一连阵地炮弹坑星罗棋布，似难支持下去。

天黑前，营部命令二连连长曹希带领全连插入敌人左侧，敌突然被两面夹攻，又怕我军再从后面迂回，形成三面包抄，对其不利，加上他们不适应夜战，已胆怯心虚，于是集中全部火力向一连阵地轰射，强夺一条血路，抬着多名伤员撤退，逃往石坝去了。我部在埔前休整多天，10月13日与两广纵队会师。

一九六师在石坝继续构筑工事，进行顽强抵抗，阻止我六团和东四支队追击，企图等待驻博罗的一五四师救援。我边纵司令部命令一团、二团、三团迂回插到黄麻陂、杨村一带，切断敌人退路，也阻击了博罗守敌支援的企图。经过五天五夜激战，敌人受到重创，最后向惠阳方向突围，不久，我们又解放了博罗城，一五四师弃城溃退。

在趁夜解放博罗城后，我一营打头阵，俘敌60多人（含联防队），缴获机枪一挺，步枪40多支，子弹数百发。

博罗的县城战斗以后，司令部命令一营营长游良率三连和二连一个排直插樟木头，副营长陈明带领一连及二连的两个排渡过东江河直插东莞企石，阻击敌人渡江，经过一夜急行军，抵达企石，配合两广纵队完成阻击任务，并经过六小时的龙华激战，一五四师全师被迫起义，接受整编。

我边纵六团于1949年10月16日奉命进驻广州，维持城市社会治安，负责广州市人民政府等机关警卫、接管国民党警察局、肃匪反特锄奸，不久被编入广东省公安总队。长期战斗在九连地区的边纵六团，生长在河西，几年来又战斗在河西，当地人民的子弟兵已完成了保卫河西，解放河源、东江，进军广州的历史使命，终于融入正规军的大部队，肩负新的使命——为解放全华南、保卫和建设新中国而继续战斗！

为什么末段的战斗历程已不发生在河西，我们还写得那么详尽？因为边纵六团一营的指战员、战士几乎全是河西人民的子弟兵！

国民党兵的一次进村搜捕[①]

陈国象

我父亲陈黄石于1946年参加革命。1947年春，他返回家乡河源县上莞成功寨，走街串户，动员有志青年投身革命，恢复武装斗争。在成功寨就有陈集友、陈娘春、陈娘欣、陈兆东、陈炳火、陈才等20多位热血青年参加革命军队。国民党进犯上莞后，得知我父亲频频回来活动，他们恨得要死，怕得要命，在我们村进行了多次搜捕。

那时，父亲秘密转移，家中只有年迈的祖母及体弱的母亲和年仅6岁的我。

1947年农历八月初三，早上7时左右，我们一大群小孩在村寨门前禾坪上嬉戏，突然听到有人大声叫喊：国民党兵来了！大家朝通往上

---

① 原载《河源日报》2003年8月24日第三版，摘自《革命老区上莞》。

莞街的方向望去，只见穿着黄色军衣、全副武装的国民党部队往我们村寨赶来，在场的人被这突如其来的国民党兵吓得东奔西跑。

国民党保八团100多名伪兵进入村寨后，立即架起轻重机枪封锁村道。他们在熟人的引领下直奔我家，破门而入，堆上柴草要将我家的瓦房放火烧掉，柴草被点燃，浓烟滚滚而上，村寨的群众发现后纷纷赶到我家，立即指责这些国民党兵：你们这样纵火，势必殃及左邻右舍的房屋。在场的保长也极力劝阻，匪兵觉得众怒难犯，不敢阻拦群众用水灭火，便用铁器将房屋的瓦片、桁条全部摧毁。由于当时正值农忙季节，看家的都是老人和小孩。

国民党兵走后，为以防万一，村民催我们避开。在游击队的帮助下，母亲带着年幼的我逃离了村寨。

果然不出群众所料，不死心的国民党军队在天黑以后，又闯入村寨。我们小巷共有16户人家，匪兵挨家挨户进行搜查，把群众赶到村寨门口集中，用绳子捆住手，押往乡公所。被抓的22人中，最老的70多岁，最小的才5岁多。当时大伯、大婶为防我祖母遭杀害，在途中他们偷偷把我祖母的绳子解开，并用力将我祖母往路下推，年已七旬的老人当时虽然摔得伤痛难忍，但为了逃命，趴在水田里不敢吭声。直到黑夜，匪兵也没有发现我祖母，她这才逃过大难。

次日早上，国民党营长对昨晚抓来的人进行清点时，才发现不见陈黄石亲属，暴跳如雷，恐吓群众说："不交出共产党家属，就不放村民回家。"

群众被国民党兵抓走后，我军部队首长严尚民、王彪、郑群等领导十分关心，及时组织人力开展营救活动，并派人对国民党退役军官、时任上莞乡乡长陈丽泉宣讲我党的政策，讲明白当前革命形势，指出只有拥护、支持共产党才是唯一出路。进犯上莞的国民党保八团营长郭某原是陈的部下，当时陈丽泉出面担保，被抓群众才被释放回家。

　　国民党兵得不到群众的支持，我游击队小分队又不断给予打击，他们在上莞街住了几天便撤回老隆去了。

　　我家房屋被烧后，党和政府十分重视，不久就拨专款将房屋修复。为了预防不测，我还是住在外婆家或舅公家，过着长达半年多的逃难生活。

东江河畔的大人岭战斗 ①

陈 明　袁 创 ②

- ☆ -

　　大人岭，地处东江西岸，在河源县禾溪与下屯之间，附近山峦连绵起伏。山下有一临江村庄叫红军营，居住着数十户人家。南距河源县城约有 40 华里。地势险要，河道较窄，河水较深，可作伏击船队的战场。

　　1949 年 1 月初，刚与我边纵东江第二支队（简称"东二支队"）在骆湖大坪较量失败的广东省国民党保安十三团（简称"保十三团"）不甘心失败，在省保安司令宋子文、薛岳的驱使下，从广州遣一支船队运送军需物资及枪械溯江而上，由保十三团副团长刘勉领第二营全营及第一营的一个连 700 多人护航，将物资运至蓝口和老隆，企图以美式装备与我军再作较量，还妄图进攻九连腹地河西区。我边纵领导梁威林、严

---

① 摘自《革命老区上莞》。
② 叶柏松根据陈明、袁创口述整理。

尚民及中共九连地委魏南金、钟俊贤、郑群、曾志云、黄中强等领导火速研究，认为敌人这批军需品顺利运抵蓝口后，肯定会给当时处于困境的国民党军增强战斗的实力，对我方大为不利。于是决定集中优势兵力，用前截后堵两岸夹击的战术，在地形较险要的大人岭河段截击敌人。我军集中了三团、四团、七团、江防大队等10多个连队1000多人投入战斗，六团以部分力量作支援。以严尚民、郑群同志为总指挥，团长王彪等分别负责指挥各团队、各主要阵地的战斗。三团的珠江队、桂林队、云南队、九江队，七团的铁流队、捷克队、火球队分别担任主攻和堵击的主要任务，四团进入下屯附近埋伏堵截，六团在战斗打响后增援战斗。

中共九连地委和东二支队领导事先深刻、认真地分析了敌我双方的情势：敌方兵员多，装备比我精良数倍，伏击地距大本营河源城、仙塘很近，但军心涣散。我方兵员数量两倍于敌，士气高涨。且后方河西区广大人民全力支持，表示"宁愿少吃两顿饭，也要保证前方战士不饥寒"，要人给人，要物给物，已组织了数以千计的担架队、运输队、民兵后备队支持这场战斗，但装备不足，离开根据地赴反动势力较强的地方作战。因此，必须速战速决，必须有两套战而必胜的作战方案，必须做好战前准备，动员全体指战员作出决死取胜的思想准备。为彻底摸清情况，司令部派出董易和作战参谋梁钧、武工队队长李九及连长曹希数人，化装成当地农民，提前深入伏击圈附近侦察地形，逐一选择伏击场地，绘制作战地图，深入考察当地民情。然后送司令部作为制定作战方案的依据，有两位主要领导战前还考察了阵地。

战前，在驻地上莞由郑群司令员对参战人员作了战前动员，召开了誓师大会。郑司令说："这次战斗要克服一切困难，要树立敢于胜利的信心，发扬敢打敢拼的作风，要发扬四战四捷的敢打硬打的精神，要坚决把敌人消灭在东江河畔，要把敌人武器夺过来装备自己。共产党员在战斗中要起模范先锋作用，各部队要组织敢死队……只要这样做，这次战斗就一定能取得全面胜利。"郑司令员的有力动员鼓舞了广大战士，大大提高了指战员的勇气和斗志。接着，各连排都组织了敢死队、尖刀队、肉搏团，有些还写了决心书、遗嘱，纷纷要求火线入党、火线立功，云南队连长魏强立下誓言：誓要缴获敌人军需品！参战杀敌的气氛空前高涨。

据可靠情报，保十三团军需船队和护航队700多人已抵达河源城附近。1月8日，东二支队司令部领导亲自率领三团、四团、七团及江防大队一部分共1000多人分别从上荒、骆湖、中石等地出发，9日凌晨2时左右，各团、队按原定计划进入伏击阵地。那时正是严寒季节，寒风刺骨，漫山遍野都披白雪，有些指战员穿的是破旧单衣和草鞋，掩蔽在山坡草丛中，但为了夺取战斗胜利，为了打赢九连地区建队以来最大的一场硬仗，人人热血沸腾。直待到11日上午，仍未见有敌人动静，战士们已受寒挨饿两昼夜，但仍然坚守阵地毫不松懈。支队司令部郑群同志等考虑到伏击地林木稀疏，目标容易暴露，已得最新情报，敌军需船队昨晚到仙塘突然停止前进，护航队伍就地宿营。指挥部感到情况变得突然，是走漏消息还是情报有误？于是命令各部撤出伏击地，到近处隐蔽待命。七团的铁流队等已撤至距阵地10多里的樟木礤，三团的云南队、桂林队、九江队亦已撤离伏击地段，当跟随指挥部的珠江队正准备撤出时，忽报敌船队已经起航。正午，穿黄色军装的护航队也长蛇阵般沿两岸搜索前进，船队随拖轮逆水溯江而上，望远镜中，一艘、两艘……隐约可见，由远而近，这可使指挥部的严尚民、郑群等同志兴奋起来，证明敌人不知我们设伏。司令部马上传令各团、连跑步进入原安排伏击地段，珠江队因后撤有机会先占有利阵地，做好伏击准备，拖住敌人，七团铁流队及云南、桂林队跑步返回抢占阵地，分左右迂回包抄敌人。

　　敌人在下午 3 时左右进入我伏击圈，当护航队两岸前进、敌先头部队进入红军营田段时，受到我主力三团正面阻击，四团、七团及江防大队火速在西岸占据了制高点，战斗展开，像晴天霹雳，8 华里长的江面激起巨浪，西岸子弹像流星雨。敌军仓促应战，已被冲成 3 段，敌拼命登占岸边高山顽抗。在我军猛烈火力攻击下，敌护航队第一截被我们攻垮。我军初战告捷，缴获机枪两挺，这时我们军心振奋，群情激昂。王彪的四团几个连队拦头压住敌军，他们几次向下屯突围不成；后退往禾溪又被三团的云南队、九江队等以强大火力压制，只得拼命抢登大人岭顽强抵抗保命。珠江队几次正面进攻，受到敌人密集火力抵抗，无法接近。铁流队跑步向左侧迂回，封锁了江面，敌无路可走，有的跳水逃走，有的在水中溺死。当夕阳西下、夜幕降临时，敌人全部龟缩到大人岭山顶，企图靠黑夜之神帮助他们求生逃脱。

　　战地总指挥严尚民、郑群同志分析了战场形势，认为我军虽占主动，敌人处于被动，但敌人每个连有 9 挺机枪、2 门六〇炮，还有 1 个机炮连，有 2 挺重机枪、2 门迫击炮，他们现在伤亡仍不算大，胜负尚未见分晓，血战还在后面，不能轻敌，必须组织一场夜战、近战、肉搏战。于是重新动员，鼓舞士气，布置战斗。

　　当夜 8 时左右，我军一场摸营式的总攻在大人岭上展开，顿时一片火海、杀声震天，只听见刺刀咯咯作响，吆喝声、呻吟声、怒骂声交杂一起，几把冲锋号齐鸣，震撼山谷；连射的机枪弹串像一条条火龙奔腾。我们的勇士迎着敌人的威猛火力往前冲，夺机枪、拼刺刀，子弹打完丢手榴弹，手榴弹用完用刺刀、枪托，甚至搬起石头向敌人砸，经过 1 个多小时的厮杀，主峰的敌人被打得七零八落，尸体遍山，有的举枪投降，有的跪地求饶。富于传奇色彩的桂林队战斗模范曾亚丑，身材矮小，与一个高大的敌军排长肉搏，起初他被压得动弹不得，敌排长还要挖他眼珠。曾亚丑先以牙还牙，打掉了敌人两颗门牙，继而用手插进敌人阴部死劲抓握，敌人惨叫一声昏迷过去，曾亚丑随即搬块大石向其砸去，送他至"西天"报到。

经过几小时的拼搏，战斗终于在黎明前结束，这次我军给保十三团一记重拳，打垮敌人一个营，消灭两个连，毙敌副营长以下90多人，伤敌50多，俘敌85人。敌军还有跳崖、溺水伤亡的不少。缴获迫击炮2门，六〇炮4门，轻重机枪10挺，步枪100多支，炮弹、子弹10000多发，还有火箭筒、手榴弹及其他军需物资一大批。战斗中，我云南队连长魏强光荣牺牲，其他连队也有13名同志牺牲。我方有30多人受伤，其中九江队连长叶日平重伤，我铁流队三班长刘德明追击时左脚受伤，班长陈集三俘敌班长1名，缴获步枪8支，榴弹筒、机枪各1支，迫击炮1门。

大人岭战斗，敌我双方2000多兵力作战，集伏击战、阵地战、夜战、肉搏战于一役。在以严尚民和东二支队司令员郑群为主的组织指挥下，获取轰动南粤的九连地区第五次大捷。这一仗把我军的战术水平和战斗力提到新的高度。

这场战斗的胜利，具有深远意义。我们的根据地扩大了，从根本上改变了九连地区乃至东江上游的战局，为后来的老隆战役，五华、连平、紫金、兴宁的解放打下了基础。

班师回上莞后，13日，2万多军民在上莞圩岗隆重举行了盛大的祝捷庆功和公祭烈士大会，用缴获的机枪、迫击炮做礼炮，严尚民、钟俊贤、郑群、黄中强和各团的领导为烈士抬棺扶柩，河西广大群众抬猪牵牛犒慰我军。

对进犯上莞的敌人给予骚扰打击 ①

李九

★

1947年5月至6月，伪保安少将司令曾举直率领保五团、保八团、保十三团以及九十二旅二七六团1万多兵力向我九连地区进犯，占领九连大片解放区，企图消灭我九连武装力量。我九连地区领导及主力部队转移集结在河西区，寻找歼敌有利战机。

8月中旬，保五团突然进犯我上莞乡解放区，并建工事、建据点准备长期固守（但日间不敢轻易外出活动），还疯狂勾结反动残余势力重新组建乡保甲伪政组织，筹建联防队，拉拢退役伪军官陈丽泉，利用其声望为伪政权服务，同时指令当地土匪头子陈亚犬担任联防队队长与我军对抗，企图恢复被我军摧毁了的伪保甲旧制，长期占领解放区。

为了更好地捕捉战机打击敌人，一天，黄日同志令我到部队会见钟俊贤，接受新的任务。钟俊贤同志指出敌人到上莞的意图，要我带领短枪队潜入上莞，每天晚上摸进敌人哨所、营房附近鸣枪，骚扰敌人，使敌人不得安宁，迫令他们撤出上莞，还要将陈丽泉带回部队驻地，要把联防队队长陈亚犬击毙，狠狠打击敌人，粉碎敌人妄想长期占领解放区的企图。

我率领5名短枪队队员，从漳溪鹊田翻过东罗嶂大山、上莞凹，潜入上莞边界掩蔽，晚上12时后我们摸进敌人哨所、营房附近，向敌人射击，并吹响了冲锋号。当听见敌人营房内哨声、枪声、叫骂声乱作一

---

① 摘自《革命老区上莞》。

团时，我们就马上沿着那熟悉的小道撤回营地掩蔽。经过几个晚上不停地袭击骚扰，敌人又摸不着我们的意图，白天也不敢外出活动了。

敌人撤出的当夜 11 时，我们直达陈丽泉住处。只见大门紧闭，我们就搭起人梯翻墙而入，当即开了门，我们迅速进入二楼，见到了陈丽泉，对其监控并令陈的家丁带路到联防队陈亚犬家，让家丁按我们的意图引陈亚犬开门，当大门打开一看见陈亚犬，我和几名短枪队队员直扑上去，将其逮获。我们要陈丽泉到部队驻地（陈曾是开明人士，与部队有联系），在我们强硬的态度催促下，陈丽泉才勉强随我们上路。我们押着联防队队长陈亚犬向船塘撤去，当走到船塘与上莞交界的积龙径时，为了给敌人一个警告，断其恢复旧政权的妄想，按计划将罪大恶极的土匪联防队队长陈亚犬就地处决。第二天早晨回到部队，首长对我们出色完成任务给予很高的评价。

敌军在上莞，受到我军不断骚扰，又得不到群众的支持，唯恐被歼灭，从李田方向撤回老隆，我军布置在李田途中的苏坑、杨坑地段设埋伏，准备歼击敌人，但因错过时间，未能完成伏击任务。

二十多名上莞知青奔赴九连山 [①]

陈德友　陈速影

1946 年底广东党组织关于恢复武装斗争的决定传达到各地以后，

---

① 摘自《革命老区上莞》。

河西地区的地下党组织闻风而动，纷纷建立或酝酿建立革命武装队伍。1947 年，上莞的地下党组织也在上级派来的欧阳梧、王彪、黄锐等同志的指导和帮助下，建立起革命武装队伍——200 多人的飞虎队（分为飞虎一队、飞虎二队、飞虎三队）及长、短枪一批。

1942 年和 1946 年上莞的地下党组织成功地领导和发动了"二五"减租减息，给当时的地主很大的震慑，减轻了广大农民的租税负担，大大地鼓舞了广大农民，预感到革命的高潮和翻身解放的日子快要到来。

上莞当时的地下党组织还不很强大，只有 10 多名党员。根据毛泽东"政治路线确定之后，干部就是决定的因素"的教导，为后来上莞乡的建党、建军、建政、组织农会和土地改革准备干部，迎接即将到来的革命高潮，党组织决定分期分批培训干部，选送一批知识青年到中共九连工委设在九连的青年干部培训班（简称"青干班"）学习，学习军事、政治、革命理论和工作方法。

组织选送知识青年到青干班学习，事先由地下党组织物色对象，其条件是出身好有民主思想有革命倾向的知识青年。通过秘密串联发动报名确定名单，分批输送到青干班学习。1947 年春到九连参加青干班第一期学习的有陈启林（党员）、陈德友、陈耀华、李友舫等人。参加第二期学习的有陈桂林、高云等人。1948 年春参加第三期学习的有陈杰三、陈友三、陈流农、陈集新、陈集风、陈启彭、陈德州、罗明波、罗万全、罗如万、罗碧中、罗碧源等 10 多人。这 3 期共有 20 多人参加了青干班学习。

上莞到九连青干班驻地青州、浰源，按直线走只有 40 多公里，经船塘、三河、绣缎转青州一天便可到达。但当时绣缎等地都有国民党军队驻扎，走直线较危险，为安全起见，党组织派人领学员经杨坑、下礤、李田、流石再往流洞、石岗等地，然后走过和平公白与绣缎交界地区往青州，绕过一个大弯，而白天又不敢走，躲在深山里，只能夜晚步行。经过几天的夜行军，历经艰辛曲折忍饥挨饿，渴了就捧口山泉水喝，好不容易才到达驻地。

三批参加青干班学习的都是年轻人，有一定的文化水平，接受新事物、新思想快。青干班分军事班、政治班，讲课的都是中共九连工委的领导，包括钟俊贤、李辉、林镜秋等同志，经过短期的训练学习，学习当时的革命形势和任务等课程后，学员们的思想觉悟和境界大大提高，对共产党的主张，对共产主义的认识，有了一个较完整的初步的认识，对他们后来为共产主义事业、为人民解放事业而奋斗，在思想上打下了坚实的基础。后来的实践证明，几批参加过青干班训练学习的同志，除个别家庭包袱重的没有坚持到底外，绝大多数都干革命到离休。

从青干班学习归来后，学员们个个生龙活虎地投入各项革命运动，有的被分配到连队当干部，有的到群运队，有的在乡村组织民兵、农会，参加建政、土改，有的到学校担任领导，为革命事业作出了应有的贡献。

回忆往昔，从参加青干班至今已 50 多年了，有的同志已经作古了，现在还健在的已办理了离休的有陈德友、陈桂林、李友舫、罗明波、陈集风、陈杰三、陈友三、罗碧中、罗碧源、罗万全等，都已是白发苍苍的古稀老人了。

对陈丽泉的统战工作 ①

陈　民

———————⭐———————

　　陈丽泉（1894—1951），东源县上莞人，出身行伍，没有多少文化，抗战前参加了国民党军队。抗战期间，在韶关和日军的一次作战中，时任军长李汉魂在战场上负伤，陈丽泉冒着危险背走了李汉魂，因而有恩于李汉魂，逐步被提升为连长、营长直至团长。抗战中后期，曾任汕头警察局局长、湛江兵站站长、龙川县田赋处主任等职。

　　1945 年抗战胜利后，李汉魂任广东省政府主席，不久下台。树倒猢狲散，陈丽泉也随着丢了饭碗。李汉魂下台时曾将一批武器弹药（长、短枪 100 多支，子弹几百箱）运到柳城，再从柳城运到陈丽泉家。那时陈丽泉已 50 多岁，赋闲在家，他没有退休金，靠用枪弹换谷过生活（那时一支驳壳枪可换谷 40 担，一支步枪可换谷 20 担）。

　　1945 年秋，广州国民党军队有人告陈丽泉私藏了一批军火，广东省军政当局曾派几十个官兵到上莞将陈丽泉抓到广州软禁，要他交代私藏军火之事，他向广东当局陈述："我没有私藏军火，家里是有 10 多支长、短枪和一些子弹，这些都是李汉魂送给我保家自卫的。"国民党找不到什么证据，后陈丽泉由李汉魂出面担保，被释放回家。从这件事陈丽泉看清了国民党派系对立、争权夺利、尔虞我诈的嘴脸，对当局产生了极大的不满，郁郁不得志。

　　1946 年冬，船塘游击队获悉陈丽泉有一批枪支弹药，便组织武装

———————

① 摘自《革命老区上莞》。

到陈丽泉家袭击收缴，因计划不周和情况不明，所以没成功。陈丽泉被袭击后感到岌岌可危，便出任上莞伪乡长并指派略知部队情况的其亲房陈亚犬组织联防队。部队领导感到他们此举危险性很大，如不"斩狗教猴"，后患不少。

　　部队领导经过充分研究后，决定用计诱捕陈亚犬和陈丽泉。组织了几个人的精干的短枪小分队，其中有人和陈亚犬有过交往和熟悉地形情况的，于夜间到陈丽泉家弄开了大门，然后提走了陈亚犬、陈丽泉，由小分队带着俩人往船塘方向走，走到石陂头和铁坑交界处，当着陈丽泉的面将陈亚犬处决了。陈丽泉吓得魂飞魄散，当即瘫软在地。然后小分队连拖带拉将陈丽泉带到部队驻地。陈丽泉被带到部队后，由领导向他宣传党的政策，讲清当前革命形势，指出只有弃暗投明，拥护共产党，支持部队才是唯一的光明大道，如果顽固不化，继续与人民为敌，将会得到和陈亚犬同样的下场，希望他深思熟虑作出抉择。"现在可以放你回去，回去后以白皮红心面目出现，一方面应付和周旋敌军，一方面将敌军情况通报部队。"领导承诺，如能做到将保证其生命财产安全。陈丽泉说："一定一定。"经过几天的警告和教育，陈丽泉的思想有了转变。领导又进一步采取既能及时收缴他的枪弹，又给他以面子的两全其美的方法，要他把所有长、短枪和子弹悉数赠给部队，陈丽泉说："可以，完全可以。"在部队时，对他只由战士看管，不缚不铐，给予好饭好菜招待，使他深受感动，然后又派人送他回家。回家后，陈丽泉将枪弹数目列出清单，由部队派人去接收。据了解是黄日带队到陈丽泉家去接收枪弹的，当时共收缴长、短枪20多支，子弹几千发。陈丽泉向部队"献枪"，当时在河西地区震动很大。

　　陈丽泉被部队释放回家后老实多了，还经常和部队保持通信。黄日、李辉、陈坚（上莞人，又名"鼎新"）有时还会到他家了解情况并做好他的思想工作，促其不会有反复。

1947年秋，国民党保八团营长郭某几百人到上莞"清剿"时（郭某是陈丽泉的老部下，一到上莞便去拜访陈丽泉，询问关于共产党的情况），陈丽泉对郭某说："敝乡上莞没有什么红军，只有少数'土匪'，有我在上莞他们兴不了什么风浪，你放心到别处去'剿匪'好了！"郭某信以为真，在上莞住了几天捉了几个所谓"疑匪"及家属、群众，也由陈丽泉担保释放了，郭某便灰溜溜地走开了，当然郭某害怕游击队的包围袭击，亦是他如惊弓之鸟般走开的一个重要原因。

陈丽泉将枪弹送给部队后，没有了经济来源，部队还送钱、米给他，使他深受感动。1948年8月7日、12月7日，粤赣边支队、河源县人民政府在上莞先后成立时，曾邀请他和河西区一些开明绅士就座在主席台。团结、争取一切可以团结、可以争取的力量，化敌为友，使他们理解和支持革命是夺取革命胜利的一个重要方法。

假如没有对陈丽泉"斩狗教猴"，不从斗争中求团结，不争取陈丽泉，情况会怎样呢？陈丽泉当时在上莞较有威望，有号召力，他家还有一批武器，勾结国民党军和纠合反动土顽组织反革命武装是完全可能的。假如这样，就有可能给河西革命根据地带来极大阻力。《九连山黎明前的战斗》中有这样的一段叙述："自连和区遭敌进攻后，魏南金率和东主力退到河西。后来河东的主力也在钟俊贤率领下转移河西。九连工委领导都被逼退到河西一角了。如果敌人再进犯河西，简直无路可退。事实上敌保五团、保十三团都曾进入河西，只是他们没有停多久就退出去了。如果敌人照样在河西来一手，九连山的历史恐怕就要改写了。"

正因为做好了对陈丽泉的统战工作，没把他推向敌人一边，减少阻力，这对巩固河西这块在九连地区唯一没有"返白"且容纳了大部分主力部队和支队、地委领导机关的根据地，给部队较大的回旋余地以集中主力打击敌人，能顺利地成立粤赣边支队和河源县人民政府，有重要的意义。

综上所述，对陈丽泉的统战是成功的，历史已证明了这一点。

由于执行过左政策路线，1951年4月，陈丽泉被镇压。鉴于陈丽泉在解放战争中对革命做过一些有益的工作，1985年8月30日发布的中共河源县委统战部河委统字第21号文和1985年12月23日发布的河源县人民法院河法刑复字第74号文，给陈丽泉平反恢复名誉，并对其家属给予适当的补助。

第一、二次反"扫荡"斗争的胜利 [①]

自从恢复武装以来，九连地区军民沉重打击了地方反动势力，动摇了国民党下层政权的统治，国民党反动派对此感到严重不安。这时，国民党正规部队已调往主要战场，后方只有保安团队和地方武装维持治安。为扑灭九连地区武装斗争的烈火，广东省保安司令罗卓英令驻扎在老隆的保安第五团（简称"保五团"）为主力，保安第八团（简称"保八团"）的一部配合，纠集各县县警队接连对九连地区进行了两次"扫荡"。第一次是1947年的7月至8月，第二次在同年10月至11月间。

河东区那些发展起来的武装力量，直接威胁着保五团团部驻地老隆一带，保五团团长列应佳为扫清"扫荡"的道路，首先驱使龙川县自卫总队副总队长黄希杰，率200余人于6月23日进驻黄村圩，企图寻

---

① 摘自《东江党史资料汇编》第四辑。

找我主力决战。河东发动 800 多名民兵配合邹建、张惠民率领白虎队，抢占黄村圩周围山头，将来犯之敌重重包围。敌人多次突围，都被我集中火力压回去。第六天，敌以猛烈火力掩护突围，在即将冲出重围时，王彪率潘松队及时赶到，又将敌人重新压回黄村圩。敌被围困 10 天之久，因我部无任何攻坚武器，只好将敌放出来打。主力部队埋伏在通往蓝口的风门坳，以伏击逃窜之敌。匪首黄希杰得讯，星夜突围绕小路由四甲方向仓皇逃命。此战中敌虽未中伏击，但极大地鼓舞了我军民的斗志，使敌威风扫地。敌"扫荡"受挫后，又于 7 月 14 日、15 日，再次出动 800 余人，附重机枪 2 挺、轻机枪 20 余挺、火炮 3 门，由龙川县自卫大队长黄道仁率领，从鹤市再次进犯黄村。河东部队布阵埋雷伏击，但敌却避开大路走小路，我部伏击未遂。晚上，河东部队反被敌人包围，经一番激战，部队突出敌围，击毙敌排长以下 10 余人，我副指导员李坚不幸牺牲。主力部队撤出战斗转移阵地。

　　7 月 18 日，中共九连工委获悉敌将以两路兵力同时夹击连和区及和东区。一路由忠信进剿大湖、青州、热水；另一路则从老隆直逼和东，进剿东水、古寨等地。为做好反"扫荡"的准备，中共九连工委提前结束在青州开办的青干班，研究部署兵力，制定反"扫荡"的具体方针和策略，并发出通知，动员民兵、武工队配合主力部队奋起反击，抓住有利战机消灭敌人。7 月 30 日，保五团与和平县警队，在大湖白云楼召开"清剿"会议。8 月 2 日上午 9 时，敌企图经大片田进攻青州，遭曾志云率一小分队及青州常备队的阻击。因敌炮火猛烈，部队被迫撤出战斗。下午，敌驱兵攻占青州。中共九连工委机关及主力主动撤出青州，于 8 月 3 日转移到河西三河乡。青州只留少数兵力由曾志云率领，配合青州常备自卫队坚持斗争。8 月 4 日，敌进攻热水。进攻之前，和平县参议长欧阳励依指派在老隆经商的两个热水人，回乡进行离间游说，提出以不抵抗为条件，保证热水人民生命财产安全。在部队无法阻击的情况下，敌人占热水，先施软化怀柔之计，迫诱自新，然后疯狂进行烧杀抢掠，烧毁房屋四座，50多名无辜百姓被捕入狱，连两个参加接待的热水乡民也被杀死。热水的严重损失，使广大干部和群众从中吸取了血的教训。

敌人在热水逞凶后，留一中队兵力驻扎热水，其余于8月7日撤到大湖"清乡"，驻扎在大湖乡公所所在地——绣缎圩。绣缎西连青州、下礤，东接河西三河、船塘，北上和平、江西，南通忠信、河源，为咽喉之地，敌驻扎此地是我工委机关与各区联系的极大障碍。工委吸取热水的教训，8月10日趁敌脚跟未站稳时，严尚民亲率主力中队，在鸿雁队的配合下，出其不意猛烈袭击绣缎驻敌，敌丢盔弃甲，死伤10余人，狼狈逃往忠信。在此之前，由曾坤延率领鸿雁队40余人，将三角乡乡长何焕南抓获，缴步枪5支、短枪3支。何焕南曾是国民党中统特务，是三角反动势力的支柱，其许多秘密文件也为我所获。

和东地区地处和平、老隆之间，是敌人进攻的重点。7月28日，保五团400多人，气势汹汹窜犯东水。和东部队撤离东水一带进逼川中永和圩附近，与保五团200余人激战两昼夜，敌死伤20余人。战斗刚结束，部队未经休整，即出奇兵捣毁龙母乡公所。老隆驻敌恐被偷袭，加强戒备，并急从兴宁增调兵力加强防守。8月2日，敌100多人，纠集地方反动武装300多人驻扎黄石。魏南金、林镜秋率主力及民兵主动迎击进驻黄石之敌，经过5小时激战，毙伤敌小队长以下10余人，敌溃不成军，夺路逃回老隆。8月3日敌占据热水后，和东部队急从川北回师水西，破坏敌人交通通信设备，捕捉特务分子和谍报人员，重新占领彭寨，攻下油竹坝，敌人顾此失彼，不得不将进占热水之师调往和东，解救彭寨、古寨，和东部队避敌之锐，跳出和东，北上长塘、下车，并在川中、川北组织多支武工队加强老隆外围活动。不断骚扰敌人，打击敌人，迫使敌人撤回老隆驻守。

领导机关转移到河西后，中共九连工委召开第三次会议，总结 3 个月来的斗争情况，并号召全体军民团结一致，主力部队与地方部队密切配合，坚决反击敌人"扫荡"。8 月 16 日，骆湖白狼队 80 多名武工队员在下欧驻扎。河源县警大队拼凑顺天、灯塔、骆湖三乡的联防队，共 300 多人，于凌晨 4 时包围了我白狼队，企图一举消灭，进而"扫荡"船塘、三河，白狼队战士奋不顾身顽强抵抗。上午 10 时，黄日从上莞带领铁流队 100 多人，郑风从漳溪带领长江队近百人，赶来增援。骆湖民兵、群众也奋起参战，战斗至晚上 9 时，白狼队胜利突围。此役打死打伤敌人 19 人，其中击毙乡联防队队长及巡官各 1 名，乡长 1 名，俘灯塔、骆湖 2 个联防队队长。我白狼队队员欧阳娣突围时牺牲。敌人企图消灭我武装队伍的阴谋屡遭失败，但仍贼心不死，当我中共九连工委机关转移河西后，8 月 31 日，敌保五团、保八团出动 500 余人，分两路向上莞进攻，企图围歼我工委机关人员及河西部队。是日 12 时许，保五团 200 余人，突然由忠信方向窜来，占据制高地点，以密集的火力向我猛狮队扫射，猛狮队登上高山应战。下午 3 时，我铁流队、飞虎二队奉命赶来增援，却又与从蓝口方向窜来的敌保八团和国民党河源县长马克山带领的县警队遭遇，敌抢先占领岐岭山，集中火力向我射击。飞虎一队、飞虎二队迅速登上狮头山，在半山坡上，毫无掩蔽地边打边向长岗岌撤退。这时，保五团也已从下寨赶到石坎坝，遭我飞虎三队阻击。黄日率领铁流队登上河公山，端起机枪向敌人射击，全队指战员奋力作战，打退了保五团的猖狂进攻，掩护工委机关及部队安全撤退。时至黄昏，部队撤往李田、苏坑一带，战斗才告结束。此战，飞虎一队队长陈国汉、飞虎二队队长陈云舫及 3 名战士不幸阵亡。此后，敌占上莞，一面封锁搜山，一面勾结乡保长强迫群众退还地税谷，强迫武工队队员"自新"，在上莞横行作恶 1 个月才撤退。这次战斗，因侦察不周，仓促应战，加上武工队刚刚组织起来，缺乏作战经验，在敌强我弱的情况下，不善于运用灵活机动的战略战术，所以造成损失，但使武工队经受了战火的考验。

9月，敌人以消灭九连各区主力，占领我根据地为目标的第一次"扫荡"以失败而宣告结束。

1947年10月，中国人民解放军总部发表《中国人民解放军宣言》，向全体军民发出了"打倒蒋介石，解放全中国"的号召，人民解放军已转入外线作战向长江流域进击，所到之处，敌人望风披靡，人民欢声雷动。国民党为巩固华南后方，又于10月至11月调集兵力对我九连游击区发动了第二次"扫荡"。中共九连工委根据敌兵力不足、士气低落的情况，遵照"敌进我退，敌驻我扰，敌疲我打，敌退我追"的游击战术方针，抓住有利战机，主动出击，狠狠打击敌人。

为使九连部队与江南部队的联系畅通，进而让九连的紫、五、龙、河边区与江南的海、陆边区联成一片，改变东江军事斗争的形势，中共九连工委与江南地委决定扫除惠紫边境一带的反动据点，首先联合攻打反动大地主张源和家族。9月15日，紫金人民抗征队与江南的惠紫人民自卫大队，及江北大队各一部，共300余人，将张源和家族的庄园包围，凌晨4时许发起攻击，张治桓、张仲才等反动分子被我军俘获。同时，缴获长、短枪100多支，手提机枪2挺，弹药物资一大批。攻破张源和反动堡垒，使紫金、惠州的国民党当局大为震惊。3天后，国民党保八团纠合紫金县警大队和紫金自卫团近千人，分三路夹击我部。紫金人民抗征队和江南部队在上义卷蓬与敌激战一天一夜，主动撤出战斗，返回古竹一带。

10月，敌人驱兵向河东进犯。10月7日，国民党保八团及龙川、五华两县自卫大队600余人，附重机枪1挺、轻机枪12挺，分三路直逼黄村文秀塘，企图血洗黄村地区。河东部队得情报后，化整为零，进入宁山隐蔽，敌盲目施放冷枪，烧毁百姓住房。至黄昏，敌怕遭我袭击，连夜撤退。敌人不知我部队去向，先后于 10 月 10 日、15 日、17 日分兵向四甲、叶潭、康禾、黄田、义合等地寻找我主力行踪，结果处处扑空，一无所获。21 日，当敌 100 余人驻扎黄田进行喘息时，张惠民率抗征队主力趁夜袭击黄田驻敌，毙敌 2 人，伤敌 10 余人，缴重机枪 1 挺，长、短枪 11 支，手榴弹 26 颗，子弹 171 发。敌四散溃逃。同夜，由程佩洲率领的白虎队奔袭紫金龙窝警察所，缴获长、短枪 5 支，敌 1 死 9 伤。10 月之后，和东、连和、河西、河东各区几十个武工队以灵活机动的战略战术，少数精干人员组成的作战队伍，抓住敌人薄弱环节，袭击敌人乡、村联防队，捣毁警察所、乡公所，打得敌人晕头转向，防不胜防，不得不收缩兵力，驻防重镇。这时，新丰龙景山、郑大东部也到处打击敌人，消灭蒋军新一旅三团吕营大部，活捉国民党少将团长、新丰县长罗联辉，给敌人沉重的打击。国民党广东当局急令保五团，从老隆、忠信抽调 500 兵力进剿新丰。

11 月，江北人民自卫总队，集中 4 个中队、1 个武工队驻扎于百叟附近的仰扶塘。敌得此情报后，急调兵力分三路进攻，企图一举歼灭江北自卫总队主力。第一路是敌一五二师罗营 500 多人及新丰县警队 100 多人，由梅坑进逼，直插马头；第二路是保五团从连平方向扑来；第三路是连平县警大队谢岳臣部 200 余人从东坑方面包抄。敌到马头、百叟后即扑向仰扶塘。江北人民自卫总队获悉后，已于当夜撤向岑窖洞尾，敌人奔袭扑空，不知我主力去向，敌营长罗某率小股敌军搜索，龙景山、郑大东部出其不意，猛然袭击罗某所率 10 余人。敌急速向我阵地猛扑，我部居高临下，打退敌人多次冲锋。因敌强我弱，继续与敌对垒，势必弹药费尽。于是，下午 1 时，派出几个小分队绕道袭击敌后，敌正处于进退两难之时，我军从四面八方集中火力猛击敌阵，敌疑我援兵赶到，调头逃窜，我军以一主力中队尾随追击，其余小分队从左、右拦腰截击，敌溃不成军，夺路逃命。此一反击战，毙敌营长以下 20 多人，伤敌数十人，我军牺牲 2 人。敌人 1400 多人的重兵奔袭"扫荡"，被我不足 500 人的游击队粉碎了。

敌人在九连地区的"扫荡"，到处遭到我军民的沉重打击，损兵折将，大伤元气。至 11 月底，不得不撤回老隆、忠信、蓝口等几个城镇驻防固守，中共九连工委机关遂返回青州根据地。

1947 年秋，随同东纵北撤山东的郑群、黄中强等先后回到九连地区，经工委常委研究决定，增选郑群、黄中强为工委委员，以加强工委的领导力量。

9 月，中共九连工委设立了电台，举办了电台人员训练班，培训了一批无线电通信骨干。电台先后由钟应时、丘海生负责。电台开始只能收听新华社的公开新闻。不久，中共中央香港分局派来机要员叶佐平和张小章，带来了香港分局的密电码。9 月 23 日，第一次通过电台与中共香港分局取得了联系。从此，中共九连工委可以与中共香港分局直接取得联系，及时汇报请示，使中共九连工委的各项工作能更好地开展。

在打击国民党反动区、乡政权，发展人民武装力量，建立根据地的斗争中，中共九连工委强调了斗争的政策，利用各种渠道和关系，广泛地开展统战工作，先后争取了五华县参议长张济清、龙川县张化雨、河源县船塘乡乡长欧阳仲琴、和平县参议长、龙和两县联防主任周光如、河源县上莞保长陈坚等一大批开明人士。他们中有的保持中立，有的同情革命，有的则真心实意拥护革命，表面应付敌人，暗中支持部队，掩护我党我军活动，为部队提供情报，配合我保释、解救被捕人员，做了大量的工作。龙川县的黄用舒和紫金县的赖德彰等，长期以特殊的身份潜身敌营，机警沉着，开展统战工作，始终没有暴露身份，为革命作出了贡献。

九连地区刚刚建立起来的武装队伍，在敌人"围剿"中，不但没有被消灭，而且愈战愈强，不断壮大，全区主力连队发展到 9 个，其中河东区 4 个主力中队，河西区 1 个主力中队，连和区 1 个主力中队，和东区 3 个主力中队，另有 19 个地方连队。武器装备也有了很大的改善，共有重机枪 4 挺，轻机枪 10 挺，手提机枪 8 挺，驳壳枪 100 余支，步枪 600 余支。除了主力连队和地方连队外，还有 13 个武装工作队和 400 多名武装民兵，在反"扫荡"中，游击根据地也得到了巩固和扩大，有 20 个乡得到解放，成为九连地区解放战争的重要根据地，部队活动地区达 52 个乡，纵横 300 余里，人民群众在地方党的领导下，组织农民协会，实行"二五"减租减息，群众斗争如火如荼，方兴未艾。

保十三团起义后对有关人员的政治转化教育工作 ①

欧阳轲

1949 年 5 月，原广东省保安十三团宣布起义后，未及整编就按原队列投入解放老隆、东水战斗。决战胜利后有部分中下层官兵撤回上莞休整待编，还有几十名随同起义的旧乡政、联防人员也等待安置，他们分别住在上莞下圩和四角楼一带民宅。我们的县、区人民政府和人民群众对他们是以礼相待的。对起义人员的教育和转化工作分两方面进行。

一方面粤赣湘边纵队（简称"边纵"）司令部和政治部已选拔、培训了一批经过考验、有政治水平的政工干部按原来序列编入各营、连、

① 摘自《革命老区上莞》。

排担任政治教导员、指导员和政治服务员，组织他们学习，开展谈心活动，唱革命歌曲、打球、跳秧歌舞，以消除忧虑，提高对革命事业的认识，增强信心，使他们心情舒畅，迎接整编，适应未来人民军队的纪律和生活。我们的文工团、群众团体也演剧、带慰问品慰劳他们。

另一方面，县人民政府派我（时任县政府第一督导区督导员）带几名干部专门做好那些旧乡政人员的思想转化工作。这些人，年纪较大，经历较多，思想也较复杂，顾虑多。针对他们的特点，着重对他们反复做好形势教育，共产党的政策、纲领教育，消除他们怕算老账、怕判刑、怕牵连家属等种种顾虑。另外，做好周密的防范工作，防止他们逃跑、自杀，防范他们煽动小股人员叛乱或组织坏人暗杀、投毒等事件发生，组织他们观看革命歌剧和开展文体活动等。通过一系列的思想教育转化工作，他们大多数人都认识到过去的作为是错误的，表示愿意跟共产党走，听从人民政府对他们的安排。有一名伪乡长张某原来准备逃往香港或台湾的，结果交代了他的出逃计划，表示愿意留在内地（大陆）听候安置，有些人还写信回家安慰家属。

对旧乡政人员的思想教育转化工作，收到了预期的效果，后来，他们分别得到边纵和县人民政府的适当安置，有愿意回家的发给路费，保证其安全离开解放区。

河西区党组织及党员公开 ①

欧阳轲

河西区是指现在的船塘、上莞、三河、漳溪、曾田、骆湖、黄沙（原属船塘乡）7 个乡镇的范围。

河西区党组织是 1939 年冬由东江华侨回乡服务团最先在船塘、三河等地建立发展起来的。1941 年以后，上莞、曾田也有地下党组织活动。1942 年"曲江事件"之后，河西区党组织曾一度停止了正常的活动。

1947 年春，中共九连地委派赖强到船塘、三河等地恢复了地下党组织。1948 年春，先后成立了船三区委会和上曾区委会。在两个区委会的领导下，配合游击战争的各项活动，发展壮大了党组织。

1949 年夏成立了中共河源县河西区委员会。河西区委会明确提出了"在完成各项任务中发展党组织，通过发展党组织，促进各项任务的完成"，并提出"消灭空白村"的口号。由于指导思想比较明确，整个区的党组织发展是比较快的，也比较平衡。至 1950 年春，全区党员达 844 人，每个乡建立了党总支或中心支部。全区 46 个村，有 29 个村建立了党支部。其他无条件建立支部的村，也有党小组。党员的质量从总的方面看是高的。绝大部分党员在各项工作中能起模范带头作用。对当时区委会提出的各项任务，能做到闻风而动，一呼百应，迅速而又出色地完成。如当时的禁毒（鸦片烟）运动，全区有 500 多名吸毒者，不

① 摘自《东源县党史资料汇编》第二辑。

到 1 个月的时间，全部戒了毒；征粮运动，要求 1 个月完成，结果只用了 10 天时间完成了任务，出现了争先入仓的动人场面；又如在船塘举行的迎军支前的誓师大会，全区有 6 万多人口，参加誓师大会的人数达34450 人；队伍组织的严密程度，纪律性之强，俨似一支受过训练的大部队；还有开荒扩种、生产互助、群众性的文体活动等，都搞得热火朝天。这一切都是由于党组织的坚强领导和广大党员的模范带头作用，并动员青年团骨干带领群众积极响应号召才能做到的。

因为党组织和党员仍未向群众公开，当时并不靠党组织的名义和党员的身份发起号召、起模范带头作用，而是靠未公开身份的党员以身作则，宣传发动群众，并带领群众完成任务。

全国解放后，中国共产党已经成为中国的执政党。为了进一步发挥执政党的领导作用和更好地接受群众对党的监督，有利于党的建设，根据上级党委的指示，河西区党组织于 1950 年 5 月 4 日举行了隆重的党公开大会。

大会在原逸仙中学（即船塘中学）前面的大操场召开。

共有 1 万多人参加大会，其中公开的党员 813 人，以总支为单位列队进场，坐在会场的中间；各人民团体的干部和群众，以大乡为单位按次序敲锣打鼓列队进场，坐在会场的周围。

在主席台就座的有河源县委组织部的主办干事赖强、河西区委委员（区委书记欧阳轲因在华南党校学习未参加）、各总支书记、各乡群团主要领导。

大会在雷鸣般的掌声中开幕。区委组织委员欧阳木恒主持了大会，传达了县委关于党公开的指示精神，赖强代表中共河源县委对大会表示祝贺。大会大力表彰了河西区党组织及广大党员在对敌斗争中坚强不屈的精神，以及在各种运动中的模范带头作用；大会要求全体党员在党公开之后，戒骄戒躁，继续发扬党的优良传统和作风，接受群众的监督，全心全意为人民服务；大会号召广大群众更加热爱党，永远跟党走，并积极创造条件参加中国共产党。各总支和群团代表也发了言。

区委将公开的党组织及党员名单按各总支、支部、小组的顺序用大红纸张榜公布，张贴在逸仙中学校门外的墙壁上。这次公开的党组织除区委会外，有党总支4个，中心支部2个，支部29个，党小组213个。全区党员共844人，按上级指示，每个支部留1—2名党员（共31人）不公开之外，实际公开的党员813人。

红榜公布的区乡两级党组织的主要成员如下：

河西区委成员：区委书记欧阳轲，组织委员欧阳木恒，副组织委员陈少卿，宣传委员陈志英，保卫委员欧阳佛，青年委员陈桂林，妇女委员陈瑞。

船塘总支成员：书记欧阳南，副书记廖哲华，组织委员欧阳猷，副组织委员欧阳添水，宣传委员欧阳托，副宣传委员欧林度，青年委员欧阳铺，副青年委员欧阳昆，妇女委员张来娣。

上莞总支成员：书记陈集甫，副书记陈治民，组织委员陈维，宣传委员高云，妇女委员陈锦云。

漳溪总支成员：书记吴砚浓，组织委员吴月容，副组织委员吴亚英，宣传委员吴彬权，副宣传委员蓝育庆，保卫委员蓝岑，妇女委员张谷香。

三河总支成员：书记张汉民，副书记林洋波，组织委员林余三，副组织委员丘娘林，宣传委员兼青年委员张国华，保卫委员张陈邦，副保卫委员林旭胡，妇女委员曾三。

曾田中心支部成员：书记张启超，副书记陈儒恒，组织委员叶日兴，宣传委员叶石兴。

骆湖中心支部成员：书记张永伦，组织委员刘宝俊，宣传委员刘文辉。

第四章

红土丰碑

上莞革命烈士碑志 ①

· ★ ·

　　上莞人民的革命斗争，自抗日战争起，在每个时期都有着光辉的历史，并作出了应有的贡献。抗日战争时期，中国共产党在上莞建立了基层组织和抗日民主政权，组建抗日武装，开展抗日救亡活动。解放战争时期，在党的领导下，先后组建飞虎一队、二队、三队和上莞武工队，进行革命的游击战争，建立起区、乡、村人民政权，依靠群众，打退了敌人一次又一次的"清乡""围剿"。柳城坳等多次战斗，游击队和民兵在广大人民群众配合下，打退了国民党和地方反动武装的联合进攻。敌保八、保五总队进犯墩背，我飞虎队与兄弟部队奋起反击，粉碎了敌人企图扑灭游击队的阴谋。1948年，中共九连地委、粤赣边支队、河源县人民政府在上莞成立并常驻。大人岭战斗后，在上莞举行了万人祝捷暨公祭革命烈士大会。新中国成立后，为保卫祖国的尊严和独立，在抗美援朝、对越自卫反击战中，上莞优秀儿女踊跃参军参战，抗击侵略者。

　　青山有幸埋忠骨，革命传统代代传。我们对英勇壮烈牺牲的革命烈士们，长怀敬仰之情，永远铭记于心中。他们是党和人民优秀儿女，

---

① 摘自《东源县党史资料汇编》第二辑。

他们的丰功伟绩和革命精神，将永垂史册，彪炳千秋。兹将重建此碑，以志对先烈的怀念，并激励后人。

革命烈士永垂不朽！

中国共产党上莞镇委员会

上莞镇人民政府

（烈士碑，1959 年建于学堂岗，1991 年冬迁建于彭屋岗）

上莞籍革命烈士 [①]

序号	姓名	性别	出生时间	籍贯	参加革命时间、地点及牺牲时间、地点、原因	职务	备注
1	陈国汉	男	1909	上莞镇黄龙岗村禾塘	1947 年参加游击队，1947 年 8 月在上莞常美与国民党保五团作战时牺牲。	飞虎一队队长	中共党员
2	陈云舫	男	1911	上莞镇新民村下江	1947 年参加游击队，1947 年 8 月在上莞常美与国民党保五团作战时牺牲。	飞虎二队队长	—
3	陈林	男	1911	上莞镇上礤村	1947 年参加游击队，1949 年 1 月在大人岭战斗中牺牲。	东二支队七团战士	—

① 资料由东源县退役军人事务局提供，1982 年版本，有修改。

续表

序号	姓名	性别	出生时间	籍贯	参加革命时间、地点及牺牲时间、地点、原因	职务	备注
4	陈启坤	男	1918	上莞镇黄龙岗村	1946年参加游击队，1947年在执行任务时被捕，在黄龙岗和尚坳被杀害。	飞虎一队战士	—
5	陈松喜	男	1923	上莞镇黄龙岗村	1947年参加游击队，1948年春在灯塔作战时牺牲。	铁流队战士	—
6	田国栋（樑）	男	1917	上莞镇江田村下田	1947年2月参加游击队，1948年8月在上莞作战时牺牲。	飞虎二队战士	—
7	李育略	男	1919	上莞镇李屋楼	1947年春参加游击队，1947年冬在李田枫树坳作战时牺牲。	飞虎二队警卫员	—
8	陈水兰	男	1917	上莞镇成功寨	1947年春参加游击队，1947年8月在上莞常美与国民党保五团作战时牺牲。	飞虎二队战士	—
9	陈五英	男	1911	上莞镇新民村新屋下	1948年春参加支前，同年在柳城战斗中牺牲。	新屋下支前民兵	—
10	李祝尧	男	1920	上莞镇李屋楼	1947年参加游击队，1948年在曾田被捕杀害。	白狼队战士	—

续表

序号	姓名	性别	出生时间	籍贯	参加革命时间、地点及牺牲时间、地点、原因	职务	备注
11	罗娘信	男	1922	上莞镇冼村	1947年参加游击队，1948年11月在连平大湖战斗中牺牲。	战士	—
12	李亮	男	1926	上莞镇李屋楼	1947年春参加游击队，1947年8月在上莞常美与国民党保五团作战时牺牲。	飞虎一队战士	—
13	曾黄苟	男	1917	上莞镇下寨村积龙径	1946年春参加游击队，1947年8月在上莞常美与国民党保五团作战时牺牲。	飞虎三队战士	—
14	陈百兰	男	1937	上莞镇大屋	1947年参加游击队，1948年在和平林寨塞与敌人作战时牺牲。	—	—
15	陈建新	男	1924	上莞镇成功寨	1951年参加志愿军，1952年在朝鲜烽大山战斗中牺牲。	志愿军文书	—
16	李文生	男	1956	上莞镇常美村	1978年应征入伍，1979年在对越自卫反击战中牺牲。	53014部队八十六分队战士	—
17	习亚桂	男	1956	上莞镇上礤	1977年应征入伍，1979年在对越自卫反击战中牺牲。	53016部队七十二分队战士	—
18	罗水海	男	1928	上莞镇冼村	1950年参加志愿军，1951年3月在朝鲜战场牺牲。	志愿军战士	—
19	陈招成	男	1958	上莞镇黄龙岗	1977年应征入伍，1979年在对越自卫反击战中牺牲。	53016部队七十六分队战士	—

曾锡翔烈士事迹 ①

张泽周

· ★ ·

曾锡翔，又名曾进，1913 年生，祖籍仙湖村，父亲曾懿斋移居与仙湖村隔山相邻的柳城镇石侧村，是当地负有盛名、能文善辩的经馆教师，也是开明绅士。曾锡翔年幼时，跟随父亲居住在龙川县佗城镇，就读于龙川中小学校。在高中阶段，正值日本帝国主义侵略中国，九一八事变后，席卷全国的"一·二八"抗日救亡运动和"一二·九"爱国学生运动相继发生，龙川中学也掀起了爱国运动的高潮，成批学生走上街头写标语，出墙报、漫画，演剧，演讲，大力宣传抗日救亡运动，曾锡翔也投入了这股革命的洪流中，参加各种抗日救国活动，开始接受革命思想。

1934 年，曾锡翔考进了中山大学，与广东作协原副主席萧殷在课余秘密阅读马克思著作和各种进步书籍。他逐步认识到，只有中国共产党领导全国人民进行革命斗争，才能使中国彻底摆脱半殖民地半封建的贫穷落后的命运，因此每当他在暑假回到家里，都以进步的革命理论去教育启发和引导堂弟曾子景、曾子焕等人，带回进步书刊让他们看，使他们提高了政治觉悟，懂得些革命道理。

1937 年卢沟桥事变后，曾锡翔响应党的号召，毅然投笔从戎，走出校门，由广州直接北上抗日到达革命圣地延安。初时被分配在西安八路军办事处工作，这时他改名为曾进，与萧殷等人一起参加周扬领导

① 摘自《河源英烈传》第一辑，有改动。

的文学报告工作，后在陕北抗日军政大学参加政治学习和军事训练。结业后编入八路军任连长。在几次战争中，他都勇往直前，奋不顾身。萧殷随军撰写的以真人真事为基础的小说《东进序曲》的主角原型就是曾进。1940 年 3 月，日本侵略军集中军事力量，大举扫荡太行山区，曾进在保卫根据地的战斗中，不幸光荣牺牲，年仅 27 岁。

曾锡翔烈士纪念碑

曾锡翔烈士证书

萧殷（原名郑文生）与曾锡翔既是好友又是同乡。据萧殷讲述，1942 年他早于曾锡翔到达延安，一天忽有一人去萧殷处寻找郑文生，当时萧殷就知道来人必定是曾锡翔，见面才知道曾锡翔已是八路军某团参谋长，龙川县革命烈士档案也同样记载曾锡翔是团级干部。

陈国汉烈士事迹

陈文确

· ★ ·

陈国汉，1909 年出生于上莞镇黄龙岗一个比较富裕的家庭里。他幼年读私塾时，勤奋好学，喜欢吟诗作对，又能写一手好字。他不畏强暴，好打抱不平，为人仗义疏财，遇有困难者解囊助之，深得群众尊重。

陈国汉因比较喜欢看书学习，对当时的形势和共产党的思想主张接受比较快。小时候他就预料到中国社会在共产党的积极推动下必定会发生巨大的变化。他结婚后生下的第一个女儿就取名"自由女"，言下之意是妇女必定翻身得自由，中国社会要变革。

1931 年春，他考取了河源三江中学，在班级中任班长兼学生自治会文书干事。

九一八事变以后，日本帝国主义大规模地武装侵占我国东北三省，激起了包括爱国学生和一切进步知识分子在内的全国人民的义愤。陈国汉深受爱国主义思想影响，参加了当时的抗日先锋队、青年群会等进步组织，在学生中积极进行抗日救亡运动的宣传工作，在学校里写过不少文章。其中在墙报里发表过这样一首诗：

跃马驱驰报国恩，

万员群众尽支援。

一年三百六十日，

拔剑横刀拯元元。

他在三江中学毕业后，为了寻找革命道路，不久和同乡几个知识分子去广州投考黄埔军校。到广州时，黄埔军校已解散了，只好去投考燕塘军校。当时这所军校是陈济棠办的。在学校里，他看到国民党军阀尔虞我诈，勾心斗角，是不能改革中国社会的。因此几个月后，就退学回到了家乡从事教学工作。他一面教学，一面向群众宣传共产党的政治主张，对孙中山的三民主义思想有比较深刻的认识。他在自己的生活用品上写上"民生合记"字样。

他懂得一些医学知识，经常给乡亲医治病痛，遇上生活比较困难的乡亲找他看病时，不但不收诊费，有时还拿出自己的钱给他们买药，乡亲们都赞扬他是知书识礼的好心人。

1946年冬，中共九连工委和河西分工委王彪、黄日、欧阳梧等人到上莞开展地下活动，发动群众，组织武装队伍。要想使活动顺利进行，就要有一个在本地有威望、思想进步并且有一定的文化水平的人来负责领导组织工作。他们经过调查和研究，认为陈国汉比较合适，然后找到陈国汉，与他交谈，向他宣传革命道理，并告知他要在上莞成立武装队伍等情况，希望能得到他的支持和协助。陈国汉听后非常高兴，表示愿意为革命贡献自己的力量。此后他四处活动，想办法集枪借粮及筹集其他物资，为建立武装队伍打下了坚实的基础。

经过一段时间的努力，于1947年4月在黄龙岗成立了上莞区第一个武装组织——飞虎一队，并编入河西人民自救队东二支队，由陈国汉同志担任中队长。

部队成立以后，不断地打击国民党反动派，镇压反动土豪、劣绅。并通过袭击反动地主，弄点粮食以解决部队的给养及救济当地贫苦农民。有一次他带领队伍到漳溪长坑袭击了反动地主吴某某家，活捉了吴某某，逼使他交出钱粮及枪支弹药一批，并向他宣传共产党的政策，警告他不能再欺压百姓，否则就不客气了。此后，还打击了鹊田反动地主吴某某。我部队的革命运动，使其他附近的地主胆战心惊，闻风丧胆。只要听到陈国汉带领的队伍来了，他们就不敢嚣张了。

　　1947 年上半年，敌人企图消灭我武装队伍的阴谋屡遭失败以后，仍贼心不死，妄图对我进行更大规模的扫荡。当我九连工委机关转移至河西上莞区后，8 月 31 日，敌保五团、保八团出动 500 余人，分两路向上莞进攻，企图围歼我工委机关人员及河西区武装部队。是日 12 时许，保五团 200 余人，突然由忠信方向窜来，占据制高点，以密集的火力向我猛狮队扫射。猛狮队即登上高山应战。陈国汉同志带领的飞虎一队会同飞虎二队迅速登上狮头山，在半山坡上，向敌人展开猛烈的攻击。陈国汉身先士卒，奋勇杀敌。通过我河西各队指战员的共同奋力作战，终于打退了保五团的猖狂进攻，掩护工委机关安全撤退。但在激烈的战斗中，陈国汉不幸被敌人机枪击中，光荣牺牲，时年 38 岁。

　　陈国汉牺牲以后，全体指战员为了悼念他，在安葬时鸣枪以示致哀。

陈云舫烈士事迹

陈德友　李友舫

　　陈云舫，1911 年出生于上莞镇新民村下江一个中农家庭。读小学时受孙中山民主革命思想的影响，对孙中山提出的"三民主义"很崇拜，决心出去"闯世界"，为实现"三民主义"而奋斗。在 30 年代初，瞒着家人偷偷跑出去参加了旧军队，在军队里服役了 10 多年，抗日战争爆发后又参加抗日战争。

　　1944 年，他结束了军旅生活回到老家，在其父所建的一间水碓屋代民众磨谷舂米，过着半隐居的生活。

　　1944 年至 1945 年，上莞地下党组织成员陈志英（与陈云舫共住一栋楼）、田裕民等组织了农会，发动"二五"减租减息，宣传共产党的主张，号召农民起来革命，推翻剥削阶级，实行耕者有其田。陈云舫受到教育和启发，认为只有共产党才能救中国，共产党的思想倾向革命，同情农民。

　　1946 年冬，地下党组织成员王彪、欧阳梧等人来到上莞，向上莞地下党组织传达了上级关于恢复武装斗争组建武装的指示，陈志英、田裕民等部署了组建革命武装工作，迎接革命高潮的到来。经过地方党的引导教育，物色了陈国汉、陈云舫、李汉杰等人，并经与他们多次谈话，叫他们站出来建队，又经过一个多月的活动，建成了飞虎一队（队长陈国汉）、飞虎二队（队长陈云舫）、飞虎三队（队长李汉杰）。组建初时每队只有二三十人枪，活动于上莞、漳溪、李田、曾田和龙川的桂林等地，收缴地主豪绅枪支、打击反动地主土顽，筹粮筹款，逐步扩大队伍，到 1947 年春部队已发展到 200 人枪。河西人民自卫大队（队长黄日）建立后，飞虎队成为主力部队的得力助手，为主力部队筹粮筹款作出了很大贡献。

　　陈云舫参加革命后，受到共产主义思想的教育与熏陶，进步很快，认识到只有跟共产党闹革命，推翻"三座大山"，人民才能翻身解放，思想立场有了根本的转变，他在中队里和战士打成一片，事事身先士卒，把在旧军队里掌握的军事知识毫无保留地传授给战士，对提高部队的战斗力作出了显著成绩。

　　1947 年农历七月十五日，我九连工委在墾背一栋农舍里召开扩大会议，得到情报，国民党军准备进攻上莞，开完会后，魏南金、钟俊贤等同志已离开了上莞，留下严尚民、黄日、李辉等领导和部队，准备于农历十六日吃完午饭后转移到另一个地方去开展工作。

　　1947 年农历七月十六日，正值秋老虎季节，烈日当空，上莞大地广阔的田野，农民经过减租、减息、退租、退押后，生产积极性大大提高，晚稻早已插完了秧，大地静谧、安详。

中午还未吃饭，国民党保五团、保八团500多人分两路从曾田、船塘方向，像凶狗一样奔袭我九连工委驻地，我前头哨兵发觉后即鸣枪报警，严尚民等领导人发现敌人快到，临危不惧，一面紧急指挥部队抢占制高点，登上狮头山，一面指挥部队迎击敌人。在当时敌强我弱的情况下，采取边阻击边撤退战术，避免和敌人硬拼，以保护工委领导和主力部队转移。

一个高大英俊的中队长——陈云舫，挥动着驳壳枪指挥战士射击敌人，并把敌人火力引向自己一边。敌人机关枪迫击炮喷射出的炮弹像雨点般落在我方阵地，狮头山硝烟弥漫，地动山摇，战斗非常激烈，一颗罪恶的子弹击中了陈云舫的右手，当即血流如注，战士发觉中队长受伤后劝他撤退，他说："狠狠打击敌人，不要管我，边打边退。"在我黄日主力队和飞虎一队、飞虎二队的还击下顶住了敌人的疯狂进攻。战斗到日落时，我工委机关首长及部队已撤退到安全地带，敌人再不敢前进一步，战斗结束，敌人抬了10多具尸体退回上莞下圩去了。

陈云舫受伤后，躲在草丛里，自己包扎伤口，仍流血不止，动弹不得，待到天黑时，部队才派人将他连夜抬到地名叫大水坑的一栋田寮里，并请了陈亚林医生为他打针治伤，因药物缺乏，流血过多，抢救无效，陈云舫于第二天不幸牺牲，时年36岁。

塈背反击战，我部队付出了代价，牺牲了2个中队长和战士多人，但保护了工委机关和主力部队安全撤离。敌人惶惶不可终日，几天后就撤出上莞了。

陈云舫同志参加革命虽然只有短暂的八九个月时间，但他由一个旧军人转变为一个革命者，在人生的历程上经历了一个大跨越，为革命作出了贡献。他的血没有白流，人民将永远记住他。上莞革命烈士碑中镌刻着他的英名，每年清明节，群众、中小学生、离退休干部成群结队地到烈士碑前扫墓瞻仰，可以告慰烈士在天之灵了。

曾黄苟烈士事迹

曾浩明

★

　　曾黄苟（1917—1947），男，上莞镇下寨村积龙径人，1946年3月参加河西人民自卫大队，后改编为粤赣湘边纵队东江第二支队七团。

　　参加革命后，曾黄苟跟着李汉杰为队长的上莞飞虎三队开展活动，发动当地群众进行反"三征"（征兵、征粮、征税）斗争。1947年农历七月十六日，国民党武装部队共500多人分两路从曾田、船塘来袭，妄图围剿在上莞常美堃背开会的中共九连工委和驻上莞的主力部队。为粉碎敌人的"围剿"企图，我军派出李汉杰为队长的飞虎三队在下寨村积龙径驻守，在禄乡桥哨所观察敌情并及时上报驻扎常美堃背的中共九连工委，并对从船塘过来的国民党军进行阻击，掩护中共九连工委及主力部队撤离。作为飞虎三队的一名游击队员，当从船塘来袭的国民党军途经禄乡桥时，曾黄苟跟战友一起对敌人展开了猛烈阻击。由于敌强我弱，游击队边打边撤离，曾黄苟为掩护战友撤离，在大队其他同志安全撤退至山顶后，他在撤退至半山时中枪摔下山崖英勇牺牲。李汉杰队长带着其他队员安全撤离到常美堃背狮头山与九连地区主力部队会合后，躲开国民党军的围剿，安排人秘密到积龙径通知家属去找尸体。曾黄苟的堂兄弟等几个人偷偷地去山脚下找到尸体抬回来安葬。

陈移礼烈士事迹 ^①

陈志威

陈移礼（1916—1947），男，上莞镇太阳村司马第人，在家中兄弟姊妹 7 人中排行第三。陈移礼身材魁梧高大，喜欢为弱小者打抱不平。

陈移礼为谋求生计，打小就外出创业，在创业中接触了中国共产党组织，并于 1930 年参加革命，年仅 14 岁，曾跟随开国少将曾生辗转于香港、盐田、坝江、三洲田等地，在年少的革命历程中接触了许多革命志士，对其以后的生涯以及思想产生了巨大的影响。

1946 年中共地下党组织派黄日队长率队到上莞组建革命武装队伍，陈移礼同志毅然告别家人参加了游击队（后编入东江纵队第二支队）。当时人们因担心革命战争非死即伤，都劝他不要去，他坚定地回答道："你也不去，他也不去，那么国家到底何时才能安宁？"如此的正义感贯穿了他的整个军旅生涯。

他跟随部队在上莞、埔前、骆湖、曾田等地参加战斗，在战斗时作战英勇，身先士卒，同时积累了丰富的作战经验，得到了上级领导的

---

① 陈移礼：革命烈士纪念碑、族谱都记录为陈以礼。本文为陈志威于 2023 年 7 月根据陈移礼女儿陈道匀、孙子陈群晖陈述整理。

赞赏与认可，遂被提拔为队长。

1947 年在黄日领导下的陈移礼率队在曾田雷公坑与国民党军开展攻坚战。此次攻坚作战异常艰难，国民党军占据有利地形于高处对我军展开攻击，我军对碉楼反复进行进攻，均未奏效。陈移礼为尽快完成组织委任的任务，主动请缨组建敢死队对敌碉楼进行冲锋，在冲锋时身中榴弹流血不止。在战斗胜利结束后，战友发现陈移礼昏迷在血泊之中，遂火速将其转运至后方。在转运途中，陈移礼苏醒了过来并预感到自己快不行了，他紧握着黄日队长的手并说道："我家有老有小，如果可以，还请组织能够照顾我的家人。"

因当时上莞处于国民党的统治之下，组织只能将陈移礼的遗体偷运回其家乡进行秘密埋葬，族内兄弟受陈移礼大无畏的正义精神影响，前仆后继地投身于革命事业当中。

新中国成立后，陈移礼被国务院追授为革命烈士，中央曾邀请陈移礼的家人前去北京参加典礼。

陈移礼的牺牲是为了国家和人民的利益，他的无私奉献精神将永远被铭记。他的后人为他的英勇事迹感到骄傲，并继承了他的精神力量继续投身于国防事业中。回顾他的生平，我们深深敬仰他的勇气和正义感，他的奉献精神将激励我们继续为国家的繁荣与和平努力奋斗。

陈启坤烈士事迹 ①

陈志威

★

　　陈启坤（1918—1947），男，上莞镇黄龙岗村人，曾就读上莞君陈小学。当时君陈小学有地下党组织成员以教师身份为掩护开展革命工作，陈启坤也深受革命精神熏陶，接受了共产主义思想教育，立志要为革命事业而奋斗，于是参军入伍，成为一名东江纵队战士。陈启坤入伍前表现突出，于1946年加入飞虎一队，成为其中一员，1947年该队由陈国汉任队长。因当时我军与国民党军经常发生激烈战斗，陈启坤与其他战士秘密执行组织任务，在本村围内楼背活动时，被突然出现的国民党军（小队）搜查，陈启坤因来不及隐藏自身携带的装备，只把身上的左轮手枪藏了起来，在被搜身过程中被搜出了手枪弹匣带，导致被国民党军捕获。国民党军（小队）对陈启坤进行严刑拷打，企图从他口中审出枪支及游击队的线索，陈启坤宁死不屈，誓死与国民党军斗争反抗到底，始终未透露一点组织的秘密。当时这支国民党军计划将陈启坤带回曾田驻地邀功，在转移的路途上，陈启坤识破国民党军的想法，觉得反正到曾田也是死，加之陈启坤怕游击队为营救自己白白牺牲，因此不断反抗谩骂，义正辞严痛斥国民党反动派，最终这批国民党军认为在陈启坤身上得不到任何有用的信息线索，于是在和尚坳枪杀了陈启坤，陈启坤临死前说出"死在上莞，骨也留在上莞"，牺牲时年仅29岁。

---

① 陈志威于2023年6月根据陈冠明、陈裕华、陈集强口述整理。

东纵边纵上莞组老战士（离休干部）①

姓名	性别	籍贯	出生时间	参队时间	从何单位离休
陈速影	男	河源上莞	1929 年 11 月	1948 年 12 月	东源县地税局
李一秋	男	河源上莞	1932 年 9 月	1948 年 10 月	河源市郊区民政局
陈德友	男	河源上莞	1926 年 12 月	1946 年 8 月	河源县畜牧水产局
陈罗锦	男	河源上莞	1927 年 11 月	1947 年 4 月	河源县农机公司
李家果	男	河源上莞	1933 年 4 月	1948 年 6 月	河源县矿厂
陈仕中	女	河源上莞	1928 年 3 月	1947 年	上莞镇政府
陈贤史	男	河源上莞	1929 年 10 月	1947 年 2 月	河源县松香厂
陈友三	男	河源上莞	1928 年 1 月	1947 年 10 月	上莞镇政府
李 开	男	河源上莞	1928 年 12 月	1948 年 1 月	河源县教育局
陈文菌	男	河源上莞	1929 年 9 月	1949 年 5 月	河源县商业局
邓 日	男	河源上莞	1927 年 10 月	1948 年 8 月	河源县供销社
陈 锋	男	河源上莞	1928 年 3 月	1946 年 8 月	上莞镇
罗碧源	男	河源上莞	1928 年 5 月	1948 年 1 月	新丰江林管局
罗明波	男	河源上莞	1931 年 8 月	1947 年 2 月	河源县教育局
陈桂林	男	河源上莞	1925 年 8 月	1947 年 12 月	漳溪供销社
陈作荣	男	河源上莞	1927 年 5 月	1948 年 5 月	河源县粮食局
陈世豪	男	河源上莞	1930 年 7 月	1947 年 12 月	上莞食品站
陈苟妹	男	河源上莞	1929 年 3 月	1947 年 10 月	河源县公安局

---

① 本名单由河源市区两纵老战士联谊会提供，有删改。

姓名	性别	籍贯	出生时间	参队时间	从何单位离休
李育青	男	河源上莞	1931 年 5 月	1948 年 9 月	河源县委农业办公室
陈 伦	男	河源上莞	1935 年 8 月	1947 年 3 月	上莞水泥厂
陈集凤	男	河源上莞	1924 年 9 月	1946 年 2 月	上莞小学
欧阳忠	男	河源上莞	1926 年	1949 年 7 月	上莞镇
叶时青	男	河源上莞	1920 年 6 月	1947 年 12 月	农机厂
李广秋	男	河源上莞	1926 年 1 月	1947 年 5 月	船塘商业站

第五章

红史人物

武装部队序列（部分）①
（按时间顺序）

———————————— ✦ ————————————

一、广东人民解放军粤赣边支队（1948 年 8 月— 1948 年 12 月，武装斗争大发展时期）

司令员：钟俊贤

政委：魏南金　　　　　　　　副司令员：郑群

参谋长：曾志云　　　　　　　政治部主任：黄中强

第三团

团长：曾志云（兼）

政委：郑群（兼）　　　　　　参谋处主任：陈 苏

第四团

团长：王彪

政委：张华基　　　　　　　　副团长：张惠民

政治处主任：张日和

第六团

团长：林镜秋

———————————————

① 摘自《革命老区上莞》。

政委：骆维强

政治处主任：林镜秋（兼）   政治处副主任：李群

第七团

团长：魏麟基（未到任）

副团长：黄日

政委：李辉   政治处主任：郑风

直属（独立）第一大队

大队长兼政委：魏洪涛

直属（独立）第二大队

大队长兼政委：黄锐

副大队长：黄克强   教导员：张其初

直属（独立）第三大队

大队长：骆骁   政委：魏洪涛

直属第五大队（江防大队）

大队长兼政委：邹建

教导员：陈健

二、中国人民解放军粤赣湘边纵队（部分）（1949年1月—1949年6月，全区解放时期）

司令员兼政委：尹林平

副司令员：黄松坚

副政委：梁威林

参谋长：严尚民　　　　　　　　政治部主任：左洪涛

东江第二支队（部分）

司令员：郑群

政委：钟俊贤

参谋长：曾志云　　　　　　　　政治部主任：黄中强

第二团（原新丰江北人民自卫总队一部，编入东二支队领导）

团长：龙景山

政委：卓扬

副团长：郑大东　　　　　　　　政治处主任：李锋

第三团

团长：曾志云（兼）

政委：郑群（兼）

参谋长：陈苏　　　　　　　　　政治处主任：章平

第四团

团长：王彪

政委：张华基

副团长：张惠民　　　　　　　　政治处主任：张日和

第六团

团长兼政委：林镜秋

政治处主任：林镜秋（兼）　　　政治处副主任：李群

第七团

团长：魏洪涛（代）

政委：李辉

副团长：黄日　　　　　　　　副政委兼政治处主任：郑风

直属（独立）第一大队

大队长兼政委：魏洪涛　郑忠（代）

直属（独立）第二大队

大队长兼政委：黄锐（黄仕标）

教导员：张其初　　　　　　　副大队长：黄克强

直属（独立）第三大队

大队长兼政委：骆骁

直属（独立）第五大队（江防大队）

大队长兼政委：邹建

教导员：陈健

三、中国人民解放军粤赣湘边纵队（1949 年 7 月—1949 年 12 月）

司令员兼政委：尹林平

副司令员：黄松坚

副政委：梁威林

参谋长：严尚民　　　　　　　政治部主任：左洪涛　魏南金（代）

东江第二支队（后期整编）

司令员兼政委：钟俊贤

参谋长：林镜秋　　　　　　　政治部主任：张华基

第二团

团长：黄锐

政委：刘波（刘斐成）

参谋长：黄锐（兼）　　　　　政治处主任：何奇

新一团（后组建）

团长：张惠民

政委：张日和（未到任）　黄锐

政治处主任：李思奇　　　　　政治处副主任：何奇

第三团

团长兼政委：魏麟基（未正式任职，后为张日和）　张日和

副团长：张鼎汉

政治处主任：邓其玉

第四团

团长：邹建

政委：李辉

第五团

团长兼政委：邓基

政治处主任：刘奋飞

第六团

团长兼政委：林镜秋

政治处主任：徐梓材

中共后东特委书记梁威林①

欧阳诚

梁威林

梁威林（1911—2008），原名梁泽晋，广西博白县人。1935年留学日本，其间参加革命工作，1936年4月入党，曾任上海文化工作委员会东京支部宣传部长。1937年4月回国参加抗日救亡运动，任上海青年救国团副团长。1937年11月后，历任中共广州市文化工作委员会宣传部部长，中共北江区委书记，中共西江特委宣传部部长、副特派员，中共东江后东特委书记、特派员，东江人民抗日武装自卫总

---

① 根据《东江纵队志》整理。

1949 年 6 月，梁威林（前中）与五华县委军管会负责人张日和（前左）、魏麟基（前右）、李明宗（后左）、郭汉邦（后中）、邓其玉（后右）合影

队政治委员，中共广东区党委委员。1949 年 1 月任粤赣湘边纵队副政委，1949 年冬起历任中共东江地委书记、广东省教育厅厅长、新华社香港分社社长、广东省人民政府副省长、广东省政协主席。

中共九连工委书记严尚民 ①

严尚民

严尚民（1915—1997），乳名洪冬，又名陈虹、公曼、严霜。广东惠阳澳头乡沙田下村人。

1935 年毕业于广州南海中学高中部；1936 年自费东渡留学于日本，后因发表反日文章被日本驱逐出境。1937 年 8 月，在香港加入中国共产党，介绍人叶锋。抗日战争时期曾任香港惠阳青年回乡救亡工作团团长，惠阳县第二区

① 内容节选自《怀念严尚民》，广东人民出版社出版，标题为编者所拟。

（淡水，民主政权）区长；粤中区吴勤、林锵云领导的广州抗日游击队第二支队政训室主任、秘书；番禺中心县委（相当于地委）委员；中共南（海）番（禺）中（山）顺（德）游击部队党委书记；广东人民解放军（粤中）政治部组织科长，高（明）鹤（山）地区军事督导员，统管二团、三团和独立营的军事工作。抗日战争胜利后任香港《华商报》、《正报》（中共在香港主持的报纸）党支部书记。1947年3月任中共九连工委书记，从香港直达河东能溪乡儒步村主持召开中共九连工委第一次扩大会议。1947—1949年间，与魏南金、钟俊贤、郑群等同志指挥震撼东江上游的"五战五捷"。

粤赣边支队司令员钟俊贤 ①

钟俊贤（1919—1994），出生于广东省五华县一个农民家庭。1939年2月加入中国共产党。在抗战期间，他历任党支部委员、党支部书记、区委书记、县委宣传部部长、组织部部长、中共东江后方特别委员会组织干事、特委副特派员等职。

解放战争时期任中共九连工委委员、河东分工委书记、中共九连地委书记、中国人民解

钟俊贤

---

① 摘自广东省冶金工业厅有关资料。

放军粤赣边支队司令员、政委，粤赣湘边纵队东二支队政委，1949年11月调惠州地委工作。

新中国成立后任东江地委副书记、土改分团团长、粤北区党委城市工作部部长、广东省冶金工业厅副厅长。1958年后，由于受极左路线的冲击，被下放农业社当社员、副社长、机关炼铁团副团长。1959年底，任凡口铅锌矿副矿长、矿长，韶关矿务局局长。"文革"开始后，又被下放至凡口铅锌矿当维修工，1973年7月起任矿革委会副主任、主任，韶关冶炼厂革委会主任，广东省冶金工业厅副厅长，广东省第五届政协委员等职。

东二支队司令员郑群 ①

郑群

郑群（1921—2021），广东省五华县人。

1938年12月加入中国共产党，广东省政协原副主席，中共广东省委统战部原部长，第六届全国政协委员。

1938年12月参加革命工作。1938—1945年，任五华县二中抗日前卫队队长、五华县第二区区委宣传委员、横陂区区委书记、良田区区工委书记、和平县委宣传部部长、紫金县委

---

① 资料来源：《广东年鉴2022》，中共广东省委统战部提供。

特派员。1945—1946 年，任东江后方特委武装干事、武工队政委、特
委委员、武装部部长、武工总队总队长。1946—1947 年，任华东军政
大学第五大队第五队教导员、支部书记。1947—1950 年，任中共九连
工委委员，中国人民解放军粤赣湘边纵队东江第二支队副司令员、司令
员，第四支队政治委员。1950—1983 年，任顺德县县长、县委第二书
记，粤中区委农村部副部长，佛山地委兼南海县委第一书记，惠阳地委
副书记，韶关地委副书记兼龙川、清远县委第一书记，省林业厅厅长兼
党组书记，惠阳地委第一书记。1983—1995 年，任广东省政协副主席，
广东省委统战部部长，省社会主义学院院长、党组书记。1995 年 7 月
离休，兼任广东中华民族凝聚力研究会会长。2004 年 1 月起，享受省
长级医疗待遇。2021 年 1 月 5 日，因病医治无效，在广州逝世，享年
100 岁。

中共后东特委宣传部部长黄中强 ①

★

黄中强（1922—1987），河源县（今东源县）黄村镇永新村人，
1939 年加入中国共产党，是东江九连游击区群众运动和武装斗争领导
人之一。

1939 年起，黄中强先后任中共五华一中总支组织委员，班支部书
记，东江华侨服务团连队党支部宣传委员，河源县蓝溪区委书记、县委

① 节选自《红色火种》2005 年版，中共东源县委党史研究室资料。

黄中强（后右）与梁威林（前左）、
郑群（前右）、钟俊贤（后左）、
卓扬（后中）合影

宣传部部长、县委书记，和东县特派员（曾兼任和西县特派员），中共后东特委宣传部部长兼《星火报》社社长。

1946年6月，随东江纵队北撤山东烟台，先后任政治部组织科组织股长、华东军政大学干部大队后东组（整风学习）组长，南返广东第三组（船）组长、中共九连地委常委、粤赣边支队政治部主任、《粤赣报》报社社长。1947年5月，任中共河东分工委常委（宣传）。1947年12月，任中共黄村工委书记。1948年，任河源县人民政府县长。1949年，任东江行政委员会委员、东江第二行政督导处主任、东江第二行政区支前司令部副司令员、东江公学副校长。

新中国成立后，先后任东江地委政策研究室主任，广东省三县土改试点工作团龙川分团副团长，惠阳县土改委员会副主任，东江地委委员兼惠阳县委第一书记，华南分局农村部办公室副主任、主任，广东省委农村部办公室主任，广东省人委农办副主任，广东省人委副秘书长兼党组成员，广东省农办副主任（其间曾临时下放任韶关地委副书记兼和平县委第一书记），梅县地委副书记兼专员，广东省农业局革委会副主任兼党组副书记，广东省农业科学院革委会主任（院长）兼党组书记，广东省科委副主任兼党组副书记，广东省科协副主席兼党组书记，广东省第六届、第七届人民代表大会常务委员，广东省人大常委会科教文卫委员会副主任。

东二支队四团团长王彪 ①

王彪

王彪（1923—2000），原名王士光，出生于广东省东莞县（现东莞市）厚街镇西门坊村一个贫穷小学教员家庭。1937年6月参加革命活动，1940年8月入伍，同年10月加入中国共产党，1982年8月离休（正军职）。

抗日战争爆发前，学生时代的王彪同志受进步教师及亲友的教育和影响，积极投身党组织的读书会、抗日救亡会。1938年，他离开学校参加了中国共产党领导的东宝前线工作队，投入反对日本帝国主义侵略的救亡宣传活动中。

抗日战争时期，王彪同志是广东敌后抗日大同盟成员、抗日先锋队队员，并先后任广东人民抗日游击队班长、政治服务员，广东人民抗日游击队第三大队指导员，东江纵队三支队一大队政治委员等职务，英勇战斗在东莞、宝安、惠阳、博罗等地。整个抗日战争时期，长期在广东人民抗日游击队和东江纵队主力部队工作。

解放战争时期，王彪同志历任九连地区工委副书记兼九连游击大队大队长、粤赣湘边纵队东江第二支队第四团团长、边纵独立第六团团长等职。1946年，东江纵队主力北撤山东，王彪同志奉命留下隐蔽坚持斗争，广泛发动群众进行反"三征"、反"清乡"等斗争，建立和扩

---

① 节选自《怀念王彪同志》。

大九连游击区，将部队从东纵北撤时留下的几十人发展到1000多人，成为粤赣湘边纵队的主力部队。

1947年5月任中共河东分工委常委（军事），1947年至1949年期间，他率部进行了龙川县"四甲""坪田"、五华县"锡坪"、河源县"大人岭"等战斗，对迫使国民党保十三团起义，解放九连地区起了重要的作用。随后，他率部配合南下解放大军入粤作战，1949年10月，参加广东战役，在罗浮山地区配合两广纵队和十五兵团部队，围歼了国民党一五四师，后随南路军行动解放广州。

新中国成立后，王彪同志先后担任广州市公安局公安总队副总队长，公安十九师一团团长，广州市公安总队第一团团长，公安总队副参谋长，中南军区公安军内卫处处长，公安军高级干部学校训练部副部长，人民武装警察部队学院训练部副部长、部长，中国人民公安部队学院训练部部长，第二炮兵三零五工程指挥部负责人，湖南省军区副参谋长，广东省军区顾问等职。

王彪同志于1955年被授予中校军衔，1962年晋升为上校军衔，获中央军委颁发的三级独立自由勋章、三级解放勋章和独立功勋荣誉章。

东二支队四团政委张华基 ①

陈仰天

张华基

张华基（1912—2007），出生在紫五龙河边区七目嶂的一个小山村，是东江地区"三八式"老党员 ② 之一。为求出路，在家庭经济拮据的情况下，读过中学（崇伊中学第一届毕业生）、师范和农业学校，一心以科学技术服务于祖国，但时代变革、斗争风云催他走上了革命征途。

各个革命历史时期，在共产党的领导下，张华基同志先后参加过学潮、抗先队，从地方党到抗日前线，继而又参加东纵北撤，从南到北，艰苦卓绝，一往无前。在胶东解放区，他进过华东军政大学和中共华东区党校国统区学习训练。返粤后，他在九连地区参与组织革命部队，身兼紫五龙河边区党、政多职，立足河东，领导军民开展武装斗争；同时与他的战友王彪、张日和一起，率领粤赣边支队四团（团长王彪、政委张华基、副团长张惠民、政治处主任张日和，后整编为中国人民解放军粤赣湘边纵队东江第二支队四团），转战紫五龙河和东江上游两岸，配合兄弟部队追歼顽敌，横扫国民党反动派赖以生存的乡村政权，直至华南、

---

① 摘自《红色火种》2005 年版，中共东源县委党史研究室资料，标题有改动。
② "三八式"老党员是对一九三八年以前加入党组织的党员的尊称。

全国解放。

在新中国建设的日子里，他又马不停蹄地以满腔革命热忱投入土地改革、抗美援朝和合作化、公社化生产建设。先后任惠阳县委书记，东江地委政策研究室主任兼专署土改办公室主任，粤东区党委委员，农村工作部副部长、农业处长以及惠阳地委常委、专署副专员、党组书记。

1980年，张华基同志改任广东省农业科学研究院副院长。1984年为建立农业研究开放改革窗口，张华基同志接受省委派遣到深圳建设现代化农业科研中心。1986年1月，经组织批准光荣离休。离休后担任省老区建设促进会副理事长，河源、惠州两市的东纵、边纵老战士联谊会，紫金县离退休干部联谊会顾问，广东省《科技导报》《科技导报文摘杂志》顾问，还担任崇伊中学、河源中学和梅州农业学校校友会的名誉会长等诸多社会职务。他经常参与社会公益活动，热心支持老区建设，撰写地方党史和文史资料。

东二支队四团政治处主任张日和 ①

张日和（1921—2019），五华大田镇福兴村人。1940年，在五华一中参加中国共产党。1945年，任中共五华县委书记，10月任中共河源县临时工委委员。1947年5月，任中共河东分工委常委，9月离任。1947年，在紫五龙河边区参加武装斗争，先后任粤赣湘边纵队东江第二支队四团政治处主任，新编第一团政治委员。1949年5月，五华全县解放，任中共五华县委书记。

1950年以后，离开五华，先后在中共东江地委、粤中区党委、中共佛山地委工作。1975年，调任海南区党委第一副书记、第二书记兼海南黎族苗族自治州州委书记。1983年，任中共广东省整党领导小组办公室主任。1987年，任全国政协第七届委员会委员。1992年11月离休。

张日和

张日和（右二）和战友在一起

---

① 内容节选自《烽火征程十二年》，花城出版社2001年版，标题为编者所拟。

飞龙队政治教导员程光 ①

邓书星

程光

程光（1921—2008），河源县黄村镇下漆村寨子下村人。1934年，在崇伊中学读书，参加读书会，从小接受进步思想的熏陶，很早就走上革命道路。

1938年11月，参加黄村和崇伊中学抗日先锋队。1939年1月，在抗日先锋队东江区队办事处工作，同年4月加入中国共产党。1939年8月，任老隆师范学校党支部书记。1941年9月后，先后任河源县曾田区中心党支部书记、中共上莞区委特派员。

1944年8月，黄中强、程光等到大鹏半岛参加省委举办的中共后东特委整风学习班，接受了恢复党组织活动和开展抗日武装斗争两大任务。学习结束后，根据组织的安排，回到黄村传达整风精神和省委指示，组织武装队伍，找到程世湖（李良）、邱石金（邱振光）、戴华、李展等4人，组建起黄村第一个武装小组，程光担任负责人。

1945年1月，武装小组扩建为武工队（又叫锄奸队），动员共产党员和进步青年李作新（李振华）、黄平、丘启文、张荣华、张林、张潭、张伯友、张伟、张世日、张超群、程贵、程炳坤、李松、刘冠、刘

声、刘定中、梁胜、刘光、刘铭才、刘滋尧、叶波浪等 30 多人参加，程光任队长，在当地掀起抗日救国运动。

1945 年 3 月，武工队发展到 70 多人，在紫金中心坝成立飞龙大队，魏刚任大队长，程光任政治教导员。1945 年 6 月，中共后东特委将飞龙大队、紫五大队和古竹紫河抗日自卫大队共 300 多人统一整编成东江人民抗日武装总队，郑群任总队长，梁威林任政委，程光带领一个支队在黄村地区活动。

在我党东江人民抗日武装总队的直接领导下，程光指挥飞龙队继续开展系列对敌斗争。1946 年 6 月，程光和黄中强、郑群等党政领导人根据中央指示随东江纵队北撤山东，后进入华东军政大学学习。1947 年 4 月，任三野司令部作战参谋。1947 年 7 月，任三野六纵队十八师队副科长。1948 年 4 月，任江苏省镇江军营部秘书科科长。1948 年 7 月，任南京市产业工会组织部部长。

1949 年 11 月，任广西省人民政府警卫团副团长。1950 年 3 月，任广西省公安教导大队大队长、文化速成学校校长。1953 年，任中南军区公安部司令部国防工程建设指挥部筹备处主任。1954 年 6 月，任守备二十四师兼合浦军分区副参谋长、参谋长。1959 年 1 月，任湛江军分区参谋长。1964 年 7 月，任新中国造船厂党委书记。1971 年 5 月，任广东省工交办保卫处处长兼武装部部长。1974 年，任广东省国防工办造船处处长。1975 年 12 月，任中央六机部船舶工业公司总经理。

程光同志于 1986 年 6 月享受厅级待遇离休。1996 年组织发动乡贤捐款献爱心，在崇中"全面改薄"工程中兴建松森楼、广隆楼，并担任崇伊中学名誉校长、崇伊中学教育促进会名誉会长等社会职务。

江防大队大队长邹建 ①

<hr/>

⭐

邹建（1920—1989），又名邹瑞祥，出生于河源县（今东源县）叶潭镇车田村的一个贫苦农民家庭。1939 年 2 月，参加抗日先锋队组织。同年 4 月，经刘瑞廷介绍加入中国共产党。

在抗日战争期间，历任党支部委员、党支部书记、区委组织委员、中共后东特委机关报《星火报》编辑、东江纵队第六支队政治指导员、韩江纵队南山支队指导员。

解放战争时期，任东江人民抗征队政委、江防大队大队长兼政委、广东人民解放军粤赣边支队直属（独立）第五大队大队长兼政委。1947年春，任河东区特派员。1947 年 5 月，任中共河东分工委委员兼叶潭区分工委书记。1949 年 7 月，在粤赣湘边纵队东江第二支队重新整编后任第四团团长。

新中国成立后，先后任中共河源县委副书记兼副县长、县长、广东土改团第一大队大队长。1953 年 5 月，调任汕头市财委计划科科长、第二办公室主任。随后又任广东省森工局办公室主任、广东省林业厅生产处副处长、海南行署林业处处长、海南行政区农业局第一副局长、海南行政区林业局党委书记兼所长。

<hr/>

① 摘自《东源县党史资料汇编》第二辑，刘育芬供稿，标题为编者所拟，略有改动。

上莞籍部分离休老同志简介

一、陈速影同志

陈速影（1929—2022），上莞镇新轮村（成功寨村）人。1942年至1945年7月，在上莞君陈小学读书，随后入读省立南雄中学（抗战时迁入上莞）、惠州中学（抗战时迁入蓝口）。1948年，参加革命工作，在河源县人民政府宣传教育工作队任队员。1949年6月，任县府警卫排（连）文化教员。1950年12月，转入地方工作，任乡镇土改工作队资料员、工作组组长。1951年10月后，在税务部门工作。1986年离休。曾担任河源市区两纵老战士联谊会副会长。

二、李开同志

李开，上莞李屋楼人，1928年12月出生，1949年5月加入中国共产党。1948年1月至1949年12月，先后在上莞武工队、上莞中心小学、县府群运队工作。1950年1月起，先后任上莞中心小学校长、灯塔中心小学校长、县府文教科科员、平远县劳动大学副校长、兴宁县永和中学副校长、河源县委宣传部干事、县教育局副局长。1991年11月离休，享受副处级干部待遇。

三、陈德友同志

陈德友，河源上莞人，1926年12月出生，1949年3月加入中国共产党。1947年3月至1951年3月，先后在上莞群运队、蓝口宣传队、上莞供销合作社、上莞乡人民政府工作。1951年4月至1958年4月，在河源县兵役局任武装助理。1958年5月至1961年9月，在河源县有色金属管理站任副站长。1961年10月起，先后任河源县商业局副股长、河源县食品公司革委会副主任、河源县红星水电站革委会主任、河源县财政局副局长、河源县工商管理局副局长、河源县畜牧水产局副局长、河源市郊区畜牧水产局调研员。1990年1月离休，享受副处级干部待遇。

四、李一秋同志

李一秋，上莞李屋楼人，1932年9月出生，1971年3月加入中国共产党。1949年7月至1963年7月，在河源县民政局工作。1992年10月离休，享受正科级干部待遇。

五、陈锋同志

陈锋，河源上莞人，1928年3月出生，1947年2月参加工作。1946年8月，参加东江游击队，直至1950年1月。1950年2月至1962年5月，在上莞区府任文书。1962年6月至1984年1月，在家。1984年2月复职，在上莞镇离休。2011年7月起，享受正科级干部待遇。

六、李育青同志

李育青，上莞李屋楼人，1931年5月出生，1980年9月加入中国共产党。1948年9月至1950年10月，在村小学教书。1950年11月至1958年11月，先后在南湖土改队、蓝口发证、蓝口团工委、义合团工委、灯塔团工委工作。1958年12月至1960年1月，在灯塔办公室工作。1960年2月至1961年1月，在县农村工作部工作。1961年2月至1963年2月，在县委办公室工作，1963年3月至1994年2月，在县委农业办公室工作。1994年3月离休。1995年1月起，享受正科级干部待遇。

七、陈罗锦同志

陈罗锦，河源上莞人，1927年11月出生，1950年4月加入中国共产党。1947年4月至1954年11月在中国人民解放军公安部队广州公安总队服役，1954年12月至1968年10月，先后在河源县国药、糖果公司、国营大平林场、县统战部、县供销合作社工作，1968年11月至1979年3月先后在广东省东江工程建设指挥部、县农机服务站工作，1979年4月至1982年8月在河源县农机公司工作，1982年9月离休。2011年7月起，享受正科级干部待遇。

八、陈贤史同志

陈贤史，河源上莞人，1929年10月出生，1955年10月加入中国共产党。1947年2月至1949年5月，参加中共地下党组织活动，为飞虎二中队交通站送情报，任班长。1949年5月至1950年1月，参加河西区征收、卖粮工作，任组长。1950年1月至1953年5月，任新农村青年工作团团支部书记。1953年5月至1955年7月，任上莞小乡乡长。1955年7月至1958年1月，调至上莞七区供销社工作，负责农村产品收购。1958 年 1 月至 1960 年 12 月，在吊线工业办化工厂工作，任人事部干部。1960 年 12 月至 1985 年 12 月，在河源县松香厂工作，任主任。1986 年 1 月离休。2011 年 7 月，享受正科级干部待遇。

九、陈桂林同志

陈桂林，河源上莞人，1925 年 8 月出生，1948 年 2 月加入中国共产党。1947 年 12 月至 1982 年 3 月，先后参加九连山军政干部班，在河西区任组织干事，在义合、漳溪等供销社工作。1982 年 4 月离休。1980 年 2 月，享受正科级干部待遇。

十、陈世豪同志

陈世豪，河源上莞人，1930 年 7 月出生，1975 年 8 月加入中国共产党。1947 年 12 月参加革命，在广州市公安总队服役至 1956 年 3 月。1956 年 4 月至 1984 年 12 月，先后在船塘粮所、上莞食品站工作。1985 年 1 月离休。2011 年 7 月，享受正科级干部待遇。

十一、陈作荣同志

陈作荣，男，上莞新轮村人，1927 年 5 月出生，1957 年 10 月加入中国共产党。1948 年 5 月，参加游击队，先后任河源县警卫连战士、公安局调查员、粮食公司武装班战士至 1954 年 1 月。1954 年 2 月至 1988 年 2 月，在东源县粮食局丰贸公司任经理。1988 年 3 月离休，享受正科级干部待遇。

十二、李广秋同志

李广秋，男，上莞李屋楼人，1926年1月出生。1947年5月至1956年11月，先后在上莞游击队，蓝口、灯塔、船塘土改队，县贸易公司工作。1956年12月至1959年4月，先后在上莞七区食品购销组、上莞供销合作社、县食品公司工作。1959年5月至1966年12月，先后在黄村公社、县农业机械局、县食品公司、灯塔食品站、惠阳四清工作队工作。1967年1月至1985年12月，先后在灯塔食品站、仙塘食品站、船塘商业站工作。1986年1月离休，享受科员待遇。

十三、陈伦同志

陈伦，男，河源上莞人，1935年8月出生，1995年11月离休，享受科员待遇。

十四、陈桂芬同志 ①

陈桂芬（1929—1983），男，上莞镇百坝村应和室（百坝农会旧址）人，1943年8月参加革命，年仅14岁。陈桂芬入伍后表现突出，被当时东江纵队的黄锐团长看中，当了他的警卫员，多次受到黄锐团长表扬。1946年，我军与国民党部队在义都因征税发生激烈战斗，陈

陈桂芬

---

① 陈海生于2023年3月根据陈金兰、陈娘炳、陈秀青口述整理。

桂芬奋不顾身地用脚将敌军向我军扔过来的炸弹踢回对方阵地，使我军免受炸弹伤害，他也因此立了战功。陈桂芬曾参加过常美堂背战役。

因其年纪小，在执行任务时更加有利于瞒过敌军，所以经常要去完成一些比较特殊的任务。曾与黎军生同志一起，在义都桥战斗中击毙国民党高级军官。陈桂芬所属部队一直在龙川、和平、惠州、广州、深圳等地和敌军交战，陈桂芬后升为连级干部。

转业后在河源县兵役局工作。

十五、陈月荣同志

陈月荣，1930 年 8 月出生，中共党员，东源县上莞镇李白村人。1947 年，加入东江游击队，历任三团黄日团长警卫员，多次参加解放河源战役。

十六、刘刚同志

刘刚，又名刘裕光，1931 年 11 月 27 日出生于东源县上莞镇苏杨村杨坑下瑶前屋。父亲刘文发（佩浓公），生母陈氏，继母张氏，共生三子二女，刘刚排行老大。

刘刚幼时便勤奋好学，父亲佩浓公是村里的私塾老师，也是粤赣边支队上莞杨坑地下交通站站长，他先跟父亲在自家私塾读书，后到上莞镇新民村君陈小学读至六年级毕业。1946 年，年仅 15 岁的他便在中共九连工委开始参加革命工作。1947 年初，他参加了中共九连工委举办的第二期青干班的学习。

1948 年初，任地下交通站通信员、站长，跟随刘太阳参加桂林凹战斗，后跟随部队辗转在河源、和平、连平、紫金及龙川一带参加了多次战役。其间，刘刚在参与作战之余，还学习了刻印蜡板，负责粤赣边支队的内部报刊《粤赣报》的印刷和发行工作。

1949 年初，刘刚随粤赣湘边纵队在龙川老隆至和平东水等区域活动。解放老隆后，刘刚随部队配合南下的中国人民解放军第十五兵团，在河源、惠州、东莞等地战斗。

新中国成立后，刘刚先后在中共华南分局机关秘书处、省委办公厅担任秘书、副科长、科长等职务。1957 年，广东省邮电管理局成立后，他便开始任机要通信局科长。1963 年，他从广州的省邮电管理局到惠阳地区邮电管理局任职，先后在邮电管理局、科技局等部门担任机要通信科科长、人事教育科科长等职务。1992 年，享受正处级干部待遇离休。

十七、陈黄石同志 ①

陈黄石，男，1917 年 5 月出生，上莞新轮村人，1946 年参加游击队。

1947 年秋，国民党反动派妄图消灭上莞的革命武装队伍，得知陈黄石经常在船塘、漳溪、骆湖、上莞等地走村入户宣传革命，鼓励、动员有志青年参加革命，便扬言要拔掉陈黄石这个"眼中钉、肉中刺"。1947 年 8 月 3 日早上，100 多名国民党军进犯新轮村，直奔陈黄石家实施抓捕，幸好陈黄石早有防备，机

陈黄石（前排）与儿子陈国新（左二）、陈国中（左三），儿媳马琼英（左一）的合影

---

① 作者陈国象，刊载于 2007 年 6 月 20 日《河源日报》。

智地躲过了敌人的搜捕。扑了空的国民党连长十分恼怒，竟然放火将陈黄石租住的两间矮小泥砖瓦房烧毁。白天没有抓到人，丧心病狂的国民党兵，趁天黑再次进村搜捕，把 13 户人家 22 个村民全部抓走，其中最老的 70 多岁，最小的不足 6 岁。所幸在村民群众的机智掩护下，陈黄石母亲、妻子和年幼的儿子得以在虎口中逃脱，没有成为敌人诱捕陈黄石的人质。

1949 年 1 月 11 日午夜，大人岭战斗刚结束，东二支队七团武工队长李九接到命令，要将战斗牺牲的烈士遗体运回上莞。李九带领战友立即行动，在当地村民的帮助下，砍树砍竹捆扎好 8 副担架。中午时分，当他们将烈士遗体抬运到白礤后，李九又接到部队安排的其他任务，转运烈士遗体的任务就落在了正在当地为部队负责筹粮筹款的陈黄石身上。陈黄石毫不退缩，勇担重任。白礤到上莞还有 30 多公里，当时正值严冬，天寒地冻，陈黄石他们抬着担架翻山越岭，走的都是高山密林间崎岖的羊肠小道，在弯曲的山路上艰难行进，最终，陈黄石他们克服重重困难，顺利将 8 位烈士遗体安全运回上莞，事后受到了部队首长的表扬。

1949 年广州解放后，陈黄石回到河源工作。

第六章

红村故事

中共九连地委旧址展陈资料

中共东源县委党史研究室

★

一、中共九连地委及粤赣边支队司令部旧址背景

中共九连地委及粤赣边支队司令部旧址——上莞镇新南村六角楼，建于清宣统二年（1910年），名为善继堂，为客家方形围屋，坐北向南，占地面积2300多平方米。围屋由陈湛波、陈心泉、陈淑明、陈庆初四兄弟所建，筑有六座角楼（碉楼），高三层，每层外墙均设瞭望孔、射击孔，用于防御兵匪。整座建筑集祠堂、住房、堡垒于一体，是一座具有防御特征的坚固民居。因六座角楼特别凸显，故又被称为"六角楼"。

抗日战争胜利后，中国共产党审时度势，派遣东江纵队第三支队（简称"东三支队"）挺进九连山建立根据地。1946年6月按"双十协定"精神要求，东江纵队奉命北撤山东，留下58名武装骨干隐蔽在九连山，坚持斗争。1947年春中共香港分局作出了全面恢复武装斗争的决定，成立中共九连地区工作委员会。

1948年6月，中共九连地区工作委员会（简称"中共九连工委"）改组成中共九连地区委员会（简称"中共九连地委"），并于同年8月将中共九连地委总部机关从和平青州迁驻河西上莞新南村六角楼，同时在上莞成立广东人民解放军粤赣边支队，司令部设在新南村六角楼。1949年1月1日，广东人民解放军粤赣边支队改编为中国人民解放军粤赣湘边纵队东江第二支队。

中共九连地委和粤赣边支队成立后，在唯一没有沦陷的河西区组

织武装力量，用"五战五捷"给驻守在东江中上游的国民党军队以沉重的打击，以战促和致国民党广东省保安第十三团投诚起义，为东江中上游的龙川、紫金、和平、连平、五华、兴宁、河源等地的解放奠定了基础。在九连全区解放后，又为迎接南下大军、解放广州乃至整个华南地区作出了不可磨灭的贡献。

二、前言

九连山属五岭余脉，跨越粤赣两省，绵亘 500 余里，境内层峦叠嶂，古木参天，是开展游击战争、夺取九连地区革命斗争最后胜利的天然屏障。

1945 年 10 月，东三支队奉命挺进九连山，开辟革命根据地。次年 6 月，东三支队以北撤时留下的 58 名指战员为武装骨干分散隐蔽，继续坚持斗争。

1947 年春，中共香港分局作出了全面恢复武装斗争的决定，中共九连工委在连（平）和（平）、和东（和平东部地区）、河东（河源东部地区）、河西（河源西部地区）开展反"三征"斗争，打击国民党地方反动政权，斗争浪潮此起彼伏。

1947 年冬，中国共产党领导的军事斗争由防御转入进攻阶段。蒋介石为了"确保华南最后堡垒"，于 1948 年春派重兵进攻九连游击根据地。中共香港分局指示粤赣湘边党委、中共九连工委坚决执行毛主席"集中优势兵力，各个歼灭敌人"的军事方针，挫败了国民党军队的"清剿"计划。

1948 年 6 月，中共九连工委在河西船塘白竹坑召开第三次扩大会议，决定将工委机关转移到河西，并将武装队伍整编为广东人民解放军粤赣边支队。1949 年 1 月 1 日，广东人民解放军粤赣边支队改编为中国人民解放军粤赣湘边纵队东江第二支队（简称"东二支队"）。

1948年秋，中国人民解放军对国民党军开始战略反攻。九连地区武装队伍趁此大好形势，于1948年10月至1949年1月，集中兵力，整连整营地消灭敌人，连续取得重大胜利（"五战五捷"）。1949年5月，国民党广东省保安第十三团全体官兵起义，加强了中国人民解放军粤赣湘边纵队的军事力量，为龙川、紫金、和平、连平、五华、兴宁、河源的全境解放奠定了基础。

九连地区的武装斗争，是全国人民解放事业的重要组成部分；九连人民武装斗争所取得的胜利，是革命先烈用鲜血和生命谱写的战斗凯歌，将永远载入中国共产党的光辉史册。

三、九连山上旌旗红（1945年10月—1947年1月）

（一）东纵挺进九连山

抗日战争胜利后，国民党广东当局以绥靖"剿匪"为名，限期2个月，消灭华南地区有功的抗日部队。为了保存和发展武装力量，1945年10月，东三支队挺进九连山，并成立中共九连山区工作委员会，组建九连山区人民自卫总队，开辟九连山革命根据地。

东三支队挺进九连山首达地旧址，
位于热水新洞裴屋

东三支队总部遗址，
位于热水野猪窝廖屋

九连山区人民自卫总队在集训　　东三支队支队长彭沃　　东三支队政委曾源

东江纵队司令部主要领导，由左至右依次为曾生、尹林平、王作尧、杨康华

（二）隐蔽斗争

　　根据国共谈判达成的"双十协定"，1946年6月，东江纵队奉命北撤山东，留下58名武装骨干隐蔽于九连山，继续坚持武装斗争。撤销中共九连山区工作委员会，成立中共九连山区临时工作委员会，曾志云任书记，王彪任副书记。部队番号改为"粤赣边人民义勇总队"。

东江纵队北撤前，中共后东特委领导在香港召开会议并留影，前排左起为饶璜湘、梁威林、黄中强；后排左起为杨绮、卓扬、张日和、钟俊贤、徐英（河源市国家档案馆供图）

东江纵队北撤部队登船图片

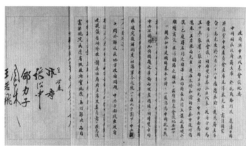

"双十协定"内容

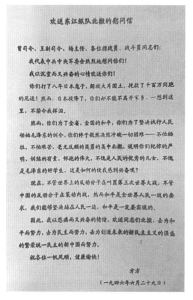

我方代表中共中央军委会欢送东江
纵队北撤的慰问信整理件

中共九连山区临时工作委员会扩大会议
遗址——赵公庙，位于和平县东水镇

中共九连山区临时工作委员会旧址，位于
连平县九连圩高湖村

中共九连山区临时工作委员会扩大会议
遗址——眼坑水，位于和平县浰源镇

四、九连大地风雷动（1947年2月—1948年5月）

（一）建立中共九连工委

1947年2月，为适应斗争形势的需要，香港分局决定撤销中共东江后方特别委员会和中共九连山区临时工作委员会，在香港成立中共九连地区工作委员会，严尚民任书记，魏南金、钟俊贤任常委，曾志云任委员。3月，严

中共九连工委旧址——斋公背，位于和平县青州镇（河源市国家档案馆供图）

尚民等中共九连工委成员进入九连地区，驻地和平青州，领导恢复武装斗争。

（二）中共九连工委组织机构

1.中共九连工委机构

（1）中共九连地区工作委员会（1947年2月—6月）

书记：严尚民

常委：魏南金、钟俊贤

委员：曾志云

（2）中共九连地区工作委员会（1947年7月—1948年5月）

书记：严尚民

常委：魏南金、钟俊贤

委员：曾志云、郑群、黄中强

2.主要领导

严尚民（1915—1997），原名严奎荣，曾用名严霜，广东惠阳人，1937年8月加入中国

中共九连工委书记严尚民

共产党。历任香港惠阳青年回乡救亡工作团副团长、团长，惠阳县第二行政委员会主任，中共南（海）番（禺）顺（德）工委宣传部部长兼番禺县工委书记，中共南番顺中心县委常委，中共南番顺特派员，广东人民抗日游击队中区纵队政治部组织科长。解放战争时期，历任中共九连工委书记、粤赣湘边区党委委员、中国人民解放军粤赣湘边纵队参谋长等职。1987年6月离休，离休前任广东省驻港澳办事处主任、党组书记，粤海公司董事长，享受副省级医疗、住房待遇。

魏南金（1914—2001），广东龙川县人，1938年加入中国共产党。

中共九连工委常委魏南金

1939年后，历任中共龙川县委宣传部部长，中共龙川中心县委青年部部长，龙川县青年抗日先锋队组织部部长，中共南雄中心县委书记，中共广西区副特派员。解放战争时期，任中共九连工委常委，中共九连地委书记，广东人民解放军粤赣边支队政委，中国人民解放军粤赣湘边纵队政治部代主任等职。1988年离休，离休前任广东省对外经济工作委员会主任、党组书记，享受副省级、老红军待遇。

钟俊贤（1919—1994），广东五华县人，1939年参加中国共产党。抗日战争时期，历任中共五华县第一区区委书记，五华县委宣传部部长、组织部部长，中共和平县委特派员。解

中共九连工委常委钟俊贤

放战争时期，历任中共后东特委组织部部长、后东地区特派员，中共九连工委常委，中共九连地委副书记、书记，广东人民解放军粤赣边支队司令员，中国人民解放军粤赣湘边纵队东江第二支队司令员兼政委等职。1984年春离

休，离休前任广东省冶金工业厅副厅长。

郑群（1921—2021），广东五华县人，1938年加入中国共产党。历任中共五华横陂区区委书记，良田工委书记，中共和平县委宣传部部长，中共紫金县委特派员，中共后东特委武装部部长，东江人民武装工作总队总队长。1946年随东江纵队北撤，在华东军政大学学习。1947年7月重返九连山，历任中共九连工委委员、中共三南工委书记、中共九连地委常委、广东人民解放军粤赣边支队副司令员、中

中共九连工委委员郑群

国人民解放军粤赣湘边纵队东江第二支队司令员、中国人民解放军粤赣湘边纵队东江第四支队政委。1983年后任中共广东省委统战部部长、省社会主义学院院长、省政协副主席。

黄中强（1922—1988），广东河源县人，1939年加入中国共产党。历任中共河源县县委书记，中共和东县委特派员，中共后东特委宣传部部长。1946年，随东江纵队北撤。1947年7月，重返九连山，历任中共九连工委委员、中共九连地委常委、广东人民解放军粤赣边支队政治部主任、中国人民解放军粤赣湘边纵队东江第二支队政治部主任。新中国成立后，历任河源县人民政府县长、东江行政委员会第二督导处主任、广东省人委副秘书长、兴梅专署专员、省科委主任、省人大常委会常委等职。

中共九连工委委员黄中强

吴毅（1921—2008），又名吴提祥，曾用名曾志云，广东梅县人，1939年加入中国共产党。解放战争期间，历任东江纵队第三支队第二

中共九连工委委员曾志云
（吴毅）

大队政委、中共九连山区临时工作委员会书记。1947年1月，任中共九连地区工作委员会委员。1948年6月，任中共九连地委常委。1948年8月，任广东人民解放军粤赣边支队参谋长兼第三团团长。1949年1月，任粤赣湘边纵队东江第二支队参谋长、独立第四团团长。离休前任佛山军分区参谋长。

3. 中共九连工委下属分区党组织机构

（1）中共和东分区工委（1947年7月—1948年7月）

书记：魏南金（兼）

副书记：林镜秋

委员：陈麟、骆仰文、梁锡祥、李群（后增补林若、徐梓材、魏洪涛、陈荣章）

（2）中共和东分区工委（1948年8月—1949年5月）

书 记：骆维强（在任至1948年11月）、林镜秋

副书记：林镜秋（在任至1948年11月）

委 员：梁锡祥、李群、魏洪涛、陈荣章、陈兰台

（3）中共连和分区工委（1947年7月—1948年6月）

书记：曾志云

委员：邓基、陈实棠（1948年4月牺牲）、黄志猷（1947年12月增补）

（4）中共连和分区工委（1948年7月—1948年8月）

书记：钟应时

委员：邓基、黄志猷、杨庆（1948年7月增补）、王森喜（1948年7月增补）、叶吉祥（1948年8月增补）

（5）中共连和分区工委（1948 年 9 月—1948 年 10 月）

书记：卓扬

委员：邓基、黄志猷、王森喜、叶吉祥

（6）中共连和分区工委（1948 年 11 月—1949 年 5 月）

书记：骆维强

委员：邓基、黄志猷、王森喜、叶吉祥、曾献章（1948 年 12 月增补）

（7）中共河东分区工委（1947 年 5 月—12 月）

书记：钟俊贤（兼）

常委：钟应时、王彪

委员：邹建、张惠民

（8）中共河西分区工委（1947 年 8 月—1949 年 6 月）

书记：李辉

委员：欧阳梧、郑风、黄日、欧阳霞、黄锐

（9）中共三南工委（1947 年 12 月—1948 年 2 月）

书记：郑群（兼）

委员：陈实棠

（10）中共三南临时工委（1948 年 3 月—1948 年 8 月）

书记：叶吉祥

副书记：陈君明

委员：麦启华、王奋（王志伟）、李蓝天

（三）建立武装队伍

1. 1947 年上半年九连地区武装队伍情况

序号	中队名称	主要负责人	活动区域
1	曾观和中队	陈实棠 曾观和	活动于连和区的青州、热水、大湖及江西三南一带
2	陈苏中队	林镜秋 陈　苏	活动于和东区的彭寨、林寨、古寨、东水、贝墩及川北的车田、黄石一带
3	黄日中队	欧阳梧 黄　日	活动于河西上莞、三河、船塘、公白、漳溪、骆湖一带
4	河东抗征队	钟俊贤 王　彪	活动于河东的黄村、康禾、叶潭及紫金、五华、川南一带

注：各地建立的地方连队主要有鸿雁队、青州队、热水队、三南队、川北队、川中队、川南队、白虎队、洛阳队、黎克队、陈果队、江明队、猛狮队、猛虎队、琴仕队、波中队等。

2. 1947 年下半年—1948 年春九连地区武装队伍情况

序号	所属分区	部队名称	军事首长	下辖连队
1	连和分区	连和人民义勇队	曾志云 陈实棠	珠江队、九江队、鸿雁队、热水队、青山队、三南队
2	和东分区	和平人民义勇队	林镜秋 陈　苏	主力大队、贝古大队、长车大队、彭林大队、川北民众自卫队、川中人民义勇队
3	河东分区	东江人民抗征队	钟俊贤 王　彪	紫五大队、龙河大队、五河大队、新生大队、紫金人民抗征队
4	河西分区	河西人民自卫队	黄　日 黄　锐	黄日大队、江明大队

（四）恢复武装斗争

1947年3月，严尚民、钟俊贤在河源县叶潭乡儒步村召开中共九连工委第一次扩大会议。会议作出了"实行小搞，准备大搞"的四项具体决定：

中共九连工委第一次扩大会议旧址，
位于河源县叶潭镇

1. 工委主要领导人及武装队伍分散各区活动，开展武装斗争。

2. 打击国民党反动区、乡政权。

3. 组织武装工作队深入敌后，开辟新区。

4. 在九连山举办青年干部培训班，并明确提出了"反抗三征、破仓分粮、建立反蒋统一战线"的政治口号。

中共九连工委第一次扩大会议结束后，举办党员培训班，创办报刊，扩大人民武装力量，建立根据地。

中共九连工委第一期青年干部培训练班
旧址，位于和平县青州镇永兴围
（河源市国家档案馆供图）

1947年6月中旬，中共九连工委在永丰村永兴围（即河洞围）举办了第一期青年干部培训班。自1947年6月至1948年3月，中共九连工委共举办了5期青干班和4期基干班。

1947年8月27日至30日，中共九连工委在上莞高排屋召开第二次扩大会议。会议总结了几

中共九连工委创办的《人民报》《大众报》

中共九连工委第二次扩大会议旧址，
位于东源县上莞镇

1947年9月，中共九连工委设立电台，第
一次通过电台与中共香港分局取得了联系
（根据记载描述绘图）

个月来的斗争情况，决定设立连和、和东、河东、河西党的分工委，相当于党的县委或中心县委。工委扩大会议还决定：为了加强各地区的领导，除严尚民坐镇九连山领导全面工作外，其他工委委员分赴各地直接领导各区的革命斗争。

（五）挫败大"扫荡"

九连地区武装斗争力量恢复后，为扑灭九连地区武装斗争的烈火，国民党广东省保安司令罗卓英命令驻扎在老隆的保安第五团为主力，保安第八团部分兵力为配合，纠集各县县警队对九连地区进行了三次"扫荡"，但九连地区革命武装如钢铁长城，坚不可摧。

1947年4月6日梨子塘战斗旧址，
位于龙川县四甲镇

1947年6月25日虾公退滩伏击战遗址，
位于东源县黄村镇

1947 年 7 月黄泥坳伏击战遗址，
位于东源县蓝口镇

1947 年 8 月川中游击队茅峯村活动旧址，
位于龙川县铁场镇

1947 年 8 月 12 日岑告山战斗遗址，
位于连平县隆街镇

1947 年 8 月 31 日墨背反"扫荡"战斗遗址，
位于东源县上莞镇

1947 年 11 月旱塘战斗遗址，
位于和平县公白镇

1947 年 12 月中阳隆和战斗旧址，
位于连平县三角镇

1948年1月13日狮子岭战斗遗址，
位于紫金县柏布镇

1948年3月9日岑岗寨西战斗遗址，
位于和平县上陵镇

1948年3月11日禾子坑马刀队战
斗遗址，位于连平县大湖镇

1948年3月30日大湖寨反"扫荡"战斗旧址，
位于连平县大湖镇

1948年5月9日埔坎阻击战旧址，
位于东源县康禾镇

1948年5月坳顶防御战遗址，
位于东源县上莞镇

九连地区的人民武装，经过三次反"扫荡"斗争，军事力量、军事技术水平进一步提高，全区拥有 1 万余民兵作为强大的后备力量。此时，公开斗争旗帜，建立主力团队，适应了解放战争形势的迅速发展，解放区的条件已经成熟，为解放九连地区乃至整个广东省奠定了坚实基础。

1948 年 6 月 20 日"青溪事件"战斗遗址，
位于紫金县青溪镇

五、九连地委扭战局（1948 年 6 月—1949 年 4 月）

（一）成立中共九连地委及建立粤赣边支队

1948 年夏，中国人民解放军全面转入外线作战，全国的主要战场进入国民党统治区。国民党反动军队节节败退，不得不放弃"全面防御"，收缩兵力，采取"重点防御"，人民解放战争形势迅速发展。

1948 年 6 月，中共九连工委在河西船塘乡白竹坑屋召开扩大会议，中共粤赣湘边区党委副书记梁威林、黄松坚出席会议。会议作出五项决议：《关于统一领导

中共九连工委第三次扩大会议旧址，
位于东源县船塘镇

中共九连地委及粤赣边支队司令部旧址，
位于东源县上莞镇

成立地委及支队司令部的决议》《为加强党的领导与发展党的决议》《关于建立主力的决议》《关于主动积极打击敌人的军事斗争方针的决议》《关于土改政策的决议》。

根据香港分局的指示和会议的决议，将中共九连地区工作委员会改组，成立中共九连地区委员会（简称"中共九连地委"），同时将九连地区武装部队统一整编，成立广东人民解放军粤赣边支队，驻地在河源县上莞乡新南村六角楼。

1948 年 7 月，九连地区部队开展整军运动，部队指战员正在进行集训

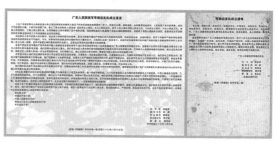

《广东人民解放军粤赣边支队成立宣言》
《粤赣边支队成立通电》

中共九连地委机关报《粤赣报》刊登广东人民解放军粤赣边支队成立的消息（河源市国家档案馆供图）

1948 年 8 月，九连地区军民 3000 多人，在上莞举行广东人民解放军粤赣边支队成立典礼，大会通过了《广东人民解放军粤赣边支队成立宣言》，还给中共中央、各友军、各人民团体、各界同胞发了《通电》。

1948 年 8 月 15 日，《粤赣报》创刊号登载了广东人民解放军粤赣边支队成立的消息。《粤赣报》是中共九连地委机关报，由原《人民报》和《大众报》合并组成，1949 年 10 月改名为

《东江日报》。

（二）中共九连地委组织机构

中共九连地区委员会（1948 年 6 月—1949 年 11 月）

书记：魏南金

副书记：钟俊贤

常委：郑群、黄中强、曾志云

委员：张华基、骆维强、卓扬、李辉

辖区范围包括：和平、连平、河源、龙川、紫金、兴宁、五华、揭西（部分地区）、新丰及江西定南、龙南、虔南和寻邬 13 个县。

（三）粤赣边支队武装序列

广东人民解放军粤赣边支队下辖三团、四团、六团、七团和直属独立第一大队、第二大队、第三大队、第五大队。其中三团在连和区一带活动，六团在和东区一带活动。

粤赣边支队团级、大队以上武装序列及军事首长（1948 年 8 月—1948 年 12 月）

司令员：钟俊贤

政委：魏南金

副司令员：郑群

参谋长：曾志云

政治部主任：黄中强

第三团团长：曾志云（兼）

政委：郑群（兼）

参谋长：陈苏

政治处主任：章平

第四团团长：王彪

政委：张华基

副团长：张惠民

政治处主任：张日和

第六团团长：林镜秋

政委：骆维强

政治处主任：林镜秋（兼）

政治处副主任：李群

第七团团长：魏麟基（未到任）

政委：李辉

副团长：黄日

政治处主任：郑风

独立第一大队大队长兼政委：魏洪涛

独立第二大队大队长：黄锐

教导员：张其初

副大队长：黄克强

独立第三大队大队长：骆骁

政委：魏洪涛

独立第五大队大队长：邹建

教导员：陈健

（四）"五战五捷"

1948 年 8 月粤赣边支队成立后，九连地区武装部队打出公开斗争旗帜，集中优势兵力打歼灭战，消灭敌人有生力量，于 1948 年 10 月至 1949 年 1 月，连续取得重大胜利（"五战五捷"），为迫使国民党广东省保安第十三团（简称"保十三团"）起义奠定了基础。首战白马战斗，极大地鼓舞了军队士气；大湖战斗和鹤塘战斗扭转了九连地区军事上的被动局面；大坪战斗和大人岭战斗整连整营歼灭敌人，完全打开了九连地区的局面。

1948年10月24日，国民党护航大队护送13艘物资船从河源沿东江而上。粤赣边区党委领导严尚民和广东人民解放军粤赣边支队领导钟俊贤、郑群、曾志云经过周密分析后，组织武装力量在义合白马进行伏击。激战2个多小时后，打垮梁桂平护航大队，

白马战斗遗址，位于东源县义合镇

毙、伤、俘敌数十人，缴获轻机枪2挺，长、短枪30余支，掷弹筒2个，子弹2000多发，军需品和其他走私物资一大批。白马战斗是九连地区在解放战争中首次震撼东江的大捷，也是九连地区部队在河东地区打的第一次大胜仗，为以后的"四战四捷"提供了作战经验。

1948年11月，粤赣边支队司令部为扭转九连地区的斗争局势，决定在连平县东南部重镇——大湖镇打击敌人。战前，支队司令部在船塘老围村萝溪书院部署，准备在连平大湖对敌打一场歼灭战，同时号召军民积极参战。

大湖战斗指挥部旧址——萝溪书院，
位于东源县船塘镇

1948年11月15日，由严尚民、郑群、魏南金、曾志云等人率领的粤赣边支队计划在狮子脑设下埋伏，诱歼驻守大湖的国民党广东省保安第一团冯志强加强连（简称"冯连"）。经过数个小

大湖战斗遗址，位于连平县绣缎镇

鹤塘战斗遗址，位于东源县黄田镇

时的激战，冯连死伤累累。冯志强见大势已去，带着2个班向包围圈的薄弱处夺路而逃。此战击毙敌人70余人，俘敌35人，缴获轻机枪5挺，长、短枪50多支，掷弹筒5个，手榴弹数十颗，子弹2000余发及军用物品一批。朱振汉、黄维荫、张辉翼、吴干恒、凌金梅、曾贞坤、曾月忠7位战士壮烈牺牲。大湖战斗是九连地区革命斗争变被动为主动、扭转战局的首次歼灭战，开创了歼敌整连兵力的战例，对整个九连地区和东江地区的解放产生了积极的影响。

大坪战斗指挥部旧址——花树下屋，
位于东源县骆湖镇

1948年11月29日，国民党东江护航队在白马遭伏击后，粤赣边支队获取国民党广东省保安第五团1个加强连和兴宁税警总队廖颂尧缉私队1个排，将由河源沿东江向柳城、老隆方向护航的消息后，按照作战方案，立即派出小分队侦察地形，选择伏击地点。29日拂晓，严尚民、郑群率支队第三团、第七团进入黄田鹤塘伏击地段。当敌人进入伏击圈后，设伏的军队以猛烈火力打击敌人。经过1小时激战，毙敌35人，俘敌14人，余敌淹没江中，缴获迫击炮1门、轻机枪2挺、步枪21支、炮弹6箱、子弹3000余发。

1948年10月，保十三团进驻河源县蓝口乡，又重兵占领曾田圩后，准备派兵攻占骆湖，打通通往灯塔的道路，企图卡住中共河西根据地另一出入通道。中共九连地委及粤赣边支队严尚民、郑群、魏南金、钟俊贤等在河源县骆湖乡花树下屋召开会议，决定在大坪打击保十三团，总指挥部也设在花树下屋。

1948 年 12 月 24 日，保十三团一个营深夜从曾田出发，偷袭骆湖。严尚民、郑群根据突变的敌情，当机立断，急令正面部队交替掩护，主动后撤十里，步步诱敌深入。与此同时，派出林镜秋部秘密向左右两翼运动。保十三团以为驻骆湖的部队败退，更加疯狂地猛扑。待包围之势形成之后，两翼部队立即同时侧击敌阵，正面部队发出猛烈反攻。

大坪战斗遗址，位于东源县骆湖镇

大人岭战斗部队宿营地旧址——下新屋，
位于东源县仙塘镇

经过两个多小时的激战，我军打垮了保十三团一个连的兵力。毙敌 31 人，俘敌 16 人，伤敌数十人，缴获机枪 2 挺，长、短枪 37 支。骆湖战斗，支队指导员机动灵活、临危不惧，化被动为主动，指战员英勇顽强，能攻善守，取得歼灭强敌的胜利，给予保十三团狠狠的打击。此战，增强了支队指战员胜利歼灭有全副美式装备的保十三团的信心。

1949 年初，东二支队七团副团长黄日率铁流队、火球队进驻樟木礤村活动。1 月 8 日至 11 日，东二支队准备在义合大人岭周边伏击保十三团的一个加强营。战前，严尚民、郑群等率部队秘密进驻樟木礤村，研究作战方案，并在此宿

大人岭战斗遗址，位于东源县义合镇

营。大人岭战斗打响后，樟木礤村又成为后勤保障基地和伤亡人员救治停留之地。

1949 年 1 月，东二支队司令部获悉保十三团 700 余人将护送 1 支船队运送军需物资及枪械沿东江而上至蓝口及老隆，于是决定在东江边的大人岭截击敌人。11 日，严尚民、郑群率领三团、四团、七团及五大队部分战士对进入伏击圈的保十三团实施伏击。经过激烈战斗，东二支队打垮了保十三团一个营及一个连的兵力，缴获八二迫击炮 2 门、六〇炮 4 门、火箭筒 10 个、重机枪 2 挺、轻机枪 8 挺、步枪 155 支、手榴弹 42 枚、炮弹 52 发、子弹万发，其他物资一批，毙敌 90 余人、伤敌 50 人、俘敌 85 人（其他坠崖死伤未计算在内）。此战是"五战五捷"的第五捷，从根本上扭转了九连地区东江流域的战局，为后来解放龙川、紫金、和平、五华、兴宁、河源打下了坚实基础。

（五）粤赣边支队改编

1949 年 1 月 1 日，中国人民解放军粤赣湘边纵队成立，并与闽粤赣边纵队、桂黔滇边纵队一起发表成立宣言。广东人民解放军粤赣边支队改编为中国人民解放军粤赣湘边纵队东江第二支队。

中国人民解放军粤赣湘边纵队成立大会
（河源市国家档案馆供图）

中国人民解放军粤赣湘边纵队、闽粤赣
边纵队、桂黔滇边纵队发表成立宣言

郑群和粤赣湘边纵队东江
第二支队合照

粤赣湘边纵队东江第二支队
司令部供给处全体合影

粤赣湘边纵队东江
第二支队第三团英模合影

粤赣湘边纵队东江二支队干部
在河源县观稼亭合影

粤赣湘边纵队东江第二支队相关领导合
影，前排左起为黄民、张日和、李辉；
后中为张华基，后左为钟应时

粤赣湘边纵队东江
第二支队新一团成立典礼留影

粤赣湘边纵队东江第二支队一团直属一连指战员全体合影

1. 中国人民解放军粤赣湘边纵队东江第二支队（1949年1月—1950年2月）

中国人民解放军粤赣湘边纵队东江第二支队下辖二团、三团、四团、六团、七团及直属独立第一大队、第二人队、第三大队、第五大队。

2. 粤赣湘边纵队东江第二支队团级、大队以上武装序列、军事首长（1949年1月—1949年6月）

司令员：郑　群

政委：钟俊贤

参谋长：曾志云

政治部主任：黄中强

第二团团长：龙景山

政委：卓扬

副团长：郑大东

政治处主任：李锋

第三团团长：曾志云（兼）

政委：郑群（兼）

参谋长：陈苏

政治处主任：章平

第四团团长：王彪

政委：张华基

副团长：张惠民

政治处主任：张日和

第六团团长：林镜秋

政委：骆维强

政治处主任：林镜秋（兼）

政治处副主任：李群

第七团团长：魏洪涛（代理）

政委：李辉

副团长：黄日

副政委兼政治处主任：郑风

独立第一大队大队长兼政委：魏洪涛、郑忠（代理）

独立第二大队大队长兼政委：黄锐（黄仕标）

教导员：张其初

副大队长：黄克强

独立第三大队大队长兼政委：

骆骁

独立第五大队大队长兼政委：

邹建

教导员：陈健

东二支队成立后，建立了健全的交通联络站（在此之前，各地建立有地下交通站），交通总站

交通情报站驻城同志在中山公园合影留念

东江公学旧址（现为船塘小学）

设在上莞。

　　1949年3月，中共九连地委在河源船塘创办了九连地区第一所培养革命干部的学校——东江公学，从1949年初至1950年上半年，先后在河源的船塘、龙川的老隆和佗城、河源城及惠州等地共办了5期，学员总数4000多人，为革命事业培养了大批人才。

东江公学学员听课（资料图片）

《文汇报》报道东江公学第四期开学盛况

东江公学学员合照（资料图片）

（六）连和河龙紫武装斗争

1948 年 8 月 1 日贵东反击战
遗址，位于连平县陂头镇

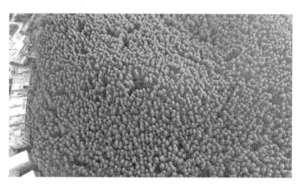

1948 年 8 月 14 日旗岭山战斗遗址，
位于东源县灯塔镇

1948 年 8 月 19 日老围保卫战旧址，
位于东源县船塘镇（河源市国家档案馆供图）

1948 年 9 月 18 日牙沙嶂战斗旧址，
位于龙川县四都镇

1948 年 10 月 1 日黄坑战斗遗址，
位于东源县康禾镇

1948 年冬天保楼战斗遗址，
位于紫金县中坝镇

1949 年 1 月 27 日白云楼战斗旧址，
位于连平县大湖镇（河源市国家档案馆供图）

1949 年 3 月 3 日高陂寨战斗
遗址，位于连平县高莞镇

1949 年 3 月 26 日攻打岑岗乡公所战斗
遗址，位于和平县上陵镇

1949 年 4 月 13 日车田科甲嶂战斗遗址，
位于龙川县车田镇

1949 年 4 月 15 日河明亮战斗遗址，
位于和平县贝墩镇

1949 年 4 月 20 日龙坳大坑
战斗遗址，位于龙川县黄石镇

（七）县级政权机构

政权名称	成立时间	上属领导	领导成员	辖区范围
连和县行政委员会	1948年6月	粤赣边支队政治部	主席：黄志猷	和西地区及连平惠化、忠信、大湖
和东行政委员会	1948年6月	粤赣边支队政治部	主席：林镜秋	和东及（龙）川北（部）地区
河西行政委员会	1948年6月	粤赣边支队政治部	主席：余丁运 副主席：黄锐、欧阳梧	河（源）西（部）地区
紫、五、龙、河边区行政委员会	1948年6月	粤赣边支队政治部	主席：张华基 副主席：温敬尧、张日和、钟雄亚	紫金、五华、龙川、河源边区
河源县人民政府	1948年12月	中共九连地委	县长：黄中强 副县长：李辉	河（源）西（部）地区
连和县人民政府	1949年1月	中共九连地委	县长：骆维强 副县长：黄志猷、邓基	和西地区及连平惠化、忠信、大湖、上坪等地区

1948年12月7日，九连地区最早的县级政权组织——河源县人民政府在上莞镇正式成立，黄中强任县长。

河源县人民政府旧址，
位于东源县上莞镇

《粤赣报》报道河源县人民
政府成立的消息

六、统一战线显实功

（一）三次谈判

1949年初，党中央吹响"解放全中国"的号角。中国人民解放军粤赣湘边纵队在九连地区取得"五战五捷"的基础上，执行党中央的指示，按照中共香港分局和粤赣湘边区党委的部署，在河源的曾田、蓝口等地，通过近半年的反复和谈，敦促国民党军和地方保安部队接受中国共产党的主张，投诚起义。最后在河源蓝口咸水塘举行秘密谈判（史称"咸水塘谈判"），达成协议，成功策动并促成粤东、闽西等地区国民党官兵相继连片起义（史称"粤东起义"），使粤赣湘边与闽粤赣边解放区连成一片，加速了华南地区的解放。

1949年1月，东二支队在大人岭痛击保十三团，取得"五战五捷"的最后一捷。在全国解放战争取得节节胜利的大好形势下，经过动员，保十三团团长曾天节和副团长刘勉表达了起义的意向。为互表诚意和确定如何组织起义等问题，双方领导人决定进行面对面的谈判。1月31日上午，中国人民解放军粤赣湘边纵队六团团长林镜秋、联络科科长钟雄亚和警卫勤务员3人，保十三团副团长刘勉、政工室主任张增培和警卫勤务员3人，在曾田镇玉湖村围绕保十三团起义进行谈判，并达成3点协议：1.即日起双方停止敌对行动；2.对保十三团起义的意图绝对保密；3.为了加强联系互通情报，由东二支队派出联络员进驻蓝口。

第一次谈判遗址——玉湖水口围，
位于东源县曾田镇

1949年3月，东二支队与保十三团经过第一次谈判后，双方商定进行第二次谈判。东二支队派出林镜秋和支队政治部主任黄中强及随员刘坚及警卫4人，与保十三团刘勉、张增培及警卫员4人进行了半天的谈判，双方就起义时间、步骤、作战战略要求及起义后部队改编等问题进行了详细商讨。

1949年春，东二支队与保十三团经曾田镇玉湖、横坑两次谈判，保十三团起义初成定局。同年5月7日，东二支队领导与保十三团团长曾天节在咸水塘举行了决定性的第三次谈判，就起义时间、配合作战及起义后部队改编等问题达成协议。

第二次谈判遗址 —— 横坑半径邱屋，
位于东源县曾田镇

第三次谈判旧址 —— 咸水塘，
位于东源县蓝口镇

（二）保十三团投诚起义

1949年5月9日，保十三团团长曾天节召集全团干部动员起义，至此，蓝口附近乡村全部解放。保十三团的成功起义，有力推动了梅县的保十二团团长魏汉新、广东第六专员公署专员李洁之、闽西行政公署专员练惕生、保五团一营营长张润之、五华县

保十三团的通电全文

警队等国民党军警相继率部起义，促使粤东地区迅速解放，为解放河源县城、博罗、惠州、广州等地铺平了道路。

共产党领导的香港《华商报》刊发社评
《曾天节首举义旗》

《粤赣报》有关夏季攻势全线
出击和保十三团起义战讯的
报道

粤赣湘边纵队第四支队四位主要领导人：
曾天节（中）、郑群（后中）、刘勉（后
左）、黄国伟（后右）

1949 年 7 月，曾天节起义部队由
河源进抵兴宁，奉命阻击国民党
部队对东江解放区的进犯

七、九连全区大解放（1949年5月—1949年10月）

（一）消灭残余势力

　　曾天节率保十三团起义后，九连地区敌我双方力量的对比又一次发生了变化。5月中旬，东二支队部队和曾天节起义部队一起驻龙川县城（佗城），解放了东江重镇老隆。此后，先后解放了龙川、紫金、和平、连平、河源。

老隆战斗旧址，位于龙川县老隆镇

　　1949年5月14日，东二支队和起义部队向驻守老隆城寨顶的保四师副师长彭健龙发出通牒，限他于中午前率领部队放下武器投降。但是彭健龙凭寨顶的防御工事顽抗，并向驻和平东水的副师长列应佳、驻河源城的一九六师以及国民党广东当局请求支援。

乌石坝大山嶂战斗遗址，位于东源县蓝口镇

5月15日早晨，彭健龙战败投降，所属部队全部缴械。

　　1949年5月，曾天节部队起义后不久，国民党广东省当局即派一九六师从广州进驻河源县城，又沿东江而上，企图重占老隆。郑群带领东二支队主力三团及部分国民党投诚士兵到了蓝口，曾天节部下的一个营和一个连也归郑群指挥，在蓝口乌石坝阻击一九六师。此次战斗非常激烈，进行了一天一夜，郑群所率部队毙伤俘敌60余人，缴获美式冲锋机枪1挺、美式步枪10余支。

　　1949年5月14日，为阻击驻和平东水的国民党广东保四师五团前

乌石坝阻击战遗址，
位于龙川县丰稔镇

解放和平县城东水围歼战遗址，
位于和平县东水镇

往老隆援救彭健龙部队，老隆总指挥部指示郑群率东二支队主力，埋伏于距老隆数公里的东江上游河岸阻击敌援兵，并派三团云南队及保十三团在乌石坝制高点进行埋伏，三团其他连队及飞鹏队在右侧埋伏。乌石坝战斗延续到傍晚，打垮列应佳率驻和平的两个营，击毙敌政训室主任区晋生等官兵 100 多人，打伤副团长龚耀辉，俘敌连长以下 240 多人。

粤赣湘边纵队解放紫金县城指挥部旧址

1949 年 5 月 14 日，在龙川县老隆乌石坝伏击战中，国民党广东省保安第五团（简称"保五团"）惨败，列应佳收拾残部莫秉彝营官兵及团部文职等 500 余人，逃遁至和平县东水镇东水街。

粤赣湘边纵队司令部命令东二支队参谋长兼六团团长林镜秋，率六团及新编一个营到东水围歼保五团残部。15 日黎明，东二支队对保五团莫营驻地东水街实施严密包围。最后，敌人见大势已去，不得不投降，列应佳率其残部官兵 500 余人接受改编。24 日和平县城宣告解放。

1949 年 5 月 18 日，粤赣湘边纵队司令部发出攻城命令，解放县城的序幕正式拉开。边纵部队把攻打紫金县城的作战任务交给何清及阮海天指挥的第一团、第三团和直属独立营负责。5 月 19 日，与东二支队四团一起围攻紫金县城，22 日紫金县城获得解放。23 日边纵司令部、政治部联合发出安民告示和接管紫金县城的布告。

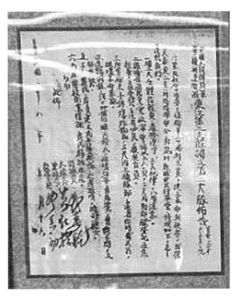

1949 年 5 月 16 日，东二支队独立第二大队发布接管佗城的军管会布告

1949 年 5 月，中共九连地委以及连和县人民政府决定拔除忠信反动据点，解放全忠信。指派连和县副县长邓基指挥，吴文辉带领忠信柘陂武工队为主力，进军忠信。5 月 22 日，邓基在华南小学召开会议，对解放忠信圩镇作出部署，5 月 26 日拂晓发起进攻。此战收缴长、短枪 40 余支，子弹 3000 余发，手榴弹 100 余颗，掷弹筒 2 个，活捉忠信联防队队长何英杰，俘国民党职员和警察 30 余人。此战胜利之后，忠信镇宣告解放。

1949 年 5 月 25 日，粤赣湘边纵队部队在横扫隆街圩镇外围之水西、科罗、百叟联防队之后，接着向隆街圩镇进发。5 月 29 日凌晨，东二支队二团首先控制隆街圩镇西南 1 公里处的四鹊岭，

解放忠信镇战斗旧址，位于连平县忠信镇

解放隆街战斗遗址，位于连平县隆街镇

以防国民党军增援。同时，控制了隆街圩镇西面150米高的制高点朝山，紧接着包围了国民党隆街区公所，最后迫使守敌投降，交出步枪10多支。

1949年5月底，挺进大队100余人在元善镇河坝村围头（曾氏祠堂）宣布起义，东江纵队粤北大队领导郑大东、杨克、谢雪光等领导出席起义仪式，并做起义动员。起义后，部队奔赴陂头战场，先后参加黄梅斜战斗、解放陂头战斗等，为扫清国民党势力，解放连平全境作出重要贡献。

河坝围头（曾氏祠堂）起义遗址，
位于连平县元善镇

解放连平县城战斗旧址，
位于连平县元善镇

1949年6月上旬，陈中夫、王彪奉粤赣湘边纵队司令部命令来到忠信，召集魏洪涛、龙景山、曾炽辉、邱松鹤等有关单位负责人和连平县人民政府县长邓基开会，传达了粤赣湘边纵队司令部尽快解放连平县城的指示，由粤赣湘边纵队六团和连平县人民政府联合写信劝降国民党连平县政府县长黄伯强、国民党连平县武装部队头目谢岳臣等人。劝降信发出后，黄伯强等人负隅顽抗。6月20日上午10时，部队按时抵达连平县城附近各山头阵地准备战斗，解放连平。当夜，敌军解围部队离去，黄伯强也率领部队逃往陂头。6月21日凌晨，粤赣湘边纵队部队1000多人分路进城，连平县城回归人民手中。

1949年7月中旬，黄道仁、谢鸿恩逃窜到离老隆城30公里的龙母乡，企图联络胡琏兵团残部回攻老隆。粤赣湘边纵队司令部让魏南金率边纵独立四团第一营（原主力三团）及县公安总队、地方民兵共600多人围歼黄道仁、谢鸿恩两部。7月24日，龙母战斗打响，战斗中黄道仁率部逃离驻地，途中被边纵部队阻击，被俘40余人；谢鸿恩率300余人据守葛布岭邓屋角楼顽固抵抗，双方激战三昼夜。粤赣湘边纵队组织80多名突击队员用地雷、炸药攻破角楼，谢鸿恩负伤被俘。龙母战斗是龙川解放后最后一战，龙母战斗胜利后宣告龙川全境胜利解放。

龙母战斗旧址，位于龙川县龙母镇

老隆战役结束后，粤赣湘边纵队司令部及东二支队司令部进

龙川老隆纪念"八一"建军节暨龙母战斗大捷
祝捷大会（摄于1949年8月1日）

1949年5月至9月，粤赣湘边纵队司令部政治部、东二支队司令部等机关设在老隆水贝立蕴大厦

驻老隆。1949年8月底，为迅速解放河源城，争取全区彻底解放，东二支队、粤赣湘边纵队各团和第四支队从老隆、蓝口出发，向河源城进击。

三角岭战斗遗址，位于河源县埔前镇

1949年9月18日晚上，国民党一九六师放弃河源城并乘夜逃亡，沿现在的205国道一直南下，准备在埔前、石坝一带与国民党一五四师、保安第五团等残部会合，企图逃往广州，渡海到台湾。粤赣湘边纵队在进驻河源县城之后马不停蹄，派遣主力部队一万多人追击、拦截溃逃的国军部队，战斗最终在埔前三角岭打响，三角岭大战毙伤敌300余人。9月19日，国民党驻河源县城防军溃退撤出，河源城解放。

（二）庆祝解放

三角岭战斗结束后，九连地区全境解放。

1949年5月15日，老隆解放，成为广东省最早解放的地区之一。2011年7月，龙川县委、县政府在福建会馆对面修建龙川解放纪念广场。

龙川解放纪念广场，
位于龙川县县城

1949年5月中旬，中共紫金县委、县人民政府成立，办公地址选在紫金县中坝镇良庄村荷树下谦德楼。

1949年6月2日，中共连平县委员会、连平县人民政府在忠信长安旅店成立。两天后，连平县党政军领导人以及忠信人民群众近万人在区府前（忠信解放纪念台）隆重集会，庆祝忠信地区解放和中共连平县委员会、连平县人民政府成立。

1949 年 5 月 24 日，和平县宣告解放。

中共紫金县委、县人民政府办公旧址，
位于紫金县中坝镇

中共连平县委员会、连平县人民政府成立遗
址，位于连平县忠信镇

连平县忠信人民庆祝解放
（河源市国家档案馆供图）

大湖地区军民庆祝解放

大湖人民欢呼人民政权的成立

和平县庆祝中国共产党诞生 28 周年暨和平县
人民政府成立典礼大会

河源县人民群众庆祝河源城解放　　　　河源县人民群众庆祝河源城解放一周年
（河源市国家档案馆供图）

（三）迎军支前

　　1949 年 9 月，南下解放军自赣南出发，分三路进入广东。为了做好迎军支前工作，中共九连地委、东二支队司令部成立了支前司令部，各县也先后成立了迎军支前委员会。10 月，粤赣湘边纵队配合两广纵队、陈赓兵团打到博罗、广州、中山、珠海等地，为解放广东作出了重要贡献。11 月，中共九连地委撤销，中共东江地方委员会成立。1950 年 2 月，原粤赣湘边纵队各团、各支队分别编入广州军区、广州公安总队，番号撤销，完成历史使命。

大湖地区的人民热烈欢迎南下大军，积极参与支前活动

两广纵队进抵和平县城

1949 年 10 月 13 日，两广纵队第一师和粤赣湘边纵队独立第六团进抵河源，河源县各界群众举行庆祝活动

粤赣湘边纵队在战斗行进中

解放军向南方行军

农民群众向前线送粮食，支援解放军作战

农民担架队支援解放军作战

《粤赣报》报道迎军大检阅

《粤赣报》报道河源县积极组建迎军
支前动委会、民工队等组织

解放军挺进广东

两广纵队、粤赣湘边纵队有关领导与粤赣湘边纵队第四支队
全体干部合影

粤赣湘边纵队行军图

1949年10月，两广纵队和粤赣湘边
纵队解放惠州部队入城情形

粤赣湘边纵队六团进驻广州后部分同志合影

广州人民欢庆解放

1949年10月1日，《粤赣报》报
道中华人民共和国中央人民政府
成立（河源市国家档案馆供图）

河源县人民群众庆祝中华人民共和国成立
一周年（河源市国家档案馆供图）

八、红色印迹映苍穹

（一）红色见证

大湖三角农民总会《告忠信同胞书》

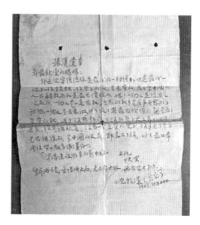

在大湖战斗中牺牲的朱振汉同志的
遗书

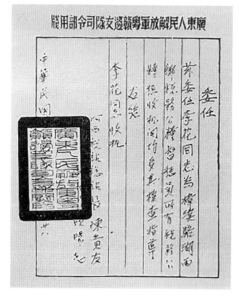

广东人民解放军粤赣边支队河西税站
委任状

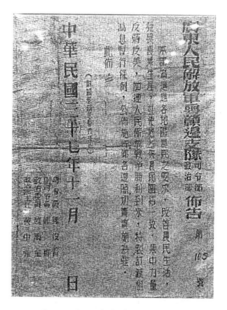

1948年11月，广东人民解放军粤赣边
支队司令部和政治部布告
（河源市国家档案馆供图）

粤赣湘边纵队在集训

1948 年 12 月 12 日，桂林一中队在河源鹤塘战斗后，被评为"钢铁连"。政治部主任黄中强和李滨谱写了《钢铁连之歌》

粤赣湘边纵队一部

粤赣湘边纵队发布的
《告全体指战员书》

1949 年 3 月，东二支队河源大江税站同志合影

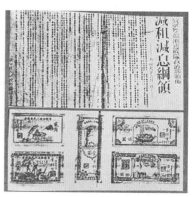

粤赣湘边纵队政治部颁布的
《减租减息纲领》和粤赣湘边区
发行的流通券

1949 年 5 月，中国人民解放军粤赣湘边纵队
东江第二支队司令部、政治部布告

向紫金进军的粤赣湘边纵队
东江第一支队

粤赣湘边纵队
进军五华

1949 年 5 月，五华、龙川、和平、连平解放后
成立东江行政委员会、东江第二区督导处及县人民政府，
图为东江行政委员会成员合影

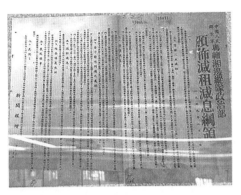

1949 年 5 月，五华解放，成立中共五华县委、五华县人民政府。前排左起为张日和、梁威林、魏麟基；后排左起为李明宗、郭汉邦、邓其玉（中共粤赣湘边区党委副书记、中国人民解放军粤赣湘边纵队副政委梁威林视察五华时摄）

1949 年 6 月，中国人民解放军粤赣湘边纵队政治部颁布《减租减息纲领》（河源市国家档案馆供图）

1949 年，粤赣湘边纵队第四支队征兵电文

1949 年 9 月，东四支队司令员曾天节与政委郑群联名签署发布于蓝口的行军命令

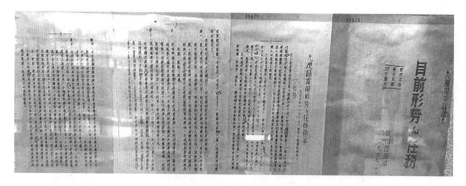

1949 年 11 月，中共九连地委印发《九连区目前形势与任务指示》
（河源市国家档案馆供图）

在战斗中多次负伤的东江第二支队连队
干部伤愈出院后合影，前排左起为袁创、
何平、黄卫枝、庄锦洪

1949 年，郑群与梁威林、
电台台长叶生平合影

1949 年，钟俊贤、张华基、张日和
在河源与保卫人员合影

右起为粤赣湘边纵队副政治委员梁威
林，副司令员黄松坚，司令员尹林
平，政治部主任左洪涛、黄文俞

1949 年，中国人民解放军粤赣湘边纵队
东二支队独二大连干部会议工作人员合影

东二支队训练班学习模范奖状

东江公学第五期报考学生
思想品德证明书

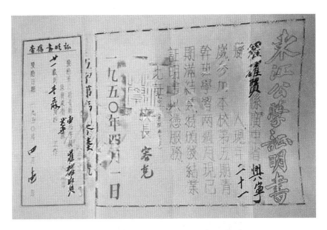

东江公学第五期学生结业证明书

粤赣湘边纵队臂章

粤赣湘边纵队五星徽章

东二支队卫生员使用过
的医药背包

东二支队战士使用
过的马灯

东二支队政治部保存文件的铁箱

东二支队指导员用过的毛毯和头盔

东二支队文工团使用过的歌本

广东人民解放军粤赣边支队税站河西支站印

（二）丰碑永存

塔岭烈士墓园

上莞革命烈士陵园

黄村革命烈士陵园

河西革命烈士纪念公园

康禾革命烈士陵园

和平县革命烈士陵园

青州革命烈士纪念碑

龙川县革命烈士陵园

紫金县老苏区革命烈士纪念碑、烈士墓

河源市源城区三角岭大会战革命烈士
陵园纪念碑

九、后记

　　1948 年 8 月，中共九连工委从和平青州转移到河西上莞后，九连地区武装队伍在义合白马、连平大湖、黄田鹤塘、骆湖大坪、义合大人岭的战斗中连续取得重大胜利（史称"五战五捷"），使九连地区的斗争形势发生了根本性变化，接着，以战促和，促成了国民党广东省保安十三团投诚起义，为东江中上游的龙川、紫金、和平、连平、五华、兴宁、河源的解放写下了浓墨重彩的光辉一笔。

　　为把九连地区武装斗争史上的光辉足迹展于世人，东源县委、县政府要求县相关部门在中共九连地委、粤赣边支队司令部旧址进行布展，充分展示解放战争时期九连地区武装斗争在中国共产党组织的领导下，正确运用毛泽东的军事思想，为九连地区乃至全广东的解放作出的重要贡献！

该展览以河源市五县一区革命斗争史为主要内容，由九连山上旌旗红、九连大地风雷动、九连地委扭战局、统一战线显实功、九连全区大解放、红色印迹映苍穹等部分组成。此展览得到了中共河源市委党史研究室、中共东源县委宣传部、中共源城区委党史研究室、中共东源县委党史研究室、中共和平县委党史研究室、中共龙川县委党史研究室、中共紫金县委党史研究室、中共连平县委党史研究室以及东源县人武部、东源县退役军人事务局、上莞镇委镇政府的大力支持，在此谨以敬谢！

我们村里的共产党人

陈良木

上莞镇西南方向，有一个村庄，叫墩头村，曾叫西南村、红旗村、新轮村。新中国成立之前，很少有人知道村里有 4 个共产党员，他们是二村村长陈浓波，民兵营长、农民协会主任陈郁希，佐仁小学（红旗小学）校长陈维史，妇女主任欧环（女）。不要说别人，就是我们家里都有人不知道我父亲陈郁希是共产党员。

在我七八岁读小学的时候，白天很难见到父亲。他白天大多下地忙活，晚上特别忙，不是几个人摸黑在房间里开会，就是到别的村搞革命活动，天亮前才回来，有时不敢在房间里睡，而是到牛栏里的稻草堆里睡觉，生怕别人发现，提防敌人突然捕捉。他的腰间还别着左轮手枪，他在干什么？他不说我们也不敢问。他们几个人究竟是什么人？在干什么大事？直到后来，才解开这个谜。1950 年 5 月 24 日清晨，吃完早餐，父亲叫我跟他去船塘，说是去外祖父家，实际上是去参加中共河源县第一区（河源西区）党组织和党员公开万人大会，那时我才知道他是中国共产党党员。区委将公开的党组织及党员名单，按总支、支部、小组的顺序用大红纸张榜公布，张贴在逸仙中学（船塘中学）大门外墙壁上。这次公布的党组织除区外，有党总支 4 个，中心支部 2 个，支部 29 个，党小组 213 个，全区党员 844 人，按上级指示，每个支部保留 1—2 名党员，共计 31 人不公开外，实际公开的党员有 813 人。

墩头村党小组有共产党员陈郁希、陈浓波、陈维史、欧环（女）共 4 人在大红榜上。自此，全区人民才知道他们是中国共产党党员。

1911 年 6 月 8 日，我的父亲陈郁希出生在一个贫苦农民家庭，他的父亲陈日秀有一胞弟陈亚每，13 岁就到上莞李屋楼村大地主家里放牛当长工，直到 50 岁去世，单身一人、无子无女、无屋无舍，属于赤贫。陈日秀育有 5 男 2 女，只有 1 间土屋，租种地主 3 亩多地。每年交完地租，所剩无几，每逢农历三四月青黄不接时，携男带女，外出讨饭。穷得实在没有办法，只好将最小的儿子卖给兴宁县人，将二儿子过继给别人，其他儿女，有的在地主家放牛喂猪，有的打短工，生活极其艰难。我的父亲在养父家，除了在田间劳作，上山打柴去卖，农闲时，还会做一些小买卖补贴家用，秋天便到江西省龙南县贩卖烟叶。在江西，他目睹了社会种种不公和黑暗。他听说，共产党在井冈山打土豪分田地，人民翻身做主人，他向往江西根据地，向往共产党，一直在寻找党组织，并决心加入党组织。经过多方打听，努力寻找，1942 年 6 月 20 日，在陈维史介绍下，他举起右手，宣誓入党，成为墩头村又一名秘密共产党员。从这天起，他在墩头村先后担任农民协会会长，民兵营长，初级、高级农业合作社社长，上莞公社鱼苗场场长等职。他于1968年7月26日病逝，享年57岁。从1942年入党，到1968年去世，26个年头，我的父亲及其他党员在上级党组织的领导下，带领全村人民响应党的号召，勤勤恳恳、任劳任怨，努力工作，为家乡建设做了许多工作，作出了重要贡献，做了很多善事好事，有许多可歌可泣的故事，现择几件鲜为人知的小故事介绍如下。

一、解救共产党员李时春

1948年10月的一天，我祖母李亚三告诉父亲："我的侄子，你的表兄李时春，被国民党上莞乡公所抓了。说他是共产党员，要谋反，一起被抓的，还有其他乡的2个人。"她还说："听说后天就要处决了，你和你哥几个人想想办法救救他。"我父亲听到这个消息，非常着急，不知道如何是好，他找到村里其他几个共产党员，商量对策，认为只能智取，不能硬来，因为敌强我弱。要找游击队也来不及了，当时也不知道到哪里去找游击队。村里的几个秘密党员思来想去，决定由村长陈浓波带着2位青年团员，在乡公所附近的酒楼，请乡公所的所长和所丁吃饭喝酒，好酒好烟招待，由里保出钱，大地主陈碧三出面请；叫我祖母出面求看管李时春的所丁，以枪杀前让李时春吃顿饭为名，将李时春放出来。一切安排妥当，按计行事。乡公所所长、所丁们在酒楼大吃大喝时，我祖母带着烟酒和现金，找到陈姓所丁求情，这名陈姓所丁是上莞黄龙岗村人，离我们村很近，同我们村的人有亲戚关系。他平时比较和善，对共产党有好感。李时春是由他看管的，我祖母跪在陈姓所丁面前哀求说："我侄子是个良民，忠厚老实，从不惹是非，求求你，在他后天杀头前，准他回家吃顿好饭，自古以来有这个规矩，在杀头前给犯人吃餐好菜好饭，也是最后的晚餐，他死也瞑目了。我会让他吃完饭就回来，以全家性命担保一定回来。"祖母边说边流眼泪，装作很悲伤的样子。陈姓所丁被说得心软了，说："好。你一定说到做到，吃完饭就回来，我们也不怕你跑，即使你跑到天涯海角，也会被抓回来，如果要滑头，全家要遭殃。"我祖母直说："是、是、是，你放心，我说到做到。"陈姓所丁将李时春交给我祖母带走，他们俩出了乡公所门，便往深山老林跑走了，自此我祖母全家搬离了上莞。不到一年国民党垮台了，上莞人民翻身得到解放了，我祖母一家就又回到了上莞。

二、解救不知名姓的侦察员

1948 年 6 月，有 1 个连的国民党部队，在我们村的三星楼、老屋、李屋这 3 个地方宿营。这支部队还押着 3 个不知从哪里抓来的共产党人，他们说，这 3 个人是共产党派来搞侦察活动的，后天就要将他们活埋。其中 2 个人被绑在三星楼厅下大门前的屋檐头，还有 1 个被绑在屋右边厕所的墙角。天气格外热，蚊子特别多，他们穿着短裤、短衫，任蚊子叮咬。国民党不给他们饭吃，不给他们水喝，他们的生命危在旦夕。我父亲看在眼里，痛在心上。父亲决定要想办法救他们，哪怕救出 1 个也好。他找到其他几个党员，秘密召开会议商量对策，大家一致认为，被绑在大门前的两个人很难下手，因为大门前人多且空旷，容易被发现。只有被绑在厕所墙角的那个人可以下手，因为偏僻，他只被绑住了双手，脚没有被绑，能走路，只要将身后的绳子剪断，他就可以跑掉。加上这支部队对抓到的共产党也不十分在意，看管不严，天又下大雨，漆黑一团，晚上路边没有灯光，各家只点煤油灯，光线很弱，可以趁夜深人静他们熟睡的时候，将厕所墙边的那个人解救出来。经过充分的讨论，做出详细的营救计划、细密的分工，在神不知鬼不觉的情况下，我父亲等人将绑在厕所墙角的人手上的绳子剪断，带着他飞快地逃离三星楼。国民党军发现后，已经毫无办法了。由于能力所限，其他两名革命战士壮烈牺牲了，我们会永远铭记无名先烈。

三、解救青年民兵陈亚彩

1947 年冬，国民党保十三团一支部队驻扎在上莞黄龙岗村下墟，有一天，天气比较好，吹着北风，有 3 个国民党士兵，拿着捕鱼的器具，吊儿郎当地沿着上莞洗川河捕鱼打虾，窜到我们村。我们村老屋祠堂前有口大鱼塘，当时水不深，他们 3 人就下水塘捉鱼。捉鱼时正好被陈亚彩、陈月万、陈火苟发现了，走到旁边指着他们骂："你们怎么随便捉我们的鱼？如果不走，就打死你们喂鱼。"还用手比作手枪，对着他们说："打死你们。" 3 个国民党士兵听言，很生气，便和陈亚彩他们对骂。不久，很多群众围了上来指责国民党士兵，这 3 个匪兵觉得势头不好，就上岸回部队了。3 个匪兵很气愤，回到部队后就向连长报告，还添油加醋地说："墩头村有共产党，扬言要杀我们。"连长听了很恼火，说："明天把他们都捉来。"

陈亚彩三人把国民党士兵骂走后，也不觉得有什么大不了的，根本就没有考虑到他们会来报复。第二天，陈月万、陈火苟等人外出做生意了，不在家。陈亚彩因为得了疟疾，打摆子发冷，躺在床上盖着被子。第三天早晨七八点钟，人们因为天冷起床晚，有的蹲在屋檐下晒太阳，有的在做早饭，一片安静的景象。突然从上莞墟营岗方向来了一队国民党士兵，直冲墩头村老屋，用 2 排机枪封锁村口，其他士兵拿着步枪、手枪逐家搜查，翻箱倒柜地要抓捕 3 个共产党。陈亚彩躺在床上养病，突然被枪口对准脑门，被从床上抓了起来。陈月万、陈火苟因为外出不在村，没有被抓到。国民党士兵还千方百计地要查到所谓证据，搜查了房子的每个角落，在陈亚彩家里查到打石用钢钎 1 根、锤子 1 个、墨镜 1 副、长袜子 1 双，其他一无所获。陈亚彩被五花大绑拉到国民党部队驻地下墟去了。这一事件惊动了全村，陈亚彩被抓后，立即被审讯，遭到拳打脚踢，受尽酷刑。国民党士兵要他交代共产党组织，但什么也没有问出来，从陈亚彩家里也没有搜到什么武器，只好先把他关起来。

陈亚彩被捕事件发生后，引起了村党组织的高度关注，我父亲他们马上研究办法，决定由我父亲找保长、本村大地主陈碧三出面，与乡公所、国民党部队谈判并说明情况，陈碧三答应并前往。陈碧三对部队的连长说，陈亚彩是本村村民，由于自己管教不严，他信口开河，冒犯贵军，辱骂贵军战士是很不对的。陈亚彩不是共产党员，也不是惯犯，他是农民，一直老实守法，农闲到对面尖石山打石头，烧成石灰卖钱以养家糊口，他戴墨镜、穿长袜子是为了防山上蚊子叮咬，不是因为他是游击队。陈碧三说："我用性命担保他是良民，不是共产党。"连长说："你敢用家产和性命担保？"陈碧三回答："敢，如果查出他是共产党，我全家负责。你们部队辛苦了，我献出一头牛、两头猪、十担稻谷慰劳你们。"所长、连长看保长态度这么硬，的确也问不出、查不出人证、物证，他们也怕得罪民众，便答应放人，但要关押 10 天。全村老少得此消息，都很欢喜，称赞村里的党组织很有办法，很得人心。

四、保家护村、维护村民利益

1947 年秋天，上级党组织传来国民党保十三团部队要从曾田方向入侵上莞的消息，村党支部立即召开会议，研究对策，当时决定全力以赴，武装对抗，发动群众，保乡保田，保护群众生命财产安全。

1. 由民兵营长陈郁希立即将全村民兵组织发动起来，将民兵集中培训，提高敢打必胜的信心。把 4 支七九式步枪及子弹发到人，日夜备战，把十几支打鸟用的火铳枪落实到人，充足火药，随时准备出发，没有枪的各人选用菜刀、柴刀、斧头，随叫随到，联合武工队守住曾田至上莞的山口。

2. 全村男女老幼，全部撤至深山岩洞，叫"走白军"。将耕牛等重要物资转移到山里去，叫"坚壁清野"。我们村老屋三面是鱼塘，被水包围，很难进入。唯一的入口处有一条水圳，平时洗衣洗菜用，现在堵住下游，将水灌满，在水圳下面放上刀具、带刺的犁耙等利器，可以用来击退敌人。

3. 组织青年团、妇女会支援部队，做好救护伤员等后勤保障工作。敌人打听到上莞各村各户都有充分的准备，武工队也在山口做好了埋伏。5 月的一天，他们派 1 个连的兵力，试探性地进攻，各村的民兵喊声震天，武工队火力全开，战斗不到 1 个小时，就将敌人逼退到东江边。备战取得了胜利，上莞人民生命财产得到了保护。

五、人民群众的带头人

村党员虽然不多，只有 4 个人，但是他们事事处处起到带头作用，很有号召力、感召力，是村里各项事业的核心。

由于当时党组织和党员仍然未向群众公开，当时并不靠党组织的名义和党员的身份发起号召、起模范带头作用，而是靠未公开身份的党员以身作则，宣传发动群众，并带领群众完成任务。比如禁毒（鸦片）运动，破除封建迷信，打土豪分田地，宣传男女平等、婚姻自由等就是发动青年团、妇女会、儿童团自编自演文艺节目，并在门前、池塘边搭上临时剧台，晚上点上煤油灯（马灯）在台上演出《白毛女》，跳秧歌舞。我父亲还演过杨白劳，墟日（街日）到街上打腰鼓、演话剧、宣传翻身解放，十分生动活泼。我父亲亲手剪掉我母亲的旧式发簪，带头移风易俗。每逢五一劳动节，青年男女扎上腰鼓，戴上五角帽，肩上扛着犁耙到街上游行示威，开展斗地主、反恶霸活动。1949 年，听说南下大军要进广东河西区，区委会在船塘举行迎军支前万人动员大会。从船塘开会回来，我父亲立即组织民兵成立支前小分队，青年团、妇女会、儿童团分别制定迎军行动方案，后来的土改、反霸、分田分地、统购统销，都能做到闻风而动、一呼百应、热火朝天。新中国成立初期，他组织群众开荒扩种、生产互动，他们在荒山上、在沙滩上开了数十亩的荒地，种花生、红薯，支援前线，号召青年积极参军，抗美援朝、保家卫国，"三反""五反"，成立互助组、农业合作社，为党的工作、人民事业贡献自己的青春和力量，做一个光明磊落赤胆忠心的农民共产党员。

其他几名共产党员，也一直在上级党组织的指挥领导下，各司其职、尽心尽力，冒着生命危险努力完成党交办的任务。

红军在李白村李屋楼休整①

李战艺

———— ★ ————

李屋楼是上莞李白村南部一个李姓村庄，紧邻上莞中学，人口近 2000 人。李屋楼素来是革命志士辈出的红色村庄，在新民主主义革命时期，该村有 20 多位热血青年投身革命，其中烈士 3 人，东江纵队、

———

① 这里的"红军"是当年老百姓对共产党领导的人民武装队伍的称呼。

粤赣湘边纵队老战士 4 人。

解放战争时期，1946 年 6 月，驻扎在九连地区的原东江纵队第三支队北撤山东后，根据中共中央指示，留下 58 名骨干继续开展隐蔽斗争。1947 年，恢复武装斗争后，在中共九连工委的领导

红军休整期间住宿民宅之一——四角楼

下，九连地区（包括河东、河西、连和、和东 4 个区）开展了抗征、抗税、抗租废债以及打击恶霸地主豪绅、国民党乡村伪政权等斗争，很快发展起来 70 多支地方武装游击队。九连地区风起云涌的反抗斗争让国民党当局头痛不已，于是国民党军纠集地方联防队对我地方游击队展开疯狂的"清乡""围剿"和"扫荡"，由于我地方游击队力量分散，武器简陋，九连地区河东、连和、和东三区的我方据点接连丧失，中共九连工委被迫指挥主力部队向唯一没有被占领的河西根据地上莞转移，计划整编部队，形成合力，进行反击。这也引来了国民党军对上莞武装力量的"围剿"和"扫荡"，妄图一举扑灭我方唯一的根据地上莞的中共组织和武装力量。为此，驻扎上莞的游击队、河西区武工队、民兵常备队与国民党军展开了激烈的反"围剿"斗争，如常美塱背阻击战、峡下坳顶防御战等。其中坳顶防御战胜利后，凯旋红军在上莞李白村李屋楼休整，得到了当地民众的拥护和帮助，发生了许多军民一家亲的感人故事。

1948 年 5 月，国民党保五团纠集龙川、柳城联防队 500 多人，经石侧、黄洞三折岭进攻上莞，河西武工队和民兵常备队 1000 多人在坳顶进行阻击防御，打退了敌人多次进攻，取得了坳顶防御战的胜利。凯旋的红军队伍返回上莞后，选在李白村李屋楼集结休整。之所以选定

红军休整驻点民宅群主大门 —— 大镇围

在李屋楼集结休整，一是李屋楼人李汉杰[①]组建地方武装力量飞虎队，领导开展土地改革，民众革命热情高涨；二是李屋楼的大镇围、四角楼、私塾园、下角是几个方形围屋连在一起的客家民居群，四周有夯墙围挡，密闭性好，夯墙设有瞭望孔和射击孔，防御性强，易守难攻；三是围屋中心有义仓[②]，可以为红军提供住宿和粮食补给；四是大镇围的门前有 3 口水井，是李屋楼村民食用水取水点，也为红军用水提供方便。此外，义仓周围的方形围屋四角楼、私塾园都可以为红军提供住宿点。

红军驻扎在李屋楼休整的 1 个多月里，主要在义仓住宿开膳，部分红军分散在四角楼、私塾园内的厅堂里打地铺。因为红军携带的粮食有限，义仓储存有大量公尝田租谷，群众同意为红军部队提供粮食。红军煮饭需要柴草，村民主动为红军送柴草。红军没有青菜吃，村民免费送自家种植的应时蔬菜。红军想到大门外的水井取水又怕暴露，村民便自愿轮流为红军挑水。当时红军长期野外奔波，很少洗澡，绝大部分红军

---

① 李汉杰：上莞李屋楼人，解放战争时期，在中共九连工委的领导下，1947 年参与组建上莞飞虎队，任飞虎三中队队长。飞虎队作为地方游击队为抗击国民党军对我地方武装力量的"清乡""围剿"以及打击土匪恶霸豪绅、乡村伪政权作出了应有贡献。飞虎队完成历史使命后，改建为上莞武工队（常备队），李汉杰任队长。常备队曾参加过坳顶、班石坳战斗，与兄弟部队合力抗击国民党军多次进攻，后在保卫土改分田，支持农会和民主建政方面做了大量工作。1948 年 7 月李汉杰任上莞乡政府副乡长。

② 义仓：是客家地区乡村公尝田租谷存储的地方。李屋楼每年公尝田租谷收入近 1000 担，除了用于每年祭祀、节日喜庆之外，尚有大量积余就存放在义仓，由族长管理，用于教育、奖学、水利、建桥及救济困难族人等。李屋楼的义仓是一栋占地面积 205 平方米的泥砖木瓦结构建筑，是客家上三下三方形围屋，里面房间结合存放稻谷及借贷放收需要设计，平时无人居住。

红军休整期间主要住宿开膳点 —— 义仓

红军休整期间取水井之一 —— 古井

身上都长了疥疮，看到红军手脚上长满疥疮，又痛又痒，四角楼老中医李家廉按照祖传治疮秘方，上山采药自制药水为红军治疗疥疮，解决了红军战士一大困扰。李屋楼一些小孩出于好奇经常跑去义仓看红军战士擦枪训练，年轻可爱的红军叔叔跟村民的小孩打成一片，成为他们孩提时的美好回忆，也正因为他们一代一代地传讲，让这段军民情深的红色往事得以流传下来。

正因为李屋楼具备良好的群众基础和环境条件的"地利人和"优势，1949 年 5 月，原国民党保十三团起义后，部队未来得及整编就按原队列投入解放老隆、东水战斗，决战胜利后部分官兵撤回上莞休整待编，其中一部分就被安排在李白村李屋楼的四角楼一带休整，当地民众也同样支持、拥护休整官兵并提供必要的方便和帮助。

李屋楼素来是革命志士辈出的村庄，李屋楼人为革命出人出枪，捐钱捐粮，为党和人民解放事业作出了不可磨灭的贡献。早在新民主主义革命初期，李岐山反清反帝革命思想强烈。根据《河源党史资料汇编》（第一辑）记载，阮啸仙 1914 年入读河源县城三江高等小学期间就得到老师李岐山的青睐，受其影响。解放战争时期，李屋楼人李汉杰在中共九连工委的领导下，组建上莞飞虎队（一、二、三中队），任三中队队长，李文俭为事务长（李文俭出身地主家庭，彻底与家庭决裂，花40担谷买支驳壳枪参队，事迹动人）。来自李屋楼的游击队员有李广秋、李贻镜、李祝尧、李亮（李焕乾）、李育略、李日宏、李开、李家果、李贻勤、李娘焕等，其中李育略在李田枫树坳作战时牺牲，李祝尧在曾田被捕被杀害，李亮（李焕乾）在常美垒背保卫战中牺牲。还有李东梧1948年参与土地改革及河源县人民政府在上莞成立工作；李育青1948年参与农会及土地改革工作；李林、李义均于1949年春参加革命，在粤赣湘边纵队东江第三支队工作。

当年红军的驻扎更为李屋楼播下了革命火种，在红军革命精神的感召下，李屋楼在解放后涌现出了一批进步青年入伍参战，如李滋益、李东轩、李志云（荣立二等功）、李秋添（因参战导致耳聋）、李贻升参加抗美援朝战争；李娘希于1951年入伍，加入中国人民解放军空军；李贻佐于1953年入伍，在塔山英雄团服役；李贻彪、李月荣参加对越自卫反击战；等等。

共产党带来了墩头红

陈良木

上莞镇红旗村，原名叫墩头村，靠近上莞墟镇，因处在上莞小盆地的中心地带的墩头山下而取名为墩头。

说起墩头村的红史，村里的许多长者都能说出个条条道道来。

一、新民村君陈小学来了几个新老师

新民村君陈小学原是上莞地区的完全小学，办学时间较长，可以说历史悠久，是在当时声誉好、影响大的一所学校。学校校长是陈一中，还有陈宏磷、陈春苑、李俊士等本地老师，集中了本地的文化人，抗战时期共产党领导的广东青年抗日先锋队（简称"抗先队"）和东江华侨回乡抗日服务团（简称"东团"）在河西地区组织抗日救亡活动时与君陈学校有了接触和联系，为后来的革命斗争创造了有利条件。1941年下半年新学年开学之初，程光（河源县黄村人）到上莞君陈小学任教师，1942年郑重文（龙川县人）也来到君陈小学任教师，到1944年，魏杰（龙川县人）、田观旺（上莞人）、黄绮芬（女，香港人）、张基（梅州大埔人）等也来到君陈小学任老师。后来民众才知道他们都是中共河西县委派来的秘密党员。他们以教师身份为掩护，通过与当地老师联络合作，在抓好文化教学的同时，加强政治思想的学习，宣传共产党抗日救亡主张，动员学生参加革命活动，逐渐使君陈小学成为共产党开展工作活动的阵地。

二、墩头村建立了共产党的秘密支部

自从有了共产党组织活动后，君陈小学的师生大多数在党组织的引导下，接受共产党的主张，追求思想进步。青年学生陈维史、陈启林、许蔚青等人思想活跃，学习成绩也较优秀，程光、郑重文等党组织的负责人在发展党员工作中先后把他们列入考察对象，使他们成为较早加入党组织的学生党员。

陈维史，墩头村人，1940年开始在君陈小学读书，因聪慧活泼、好学上进、思想进步、学业成绩好，受到几位新来老师的关心和帮助，不久就在程光、郑重文的教育培养下秘密加入了党组织。毕业后，他接受党的指示回到墩头村小学教书，后来担任佐仁小学校长。他积极联系学生家长，利用家访机会深入群众宣传共产党的思想主张，发展党员、组织农会、成立武装自卫队，发动群众积极开展革命活动。在上级党组织的支持和陈维史的努力下，1943年墩头村人陈郁希、陈水旺、陈浓波等被发展为秘密党员。党员人数多了，在程光、郑重文的推动下，成立了墩头村党支部，陈维史担任支部书记，陈郁希、陈水旺、陈浓波为支部委员。

陈郁希，墩头村人。他贫苦出身，为人和善，积极参加共产党组织的革命活动，后被党组织推荐担任墩头村农民协会会长，他执行党组织指示，听党指挥，动员劳苦大众跟共产党走，勇敢带领群众进行"二五"减租减息斗争和支援游击队反击国民党反动派对河西边区的"扫荡""围剿"的斗争。

陈水旺，墩头村人，参加九连山游击队（河西人民抗征总队），后受党派遣在墩头村成立游击队独立小分队担任队长，为墩头村开展革命活动和维护地方社会秩序提供了强有力的支持。

陈浓波，是墩头村富裕人家子弟，曾任国民党墩头村伪保长（村长），他接受共产党主张，利用自身便利条件帮助党组织，在筹粮筹款、情报传递、动员群众支持共产党斗争等方面发挥了重要作用，加入党组织后，更是积极主动为游击队伍的发展和边区的建设作出贡献。

墩头村群众在陈维史为支部书记的党组织带领下，跟着共产党闹革命，谋求翻身解放，为反抗国民党反动统治，实现河西区的全面解放作出了应有贡献。

"小猴精"秘密交通员——曾太

杨思丽 刘婷

———— ⭐ ————

2020年5月，河源市革命遗址普查工作调研组到东源县上莞镇进行专题调研活动。调研中，村中几位老者聚集一起，为我们讲述当年的红史故事，特别是听秘密交通员曾太述说他的故事，让我们感受最深。

塈背村是个革命老村。早在1939年，上莞就建立了共产党的秘密党小组，一直坚持革命斗争活动，其中上莞的常美村、新民村，是党小组的其中2个据点。1946年6月，东江纵队挺进九连山后又按党中央指示北撤，使这里的革命斗争活动受到重大影响，党组织的工作便隐蔽了起来。直到1947年3月，根据党中央"恢复武装斗争"的指示，共产党人严尚民带领中共九连工委和刚组建起来的九连山游击队又来到了九连地区，开始进行革命斗争活动。

1947年6月中旬，中共九连工委和九连山游击队转战上莞塈背村，进行短暂的整训总结。一方面对刚组建起来的队伍加强政治思想学习和军事斗争训练，另一方面总结前一阶段斗争经验教训，并准备召开扩大会议以部署下阶段工作。

情报工作是最重要的工作，考虑到信息互通的重要，中共九连工委首先想到的是建立一个秘密交通站，被称为"小猴精"的穷小子曾太被工委领导选定，成了秘密交通员。

曾太，生于1932年前后，连他自己也不知道具体年月。只记得1947年七八月间，有一支共产党领导的游击队进驻常美塈背村，周边的交通要道都有人站岗放哨。高排屋及其附近的几所民居都有很多人出入，听大人说，住在这里的游击队员都是为人民群众干好事的，帮助老百姓谋幸福自由的，因此要支持他们。曾太似懂非懂，但是也相信了大人的教导。

曾太四五岁时，他爸妈就因为积劳成疾无法医治，病亡后丢下了小曾太。可怜的小曾太从小无依无靠，在圩镇乡村各地流浪，靠着乞讨过日子，乡亲们也都可怜这个小孩子饥一顿饱一顿，时不时帮其一下。1947年，曾太十五六岁了，少年时的苦难生活造就了他顽强的品格，因吃乡亲们的百家饭长大，又使他形成了勤劳肯干、乐于助人的品德。

曾太身板瘦小，一副古灵精怪的样子，一看就是个可以引导其参加队伍的年轻人。经历了几次考验后，曾太加入了九连山游击队地下交通站，被称为"小猴精"。中共九连工委驻塱背高排屋期间，"小猴精"与几个小伙伴不知道多少次往返塱背村，成为传递情报的信使。

曾太加入交通站后，负责各地分工委与九连山总部的信息传递，有时是一件物品，有时是一张字条。当时，由于国民党反动派扫荡河西区，进出塱背村的交通要道都被敌军封锁、设卡，要想来往，真得想出一点"诡计"来。任务看似简单，实则危险，曾太经常在船塘到上莞之间传递信息，得到任务后，白天不走，晚上走；不走大路，走小道；不露声色，行头简单得就像他以前讨饭时的样子。形单影只，有时感到害怕就带上一只狗仔壮胆。在上莞塱背村，曾太为中共九连工委传递情报20多次，每次都是有惊无险，尽到了作为交通员的责任。

传递情报的工作虽然危险，但曾太也完成了任务，他连续干了2年，没有出任何差错。后来在领导的关心、支持下更换了工作，但还是跟着共产党干革命，他也十分愿意。

听曾太老爷爷讲他过去的故事，看到他脸上洋溢着喜悦的笑容，我们不禁以《"小猴精"秘密交通员——曾太》为题记下了他的经历。

血色两礤
——革命年代两礤的红色故事

陈创仲

⭐

上莞镇两礤村位于东源县东北部，地处龙川、和平、河源（东源）三县的交界处，面积约1160公顷，新中国成立前夕，总人口1000多人。高大陡峭、林密的群山将两礤围成月牙弯，一条山溪水将它划分为两半，这里的居民就在溪水两岸高山下生活。

自古两礤就是重要的交通要塞，有"上通龙川、梅县，下达河源、惠州"的说法，村内百年石阶古道（古驿道）就是最好的见证。两礤也是上莞、船塘往返和平、龙川的要道。两礤与龙川交界处的猴岭坳设有税站和茶亭（茶摊），为过往客商歇脚提供方便。由于两礤地处密林深山，隐蔽性好，是贯通河源、龙川、和平三县的重要交通要塞，这双重优势使这里成为红军的驻扎点和交通站。在红军和党组织的感召下，两礤民众支持并积极参加革命，涌现出许多奋起抗争谋解放和拥军爱民的感人故事。

一、在党组织领导下开展的革命斗争

（一）建立"三会"，奋起抗争闹革命

过去，两礤贫困民众遭受当地豪绅残酷的剥削与压迫，而船塘、上莞又有几户富豪在这里开设粮仓（欧屋仓、李屋仓）、放高利贷，榨取民脂民膏，加上国民党政府繁重的苛税和土匪、强盗的盘剥，致使民众卖儿卖女，离乡背井，到处流浪。为了抵抗这些压迫与剥削，当

地民众在红军抗日革命精神的感召下，寻求出路，宣传抗日救国主张，李金通、殷子礼、殷玉成等办起私塾，对学生进行抗日救国宣传教育，控诉日本侵占我国疆土所犯下的滔天罪行，并进一步宣传到广大民众中。1944 年，在谢映光的指导下，以两礤本村民众为核心，建立了农会，会长李金通（两礤中兴人），副会长李芹史（两礤田心人）、李花浓（两礤中兴人），文书殷玉成（两礤会澄人）。1945 年，成立青年会，会长李马能，副会长陈镜善，民兵队长殷荣兴。同年成立妇女会，会长谢亚炳，副会长廖亚秋。

　　"三会"成立后，积极开展各种抗租、抗日宣传等活动，包括开展停租废债、退租退押及烧毁契约等工作，由农会、青年会、妇女会组织贫雇农到地主豪绅家，令其交出一切契约，当面烧毁，由农会会长宣布停租废债、退租退押。青年会配合地方武工队组织清匪反霸，抓土匪恶霸游乡批斗，确保社会治安，监督反动富豪，防止他们破坏；同时加强军事训练，随时准备配合游击队打击来犯之敌或出击周边之敌。妇女会大力宣传和执行"四提倡""四反对""四不""五监督"，组织民众到河边、沥边、路边、山边、坟边等开荒扩种田亩，每年稻谷、杂粮、花生、黄豆等粮食的收成，捐赠给武装部队。开办夜校，由农会指定殷子礼（两礤会澄人）教老书，殷玉成教新书，许群（船塘铁坑人）、叶友荣（龙川鹤市人）、殷华强（龙川马头山人）、骆细雄（龙川鹤市人）为教师，一边扫盲教学文化知识，一边宣传抗日救国和共产党革命求解放的主张。

　　两礤猴岭坳税站成为中共地下党组织的秘密联络站。猴岭坳的中共税站站长为欧阳培，地下交通员有李金通（李国强）、李年苟（又名李志仁，《东源县志》记载为李志荣）、李水发、刁娘娣等人，接密员有欧阳梧等人。其中李志仁利用木匠身份，往来船塘镇、李田村、两礤村等地，为组织传送情报和信息。

李志仁传递情报和信息的工具箱，1983 年由其长子李瑞廷翻新过

（二）设立税站，拥军助民谋解放

1945 年 11 月中旬，东江纵队第三支队驻防两礤，为解决红军部队的给养和贫困民众的生活困难，支队与两礤农会联合，经开会研究决定，在两礤猴岭坳和东水罗营村渡口两地分别建立税站征税，猴岭坳站由欧阳培和黎锦苏同志负责，东水站由欧阳朋和黄伟光同志负责。税收票据由"太平洋"大队统一印发，税率为商品市价的 5%—15%，税款全额上缴司令部军需处，税站收支由殷玉成负责。为保障税收安全，两个站各配备一个武装班，由欧阳培同志带领，组成一个税收队。趁着 1946 年春节前后两个月做生意的来往客商较多，在猴岭坳搞税收试点，总结经验后，于 1946 年农历三月上旬分两地全面开展征税工作。税站也是地下交通站，一旦发现敌情，情报员迅速走捷径小路接力送情报。当时两礤籍的情报员有李金通、李志仁、李水发、刁娘娣、林观年等人。两礤税站的建立和开展税收工作，惊动了龙川、河源、和平三县的伪国民党政府及其军队，因此，税站经常遭到敌军的袭击，不得不采取"敌来我退，敌退我出"的游击战术征税。税站不仅前后有哨兵掩护，还有隐蔽的群众作掩护，他们是枫树坳的李黄佑、下礤楼的李金通、上礤的刁娘娣、猴岭坳的林观年。两礤征税点有 3 个，分别是猴岭

坳、上礤水口、下礤枫树坳（后设）。有一次，黄光中队率队在上礤水口征税，有一支敌军从和平经过李田来到两礤攻击我税站，幸亏在群众的掩护下，税站红军及时撤退到了会澄坑，当时会澄坑有红军驻点的武装班，敌军也一路追到了会澄坑，还引发了枪战，由于当时是傍晚，雾很大，敌人对地形不了解，也不敢冒进，只好无功而返撤退。

　　1946 年 6 月底，东江纵队北撤山东烟台，税站撤销。部队北撤时，奉中央命令，秘密留下 58 位指战员继续在九连地区领导开展革命工作，因此，中共九连临时工委研究决定，继续由欧阳培带领人力恢复两礤猴岭坳税站的工作。为保障税站工作顺利开展，建立了一支 97 人的武装队伍——税收连，后接应粤赣边支队，抗击国民党军队。

猴岭坳税站遗址（一）

猴岭坳税站遗址（二）

　　1948 年河西解放，林镜秋、黄光明、殷佩琪、李每的部队仍坚守在两礤三县墩的三县边界线上，并设置防空站，派一个班的兵力驻守。轮换的红军分别驻扎在两礤殷井坛家、殷伍娣家，并由殷井坛、殷伍娣、殷长胜、殷添起等负责送水送饭。直至 1953 年 10 月部队大部撤走，防空站留给当地武装驻防。

（三）支持革命，村民勇当堡垒户 [①]

东江纵队第三支队驻防两礤期间，100多名红军分别居住在两礤石蓝小组林明通（又名林树深）家、山塘小组林娘运家、会澄小组殷伍娣（又名殷倍玺）家。其中东江纵队黄光队队长林镜秋（和平林寨人），第三支队队长黄光明（龙川赤光人），第三支队副

红军驻扎过的大屋

队长殷佩琪（龙川乌泥坑人）、李每（龙川乌泥坑人）等领导长住殷伍娣家。殷伍娣家的老祖屋一共有3个房间提供给红军使用，其中有一间是医护室，用来收治受伤战士；一间用来关押国民党军俘虏。俘虏最多的一次就是猴岭坳税站长虹队炮轰龙川义都国民党联防队，一共抓了4个俘虏，都关在里面。红军驻扎期间曾秘密接收徐娘水、殷火林、殷文仿等人入党。殷伍娣也曾对黄日队长提出加入中国共产党和红军队伍的请求，但由于需要照顾患病的老人和2个小孩，每天只能抽半天时间参加革命活动，黄日队长未同意，劝说他继续做好后勤保障工作就是对革命事业最大的支持。

当年红军部队也曾在李年苟家旁边的大屋（中厅、下厅）驻扎，部队在移师江西临别之际，为奖励李年苟的工作表现，赠送了李年苟1

----

① "堡垒户"是在抗日战争时期斗争环境极端残酷的情况下，觉悟群众舍生忘死，隐藏保护共产党干部和人民子弟兵的住房关系户，是保护和积蓄抗日力量的基地。"堡垒户"一般指党员或普通群众的家。在特殊情况下，为了掩护党的干部、游击队员、抗日人员和八路军战士、伤病员，联络员与"堡垒户"有一套联络办法和信号。红军住到"堡垒户"家中时大多数用化名，"堡垒户"的家长会把全家人聚拢来介绍相互认识，根据年龄排辈分，分出兄弟、姐妹、儿子或侄子，然后教怎样互相称呼，这样万一敌人突然闯进来搜查，红军来不及转移，可以应付敌人，由此可见人民群众为了掩护子弟兵的用心之良苦。

支制式步枪和 1 支缴获土枪及若干子弹，2 支枪在 20 世纪 60 年代由政府统一收回。

1949 年初，河西片区基本解放，红军需撤离增援其他战区，临走之际黄日队长给殷伍娣颁发了一本《堡垒户》，嘱咐他一定要保管好，还强调他的子孙估计享不了"堡垒户"的福，可能四代过后才能体现它的价值。这本《堡垒户》后来交由殷水泉保管，由于他工作调动、数次搬家，非常遗憾这本《堡垒户》现在已经遗失。东江纵队在两礦一共发了两本《堡垒户》，另一本发给两礦石蓝三栋的林明通。

殷伍娣居住过的老房子，也曾是黄光队驻地

在抗日战争和解放战争时期，两礦村涌现出一批又一批进步青年和革命志士。据统计，1947 年间，村中进步青年李炳强、李国志、李日红、李来梯等积极参加青年团和民兵组织；李国常、李国忠等组织歌剧团到各村演出，积极宣传共产党的政策，为反霸、反封建，团结群众作出了积极的贡献。据不完全统计，两礦村参加过中共游击队的有陈亚松、林金妹、李亚美、李桂焕、李恒兴、李国常、陈林、刁娘娣、马告化、殷亚浩、殷亚井、殷亚照、陈亚井、李亚严、黎某、杜某，黎某、杜某为外地人，当时居住在两礦，新中国成立后迁走。两礦籍民工队队长谢国初、副队长丘丰年，成员李广高、李亚培、林娘仟。1949 年 9

月，民工队在船塘集中，总人数达 1300 多人，随粤赣湘边纵队和地方武装部队从船塘出发，直逼和追击河源城的国民党一九六师，后继续南下支援前线，随部队打到惠州、广州、顺德、中山、珠海等地，迎接南下大军，解放整个广东。广东解放后，他们才回到家乡两礤。

当时在夜校中受到教育，具有较高爱国主义热情的两礤人有殷亚彩、殷亚盛、殷运兴、殷亚浩、殷亚照、殷亚佛、陈亚井、陈林、陈亚顺、陈亚发、陈镜善、刁千妹、刁娘娣、刁娘盛、刁亚宝、刁亚辉、刁亚华、马罗妹、林娘运、林亚木、林观年、廖水明、廖观英、廖日求、廖桂信、廖连信、廖维香、廖赞桂、李花浓、李成章、李木仁、李锦祥、李流明、李娘信、李马兰、李记信、李金通、李亚祥、李年苟、李水杨、李锦道、李国翰、李锦统、李锦周、李黄佑、李观香、李佛全、李观宜、李水焕等。①

二、发生在两礤的几场战斗

（一）两礤枫树坳（后额埂）伏击战②

1947 年 10 月上旬，我东江纵队的铁流队，地方武装的长虹队、猛狮队、麒麟队等 300 余人集中在上莞的苏坑、杨坑，总结上莞常美堡背战斗的经验教训，并进行政治、军事知识学习，提高部队战斗力，随时准备迎战。下旬，传来情报，国民党保五团一加强连 160 多人，从忠信来到船塘驻扎，第二天这股敌人就要路经两礤枫树坳前往老隆，这是伏

---

① 根据 1967 年正月初六谢国初、谢作平、谢国成、许镜平、许可友、许如坤、许云昌口述，2021 年 3 月 15 日殷木林、殷添林、徐林松、林光辉补充口述整理。参考《碧血忠魂》，中共东源县委党史研究室编。
② 根据 1999 年欧阳榜口述整理。

击敌人的绝好机会。当时，我们的地方部队好多新兵入伍不久，参训时间短，缺少战斗经验，主力队只有1挺机枪，其他武器低劣，弹药缺乏，但我们对地形熟悉，队伍对敌人对我游击区扫荡的仇恨和为死难烈士报仇的决心高涨，纷纷要求参战。为此，东纵的郑风、黄日立即召开主力队和地方部队的骨干会议，布置在两礤枫树坳的伏击行动。枫树坳狭长地段山高地险，因此规定各中队伏击范围，制高点由铁流中队控制掩护，其他中队在路左右两旁埋伏。

第二天，天蒙蒙亮，我们的部队就埋伏在枫树坳羊肠小道的两边高山密林中，规定好各中队的伏击范围，黄日的主力铁流中队100多人则埋伏在靠苏坑那边的制高点，掩护长虹等中队对敌人的伏击，地雷班则在敌进、退及中间的路上埋了30多个地雷。

当天午后，敌人的先锋队进入了我伏击圈，我们的指战员沉着等待。敌人的先锋队差不多要越过我们伏击圈了，后面的敌军部队仍有少部分未进入伏击圈。原来，敌人很狡猾，他们人与人之间保持约5米的距离，走成差不多1公里长的队伍。黄日认为敌人的先锋部队一旦走出我们的伏击圈，就会占据居高临下的制高点，对我们不利。于是他当机立断，发出战斗指令"打"，霎时地雷、手榴弹在敌人队伍的前、中、后纷纷爆炸，我方战斗人员以猛烈的火力"前堵、后截、中扫射"，敌人被炸得乱作一团，有的往前冲，有的向后退，多数滚落到路下的山坑沥中，还负隅顽抗。激战半个小时后，滚到山坑沥的敌人，又爬到山坑里的红薯田中，收起枪架，举起白毛巾表示缴械投降。我方火力也弱了下来，并停下来观察敌情。突然我方发现从坑沥偷偷爬上来的残敌占据了有利地势，架起2挺重机枪，以猛烈的火力向我方射击，假装投降的敌人，听到同党的重机枪声一响，立刻卷土重来，从山脚往上反扑。此时敌人未进入我伏击圈的部队，一听到前面的枪声响起，就抢占了路右边的制高点，占据了有利射击位置。突如其来的形势改变，逼得我方由主动转为被动。遵照上级指示，为保存实力，避免硬碰硬造成比较大的人员伤亡，我军不恋战，在主力部队的掩护下，分两路反方向向杨坑和苏坑方向撤退，敌人摸不清我方实力亦不敢妄动追击，只好拖着 10 余具尸体及几个伤兵朝龙川义都方向逃离。

敌军由于在枫树坳伏击战中失利，很快就针对李田、两礤进行报复性扫荡，于圩日时在李田街用机关枪扫射，导致李田的谢亚香、两礤田心的苏子妹 2 名群众被杀害，李田的丘亚佛受重伤。接着敌军再次来到枫树坳附近的两礤田心围龙，强行入屋掠夺粮食、牲畜、生产工具等，并抓走李亚研、李亚丁、李百宁、李希瞬、李育方、李广恒 6 名村民，盘查后证实他们全部都是地地道道的农民，才将他们释放回来。

在此次战斗中，两礤村的游击队伍在地下党组织成员李金通、李年苟、李水发、刁娘娣有力组织下，骨干民兵队队长李火运，民兵李炳强、李国志、李国严、廖水添、廖连胜、廖火苟、林陆胜、陈亚李等人抬着重达千斤的长虹土炮，占据有利位置，并在战斗打响后向敌军连开 3 炮，有力地支援了游击队火力，打击了敌人的嚣张气焰。两礤村的廖金妹、陈年娇、欧秋、苏记娇等多位妇女，冒着枪林弹雨给我方战斗人员送饭送茶水保障后勤，廖义婆、廖亚谷等人为伤兵包扎伤口，精心护理受伤人员，廖金妹、陈亚春、李罗娣等牵头组织村中妇女为游击队员做布鞋，这些英勇感人的拥军事迹一时成为佳话，广为传颂。还有，两礤村民李亚祥于 1947 年秘密掩护 1 名游击队员开展活动达半年多，解放后，该游击队员为表扬其掩护之功，有意安排李亚祥的工作，被李亚祥婉言谢绝。

枫树坳伏击战中，两礤村廖亚排（麒麟中队排长）、廖娘统、张南火及欧阳欣等 4 位同志壮烈牺牲，多位村民不同程度受伤。这场在塱背被偷袭失利仅 2 个多月后组织的反击行动，是恢复武装斗争当年在龙川、和平、河源、连平四县交界区域进行的最大规模伏击敌人的战斗，锻炼和考验了我们 400 多位官兵。此次战斗鼓舞了游击区人民的信心，坚定了人民群众跟党走的决心，打击了敌人的嚣张气焰，动摇了龙川、和平、河源、连平交界区域的反动统治政权。

（二）两礤尖峰顶（火焰山）伏击战①

1948 年 8 月 19 日，驻扎老隆的国民党保四师一个连 140 多人，纠集东水国民党联防队 200 多人，从和平东水途经两礤进入河西船塘，企图对我地方游击队进行扫荡。根据战术安排，我方林镜秋部队 120 多人，从和平东水故意引敌军追击进入我军埋伏圈。林镜秋指挥部队边打边退，并且越退越快，敌军中有 1 名机枪手，赶在追击队伍的最前头，忽然调转机枪扫射追击林镜秋部队的同党。原来，他已接受了林镜秋的思想教育，完全转到我方来了，此人就是两礤会澄的殷月华，他在国民党抓壮丁时和殷子礼一起被抓入伍。林镜秋率领部队翻山越岭 20 多公里，在敌军精疲力尽之时，诱敌抢登两礤会澄尖峰顶、增坑岗。敌军不知中计，依然按照我方预设路线，抢登尖峰顶。当敌军爬到半山腰时，遭到我军已埋伏多时的黄日、黄光、黄锐部队及地方武装部队猛烈的火力伏击，顿时地雷声、手榴弹声、机枪声、冲杀声、缴枪不杀的喊声响成一片。敌军眼看冲不上来，只好往后退，我军乘胜追击，打击了好几个山头的敌人，打得敌军狼狈逃窜。为防备国民党从老隆方向派兵增援，欧阳梧率领长虹队在上礤及会澄三县墩埋伏防卫，确保了尖峰顶伏击战的最终胜利。

这次战斗毙敌 18 人，伤敌 10 余人，缴获轻机枪 1 挺、步枪 20 多支、弹药一批，我方没有官兵死伤，取得了绝对性胜利。

这次战斗也是当年 3 月份之后，我军在九连地区由被动挨打转为主

---

① 根据 2002 年 3 月 2 日许可友口述和 2008 年 4 月 8 日徐娘水口述整理。

动歼灭性地打击敌人的战斗，大灭敌人的威风，大长我九连地区武装斗争人员的士气。

（三）两礤高寨伏击战 ①

1949 年 3 月，原东江纵队第三支队留下小部分部队驻防会澄三县墩，黄光明、殷佩琪、李每、林镜秋部队经过与国民党军的多次交战，发现国民党伪军在高寨部署多挺重机枪，以接应掩护途经两礤的和平国民党联防军小部队。为了打好这场伏击战，林镜秋部队连夜在两礤会澄三县边界地——苏茅坪凹和大坑的必经之路安装竹签机关，切断敌军的退路，民兵队长殷荣兴带领 50 多人配合林镜秋部队在尖峰顶分山头埋伏守候。第二天一大早，保长李勤使（两礤田心人）带领 20 多名敌军向高寨进发，经阿疗离埂上来（村民叶索妹送饭给犁田的公公，碰上此敌一行，险被杀害），国民党联防军沿中心埂上来，在尖峰顶守候多时的林镜秋部队看到两路敌军快要会合时，一声令下："打！"顿时，两边山头火力全开，子弹穿梭于松林之间，手榴弹声、机枪声、呐喊声响成一片，我方民兵队长殷荣兴边用机关枪扫射，边拉引线绳引爆地雷，战斗非常激烈。经过 2 个多小时的激战，子弹没了，就用铁链装入弹膛打击敌人，吓得敌军乱作一团、四处逃窜，有些敌人冲上尖峰顶，被我部队砍杀，剩余残敌向三县墩方向撤退，经过埋有竹签机关的苏茅坪凹逃往龙川义都方向时，残兵被刺得鬼哭狼嚎，死伤一片。

此次战斗，我方伤兵 10 余人，无死亡；毙敌 10 余人，伤敌 30 余人，缴获机枪 1 挺，大大削弱了敌军的战斗力，提升了我方武装部队的战斗威风。

---

① 根据 2021 年 4 月 8 日殷木林、殷添林、徐林松、林光辉口述整理。

（四）猴岭坳长虹队炮轰敌军

红军在猴岭坳税站收税时，在外围巡查的红军发现龙川义都方向有国民党军联防队在秘密活动。红军认真核实准确后，立即将情报上报给上礤石蓝三栋红军驻点，刚好当天长虹队过来交接工作，马上安排长虹炮手林六胜、廖战庭（下礤两联人）炮轰龙川义都国民党联防队，打了个出其不意，敌人没有反击之力，我方大获全胜，还抓获了4个俘虏。4个俘虏被关到了会澄红军驻点，经教育后放了回去，成为我们的同志。据后来得到的情报，他们都被国民党反动派杀害了。

（五）枫树坳（后额埂）夺棉衣

1945年11月中旬，中共王彪、黄日小分队与地方武装联合在一起，集中在三河漂湖庵学习政治及军事知识。下旬的一天，他们驻扎在船塘流石欧阳宝田家时，接到谢映光来自连平忠信商店的情报：忠信的商家请了10多个伪军，第二天将佩带短枪，护送10多担棉衣路经李田两礤往老隆。机不可失，时不再来。王彪与黄日即带领自己的小分队及地方武装于当夜潜伏在其必经之路李田后额埂（枫树坳）下面，准备歼敌夺棉衣。

当伪军护送棉衣进入我伏击圈之时，遭到我军黄日小分队的机枪猛烈扫射。伪军听到我方的机枪一响，未还一枪，就拍手表示投降。但我方黄日小分队并未听见他们的掌声，继续用机枪扫射。敌人见势不妙，只好弃棉衣逃跑，那些挑棉衣的人见状也丢下棉衣跟着敌人疯狂逃窜。就这样，我方轻而易举地缴获了10余担棉衣。这些棉衣除留给王彪、黄日小分队每人1件外，其余的由谢映光组织人力当晚趁着月光，率领李田群众送到三河丘国才家。

三、两礤村革命志士

（一）不为人知的地下工作者李辛苟

李辛苟，又名李辛如，两礤村田心人，新中国成立前是地下党组织的一名联络员。他除了在枫树坳摆茶摊，还经常走街进村演皮影戏，活动区域包括和平、连平、龙川以及河西片区。正因为李辛苟常年外出奔走，方便了解掌握各地信息，组织就让他以演皮影戏、摆茶摊做掩护收集情报，并将情报以单线联系的方式上报惠阳地区领导。李辛苟与上级对接都是在晚上 12 点右右，在枫树坳位置双方用电筒各闪三下，接下来碰头还要对暗号，一方喊"胜"，另一方喊"利"，暗号对上后李辛苟才把对方带回家里。在李辛苟家的老房子里，把煤油灯调到最暗，双方才相互传递情报分配任务。

李辛苟同志于 1948 年冬因病逝世，此时河西片区已基本解放。由于与上级是单线联系，对接都用暗号，所以没有记录他的真实名字。李辛苟同志作为一名优秀的地下党组织成员，直到去世也没有向自己的家人透露半句消息，他的子女后来才从知情的村民口中得知实际情况。有村民反映，在 1978 年左右，惠阳地区特派专员到两礤村查找李辛苟同志，可惜没有与李辛苟的家属对接成功。

（二）东江第二支队七团战士陈林

陈林（1911—1949），男，上莞两礤人，1947 年参加游击队，粤赣湘边纵队东江第二支队七团战士。1949 年 1 月在大人岭战斗中牺牲。

大人岭战斗打得非常激烈，陈林所属的七团战士受伤严重，

陈林革命烈士证明书

陈林两次在枪林弹雨中背负伤员脱离危险，当他再次冲进战场救人的时候，不幸中弹倒下，再也没有起来。陈林同志革命意志坚定，勇敢善战，不怕牺牲，真正做到了为崇高的革命事业牺牲一切。

刁亚桂烈士证明书

（三）对越自卫还击战烈士刁亚桂

刁亚桂，男，上莞两礤村人，在对越自卫还击战中牺牲。

四、烈士谢映光同志在两礤的革命活动[①]

谢映光（1910—1946），男，1939年加入中国共产党，东源县船塘镇李田村人。据刁元初口述，他管谢映光叫舅舅，他的妈妈是谢映光的亲姐姐。

抗日战争时期，特别是1942年"南委和粤北省委事件"后，我党的工作转入地下隐秘进行。谢映光作为地下党组织成员，因革命工作需要，经常来回穿梭于龙川义都、老隆，和平公白、林寨以及连平的大湖、三角、忠信等地，两礤地处河源、龙川、和平三县交界的山区，是谢映光往返各地的必经之地，嫁到两礤的姐姐家自然成为谢映光最安全的落脚点。谢映光主要负责猴岭坳的税收、收集情报、发展下线、监测龙川国民党军的情报、团结群众抗交过高的租息、宣传爱国主义精神等，猴岭坳的税收全部交给东江纵队作为经费。

---

① 2022年11月26日根据刁元初口述整理。

谢映光一般白天出去活动，主要做收税和收集情报的工作，晚上就近回到姐姐家（刁元初家）吃住。当时谢映光配有一把驳壳手枪，晚上经常拿出来擦，刁元初当时六七岁，还经常拿来当玩具玩。当时谢映光配有制服，每晚换下的制服，刁元初的妈妈当晚就得洗干净，用炭火烘干，因为制服不能白天晾晒，容易暴露而遭到敌人迫害。

新民村的红色故事

陈立波

一、中共河西县委机关驻地 —— 君陈小学

民国时期，为发展教育事业，上莞新民村主要是下江乡绅牵头筹资，乡里给予一定资金支持，于民国十七年（1928 年）筹建君陈小学。1929 年建成后，乡里成立校董会，商议聘请本地及外地有识之士任教员，培养族内有志青年学子，学习文化知识，接受先进思想。君陈小学是民国时期上莞唯一的完全小学，也是最高学府。1941 年，由于国民党反动派镇压日趋残酷，我党的活动转入地下隐蔽进行，特别是 1942 年下半年，由于中共南委和粤北省委被国民党反动派破坏，党的组织一律停止活动，实行单线联系，执行"隐蔽精干，长期埋伏，积蓄力量，以待时机"的方针，号召党员开展勤业、勤学、勤交友的"三勤"活动。1941 年至 1944 年上半年，君陈小学成为中共河西县委机关的一个重要隐秘基地，郑重文、程光等中共河西县委领导在君陈小学以教师身份为掩护，秘密开展党的活动。

　　1941年下半年，中共河西县委派程光到君陈小学任教，指示程光负责上莞、曾田地区党的工作；1942年下半年，郑重文被派到君陈小学任教，并负责领导船塘片党的工作。1942年河西县委撤销后，改为特派员制，章平同志为特派员，郑重文同志为副特派员。不久，章平调往前线东纵工作，郑重文为河西县特派员，程光为副特派员，兼任上莞、曾田地区的特派员。当时，君陈小学地下党员教师有郑重文、程光、魏杰、田观旺（田裕民，江田人）、黄绮芬、张基等6人，他们都以教师身份为掩护，隐秘开展党的工作。当时的校长陈一中，老师陈宏令、陈春苑、李俊士等，都是本地教员，他们出身富豪家庭、乡绅阶层，为让他们支持并配合掩护党的活动，我党积极做好他们的统战工作，争取到了他们的支持，巩固了阵地。地下党员教师与当地教师密切合作，认真抓好文化知识教学，同时，大力宣传抗日救亡运动，大唱革命歌曲，宣传我党、我军的抗日主张与战绩，扩大与提高我党、我军政治影响和威信，加强爱国主义和革命精神教育。这对促进学生思想进步起到了重要作用。当时上莞地区贫富悬殊，阶级矛盾尖锐，为更好地执行党的团结抗日政策，做好统战工作，地下党员教师们走出学校，走访上莞知名绅士和开明地主，如陈湛波、陈春浓、陈瑞洲、陈廉阶、陈泽、陈寿良等，跟他们保持良好沟通和联系，争取他们的拥护和支持。他们对我党办学校给予好评，对我党宣传抗日救亡思想表示赞赏。因此，他们家里办喜事都邀请地下党员教师们做客。当时上莞处于白色恐怖时期，他们对地下党员教师起着掩护作用，使得党的隐秘工作得以顺利开展。

　　君陈小学为上莞新民村乃至河西区培养了一批又一批有识青年学子，特别在地下党教师的教育引导下，发展了一批学生党员，如陈维史（上莞墩头人）、陈启林（上莞新民人）、许蔚青（船塘铁坑人，又说是李冠，船塘李田人）等，也为后来河西革命根据地培养了众多革命志士，他们包括教师陈志英，进步青年陈寿尧、陈谷流、陈寿海、陈寿成、陈云舫、陈日林、陈为、陈平、陈彩瑞、陈锦云、陈粤龄、陈罗锦、陈基、陈伦、陈省斋等。

二、地下党组织的秘密活动场所——八斗种聚星门

八斗种聚星门位于上莞镇新民村中心位置，属客家传统围屋建筑，始建于清咸丰十年（1860年），坐东向西，总面阔85.3米，总进深83.8米，占地面积约7148平方米，全栋布局为方形，由主

新民村八斗种聚星门祖屋

体建筑和外围两栋整合而成。主体建筑由三堂四横屋构成，四横屋与主体堂屋的二楼相连通，外围屋是围绕主体建筑的四侧排屋。外围前排屋与主体建筑之间设有小院，并有上二楼通口及各位置进出二楼通口。屋前一个半月形池塘，中轴主体建筑面宽五间，深三进。由砖、瓦、土、石、木构筑，中堂木屏门横额镶嵌有阳刻繁体行书"有政堂"木匾，堂前带天井与两廊，外围屋均为排屋式布局，前排屋居中有石拱门，拱门门额有阴阳刻八卦图案，上方镶嵌阴刻繁体"聚星门"石匾。中厅两侧大柱刻着祖训对联"教子读书，纵不超群也脱俗；督农耕稼，虽无余积省求人"。

抗日战争时期，地下党组织成员郑重文、程光等以在君陈小学教书的身份为掩护，秘密在上莞地区开展党的活动。

由于当时上莞正处于国民党白色恐怖统治下，地下党员教师只能白天教书育人，晚间开展活动。由于学校人多嘴杂，党的活动不方便在

学校进行，经过周密踩点勘察，选定离学校不远的八斗种聚星门围屋为我地下党秘密活动场所。之所以选定那里，一是因为八斗种聚星门客家围屋建筑面积大，结构复杂、坚固，隐秘性好，防御性强；二是因为八斗种自然村有较多进步青年学子，如陈寿尧、陈谷流、陈粤令、陈寿海等，群众基础较好。通过陈寿尧、陈谷流学子，秘密活动场所选在聚星门围屋东北角碉楼的二楼。地下党组织经常夜间在秘密活动场所召开会议，传达学习上级党组织指示精神，研究开展党的工作以及发展吸收党员等。中间曾发生了多次有惊无险的故事。

1939 年秋，为了发展我党组织的力量，由欧阳梧同志介绍，吸收陈金荀、陈振中两位进步青年加入了中国共产党，同年，由特派员尹林平为书记，田裕民、饶卫华、陈金荀、陈振中等组成中共上莞党小组，所有这些吸收发展党员的会议以及党小组的活动都在八斗种聚星门围屋东北角碉楼的二楼进行。

1941 年夏，受蔡子培委派，由郑重文召集君陈小学党小组党员在八斗种秘密活动点召开紧急会议，传达上级党组织的指示精神。5 月的一天夜里，在八斗种进步青年的掩护下，郑重文同志组织地下党组织成员在秘密活动场所召开会议，传达上级指示精神，研究近期党的工作。为了确保秘密会议顺利召开，圆满完成，在进步乡绅的支持下，组织八斗种进步青年和群众做好了外围安全保障工作，由陈寿尧、陈谷流、陈寿海、陈粤龄守护本村 4 个进出路口，由陈平、陈振中、陈锦云、陈彩瑞等人站岗放哨。5 月的深夜，乌云密布，雷声闷响，一时风，一时雨，在严密的安保守护下，我地下党组织的领导及会议成员秘密进入会场，会议从凌晨开始，进行约 1 个小时后，忽然几条家犬拼命嚎叫，事发突然，情况不明，为确保地下党领导的安全，会议立即暂停，参会人员分开从多个通道撤离，分散隐藏起来，等探明原因后再相机而行。经过近半个小时的核查，发现是两个青年村民去稻田里抓青蛙，致使家犬发现生人而拼命嚎叫。事情搞清楚后，会议继续进行，直至将近天亮才圆满结束。会议结束后，地下党组织的领导对守护、站岗人员表达了深深的感谢。得到上级领导的鼓励和表扬，进步青年学子也深感自豪。

1942 年深秋，在君陈小学的中共河西县委的直接领导下，上莞各党小组、县委机关、各地下党组织集中在八斗种秘密活动场所召开扩大会议。由于参会人员较多，泄密风险大，为确保会议安全顺利召开，我地下党组织周密安排，精心布置。深秋的夜晚，尽管寒风刺骨，但各守护、站岗、放风人员晚上 9 时准时到岗就位，会议在深夜 11 点半召开。会议宣布成立上莞乡农民抗日救国会，由陈志英同志任会长，发动各村成立农民协会，全面开展"二五"减租减息，宣传抗日救国主张，从而同全国人民一起抗击日寇侵略。

1947 年初的一天夜晚，北风呼啸，寒气逼人，中共九连地委书记魏南金在随身卫兵陈伦、陈省斋（均为本地人）的保护下，来到八斗种聚星门围屋秘密会场，立即通知相关人员召开会议，传达学习上级领导指示精神，部署当前革命工作。会议进行到大约凌晨 2 时许，突然"啪啪啪"的响声连起，在那万分危险时刻，我守护人员、卫兵护着我党领导通过暗道暂时离开会场，并通知反复核实情况。经各路放风人员核实，原来是虚惊一场，是邻屋的一位老人去世，在送故人去祖堂时放了鞭炮（按当地风俗，老人死后，沐浴更衣后要安放在祖堂大厅，让子孙吊拜，再进行葬礼）。核实情况后，会议继续进行。会议研究成立了飞虎三个中队，任命三个中队长，陈国汉同志任飞虎一队队长、陈云舫同志任飞虎二队队长、李汉杰同志任飞虎三队队长。会议开至凌晨 4 点多才圆满结束。听当事人说，当时真的吓死人了。经过一次又一次有惊无险、转危为安的磨练，八斗种聚星门围屋秘密活动场所也得到了上级组织和领导的肯定和赞赏。

君陈小学地下党组织的出色工作表现以及八斗种聚星门围屋秘密活动场所的安全保卫工作受到了上级党委的高度肯定和赞扬，上级党和部队的领导多次莅临君陈小学和八斗种秘密活动场所指导革命工作，总结斗争经验，包括梁威林（中共后东特委书记、粤赣湘边纵队副政委）、严尚民（中共九连工委书记、粤赣湘边纵队参谋长）、魏南金（中共九连地委书记、粤赣湘边纵队政治部主任）、郑群（中共九连地委常委、粤赣湘边纵队副司令、东二支队司令）、林镜秋（中共九连地委委员，东二支队参谋长、第六团团长）、黄日（河西人民自卫队教导员、东二支队七团政治部主任）、程光（中共上莞区委书记、河西县委副特派员，常驻上莞君陈小学）、罗格（东二支队交通总站站长），等等。

三、基因传承，人才辈出

在君陈小学地下党组织的感召下，在中共九连工委、河西县委的领导下，上莞新民村涌现出一批又一批青年志士，他们为九连地区乃至广东的最后解放作出了不可磨灭的贡献。

陈志英，新民村下江人，曾任君陈小学教师，1941年加入中国共产党，作为本村君陈小学的地下党员教师，为当时上莞地下党工作作出了不可替代的贡献。1942年，任上莞乡农民抗日救国会会长，争取到同村人陈宏令伪乡长的支持，领导开展抗日救国运动，并利用陈宏令掩护我地下党组织在君陈小学开展各项工作。1946年，因组织需要参加东江纵队工作，任文化教员。1949年7月，任河西区（河源第一区）副区长兼共青团书记。

陈宏令，1912年生，新民村下江人，曾任国民党上莞乡伪乡长，在同村人陈志英的感召和我地下党组织的引导下，支持拥护我党的工作，为君陈小学地下党工作的开展起到了掩护作用，为中国共产党解放事业作出了贡献。新中国成立后，深受我党各级领导称赞，后被我党安排工作。

陈云舫（1911—1947），新民村下江人，自读小学时起，便深受孙中山民主革命运动影响，后受中国共产党地方组织指导教育。1947年，加入中国共产党地方游击队，并在我党的领导下，组建飞虎二队，任队长。在飞虎队中与战士同甘共苦打成一片，事事身先士卒，努力掌握战斗的要领，苦练杀敌本领。1947年深秋，在常美垦背战役中，为了掩护中共九连工委领导安全转移，在危急关头身先士卒，把敌人火力引向自己，在激烈战斗中右手中弹负伤，因流血过多，抢救无效，于第二天不幸牺牲，时年36岁。

陈日林，1929年生，新民村江头人，1947年11月参加游击队，1949年加入中国共产党，曾在河源铁流队、粤赣湘边纵队六团、广州公安局任班长、排长等职务。经历过大人岭、九连山、热水、白礤等激烈战斗的洗礼，屡次立功受奖。1956年，从部队复员留在北京机关工作。1957年，申请到祖国最艰苦、最急需的内蒙古石油地质部门工作，1987年光荣离休。

陈寿尧（1919—1971），新民村八斗种人，1948年加入中国共产党，先后任上莞农会会长兼君陈小学校长、上莞区书记、义合区书记。1961年，调任河源县副县长兼埔前党委书记。

陈琼，1919年生，新民村老屋下人，1949年加入中国共产党，曾任上莞乡农会会长，六区、七区农民协会主席。先后任灯塔、顺天、义合、城镇党委副书记。

陈为（1915—1975年），新民村江头人，1946年加入中国共产党，1947年参加游击队，曾任七区武装部部长、南湖武装部部长，后任河源县交通科科长。

陈月，新民村老屋下人，老游击队员，曾任河源公安排长。

其他参加游击队的有陈卫中（新民村下江人）、陈振中（中共党员，新民村下江人）、陈寿朋（新民村下江人）、陈志强（新民村下江人）、陈五英（烈士，新民村江头人）、陈平（中共党员，新民村围龙人）、陈彩瑞（女，新民村围龙人）、陈锦云（女，新民村围龙人）、陈寿成（中共党员，新民村协兴塘人）、陈谷流（中共党员，新民村八斗种人）、陈粤令（新民村八斗种人）、陈寿海（新民村八斗种人）、陈钦令（新民村江头人）、陈罗锦（中共党员，新民村江头人）、陈永（又名陈基，新民村江头人）、陈万胜（新民村江头人）、陈伦（新民村围龙人）、陈世平（新民村老屋下人）、陈均（新民村协兴塘人）、陈源海（新民村沙罗顿人）、陈裕泽（新民村人）、陈日水（新民村格塘人）、陈寿挺（新民村沙罗顿人）、陈寿兴（新民村沙罗顿人）、陈瑞中（新民村油房下人）、陈彩石（新民村大夫第人）、陈寿段（新民村大夫第人）、陈省斋（新民村石榴花人）、陈娘雨（新民村围龙人），等等。

在中共河西县委地下党的直接领导，在君陈小学党组织的感召下，在君陈小学教书、读书的老师和学生中，涌现了一大批革命志士，其中上莞籍的有田裕民、陈风平、李林、陈速影、陈维史、陈振中、陈少卿、陈泽、陈启林、陈柏祥、陈金荀等。他们为党的事业、民族解放事业以及解放后的国家建设事业作出了一定贡献。据不完全统计，在抗日战争时期和解放战争时期在君陈小学教书、读书，后参加革命的离休干部有60余人，其中厅级干部6人，处级干部20余人。

常美村的红色记忆

李志强

常美村是影响较大的红色村，拥有丰富的红史资源，是解放战争时期中共九连工委驻地。中共九连工委第二次扩大会议、上莞塱背战斗就发生在此。常美村的红史故事流传至今，让人常常记起。

一、中共九连工委第二次扩大会议

河西区上莞镇因地理环境有利，群众基础好，成为中共九连工委机关驻地和主力部队集结的地方之一。1947 年 6 月中旬，中共九连工委选择上莞常美塱背作为驻地。严尚民、魏南金、钟俊贤、曾志云等工委领导经常在此接头，联系开会，指挥着整个九连地区的革命斗争。

为了进一步加强九连地区革命斗争的组织和领导，明确任务和目标，1947 年 8 月 27 日至 30 日，中共九连工委第二次扩大会议在这里召开。会议主要内容为：在总结初期斗争经验基础上，决定将九连区划分为河东（河源东部及紫五龙边区）、河西（河源西部及龙川中部）、连和（连平东部及和平西部）、和东（和平东部、龙川北部、粤赣边区）四个战略区，后来，又增加了新连（新丰及连平西），分区开展武装斗争，建立游击基地，先分散创立发展，再逐步连片形成以九连山为中心的游击斗争根据地。各个战略区同时组建中共九连工委各分区党的工作委员会（简称"分工委"）。其中河东分工委（中心县委，又称"中共紫五龙河分工委"）由钟俊贤兼任书记，王彪负责武装工作；河西分工委由李辉任书记，黄日负责武装工作；连和分工委由曾志云任书记；和东分工委由魏南金任书记。

二、上莞垦背战斗 ①

"7月下旬，敌向连和区、和西区进犯，和平青州等地陷入敌手。8月2日，严尚民率中共九连区工委领导机关及主力主动撤出青州，于8月3日转移到河西指挥作战。

"敌人企图消灭九连武装队伍的阴谋屡遭失败，但仍贼心不死。8月31日，当敌人获悉中共九连工委机关转移河西上莞（常美垦背）后，国民党保安第五团、第八团及保一团一部分、河源县警队纠集共500多人，分两路从曾田、船塘方向向上莞'扫荡'，企图围歼中共九连工委机关人员及主力部队。"

中共九连工委分析，敌人可能从忠信经船塘来袭，于是布置许逢利率猛狮队在铁坑苏茅坪戒备。31日晨，又决定派连和民主义勇队主力雄狮队和河西区的铁流队分赴铁坑增援，这两个中队驻于上莞垦背村。同时，部署陈国汉率飞虎一队、陈云舫率飞虎二队在垦背村设防迎敌，李汉杰率飞虎三队则在下寨兴隆寺御敌。但敌一反常态，避开大路抄小路袭来。12时许，敌保安第五团一部200余人，突然由忠信方向窜来，占据制高点后，以密集的火力向河西区猛狮队扫射，猛狮队当即登山还击，双方展开激战。下午3时，黄日率铁流队、曾观和率雄狮队抢占制高点准备迎敌。飞虎一队、飞虎二队奉命赶来增援，却与从蓝口

---

① 《中国共产党河源县地方史（1919.5—1949.10）》，中共东源县党史研究室、中共源城区党史研究室著，中共党史出版社出版。

方向窜来的敌保安第八团一部及国民党河源县长马克珊带领的县警队遭遇。敌抢先占领岐岭山，以密集火力向飞虎一队、飞虎二队扫射。飞虎一队、飞虎二队迅速登上与敌阵仅距 300 米的狮头山，在半山坡上毫无掩蔽地边打边向长岗岌方向撤退。这时，敌保安第五团也经下寨赶到石坎坝，遭飞虎三队阻击。黄日率领铁流队登上河公山，端起机枪向敌人射击，全体指战员奋力作战，打退保安第五团的疯狂进攻，掩护中共九连工委机关及部队安全撤退。黄昏，部队撤至李田、苏杨坑一带。

此战，飞虎一队队长陈国汉、飞虎二队队长陈云舫及 3 名战士血战阵亡。之后敌人占据上莞，一面封锁搜山，一面勾结当地土豪劣绅强迫群众退还土地税谷，强迫武工队队员"自新"，并纵火烧毁游击队警卫员陈王石的房屋，在上莞横行作恶一月之久才撤退。

三、黄日大队长抱我上山转移（李启吉）

1947 年农历七月十六日，国民党精锐美式装备的伪保五团、伪保八团共 500 多人枪疯狂地向驻在塱背的我地下党机关和游击队主力部队进行大扫荡。上莞游击飞虎一队、飞虎二队两个中队和黄日大队、铁流队、猛狮队集中火力，奋起还击，对伪保五团、伪保八团展开了反"扫荡"战斗，我方快速登上狮头山、社公岭对敌展开了激战。

当时我好奇地跟着黄日大队长登上了社公岭，觉得打仗并没有什么可怕的，可是敌我双方对攻时，刺耳的枪声也叫我有点害怕。黄日大队长见我是个小孩，便上前将我抱起来了，一手抱住我，一手持着枪边走边向敌人射击（后来得知黄日是有勇有谋的神枪手）。两股敌兵被我方打得焦头烂额，死伤 10 多人，仓皇逃至上莞下圩。

四、顽强的墈背村人

当年墈背村里一个叫李钦光的青年人,在梅州求学时,接触过共产党人郑群等,认识到共产党是贫苦百姓的引路人,立志献身于劳苦民众求翻身、中华民族求解放的伟大事业,开始参加共产党组织的革命活动。

1947年,中共九连工委及其组织的九连山游击队进驻九连地区创建革命根据地,来到上莞区开展革命斗争活动。李钦光回到老家,将本屋青年人李每仔、李其轩、李其安、李时梯、李时罗等人组织起来,秘密成立小组,积极联系九连党组织和游击队伍,请求参与革命活动,于是墈背村成了中共九连工委转战河西后在上莞的较好落脚点之一。

1947年6月中旬,中共九连工委挺进上莞区,驻扎在常美墈背村周边山地,工委驻地设在墈背村高排屋。而这里正好符合中共九连工委要求的几个进驻条件,于是工委在常美墈背村落脚驻足,度过了一段安稳的时光,得到了暂时的休整,常美墈背村也成了上莞区的"红心村"。

墈背村驻扎着中共九连工委和共产党所领导的九连山游击队,成了国民党反动派的一块心病,他们千方百计地想对这个"红心村"进行无情的"扫荡",欲除之而后快。但是,顽强而英勇的墈背村人不畏强敌,坚决地按照中共九连工委的统一部署,做好反"扫荡"战斗准备。在李钦光的带领下,村民们被组织起来,凡是16岁以上的青年人都自觉行动起来,有的以放牛为名到几里路外的村口瞭望放哨,有的登上屋背后的狮头山上远眺巡视,有的帮游击队设置路障等,硬是阻止了敌人的一次又一次的骚扰袭击。

1947年8月底,敌人趁中共九连工委召开扩大会议之机,纠集了保安部队和警队500多人,气势汹汹地来了一次大扫荡,对墈背村实施大举进攻，妄图包围并一举消灭中共九连工委及其主力部队，其中以 8 月 31 日下午的战斗最为激烈。英勇的垦背村人民积极配合九连山游击队参战，经过五六个小时的激战，打死打伤敌军 30 多人，终因敌强我弱，游击队只好在保证中共九连工委机关人员的安全下，且战且退，带着村民趁着夜色撤出村子，转移到狮头山上。

五、智救交通员梁珊（李文彬）

垦背战斗是我党领导的地方武装与国民党正规军警武装在垦背拉开阵势的武装战斗，虽是我弱敌强，但我方有人民群众的支持，有拿锄头、镰刀上阵的老百姓，最后以我方成功反"围剿"而告终。战斗结束，当地群众上山打扫战场时，听到山上有呻吟声，群众发现一位身负重伤的女人躺在老人坑。经查问，她是中共九连工委交通员梁珊（中共九连工委组织干事、严尚民书记的妻子），在撤退时负重伤没有跟上队伍，只得独自躲在老人坑等待救援。当时局势紧张，群众在山中搭了个草棚，坚持每天派人送饭送药。1 个多月后，梁珊身体稍有好转，游击队受派秘密转送她到河东老区继续医治。

六、游击队员教唱革命歌

1947 年 6 月，中共九连工委撤出和平青州村，转到上莞镇常美垦背村驻高排屋，以避开国民党反动派的进攻。从 6 月下旬陆续到来到 8 月底垦背战斗后转移，时间达 2 个月之久。随后垦背成为中共九连工委的流动指挥部，严尚民、魏南金等工委领导经常在此驻扎，九连部队有黄日大队、铁流队、飞虎队等游击队 120 多人驻守在此，一方面进行集中休整、学习培训，一方面作为守卫部队守护着地委，指挥九连各地的斗争。

游击队员驻守在塈背村期间，与这里的群众打成一片，建立了深厚感情。发生在这里的故事特别多，至今令我印象深刻的是游击队员教唱革命歌曲。

如今塈背村中的老人一说起当年跟游击队员学唱歌的故事就高兴得手舞足蹈，满脸喜悦，唱起那几首歌则更是带劲。他们至今都对歌词记忆犹新。

愤怒蒋介石之歌

你看那个蒋介石啊！到处都是打败仗。抽兵勒索个个叫冤枉。

千年受苦千年限啊！今年穷人翻身了！铁节生头粉枪土炮杀那个蒋狗仔。

打倒蒋贼人人有份。男女老少齐努力。前方打仗，后方生产。

我们有安乐，新民主主义新世界。

你说好不好？"好——"人人有吃有穿有住。你说好不好？"好——"

蒋币无人爱

看啦！看啦！蒋介石就会倒台了。

蒋币完全无信用，纸币无人爱。

大地方上人们自动用白银，用金条，用人民币。

我的乡下前日不用五万元。

纸币今天早上去上街，商店老板他说："五万元也不用了。"

死贼蒋介石，过磨蒋介石。我看你确实不久。

不用多久十万、百万、千万那就不用了。

金元那就废纸一样都无人爱。

那时你死日就到来。我看你不用多久就倒台。

几首通俗易唱的革命歌，直截了当，简单明了，爱憎分明。让人听得陶醉，听得感动，也让人在聆听歌声时，直接感受到蒋介石及其反动派的"坏"，认识到共产党领导人民进行革命斗争，为人民求解放、谋幸福的"好"。

七、和春堂池粦球医生救治伤员（池静）

1947年农历七月十二日至十六日，在上莞镇常美村垦背发生了一场反"围剿"战斗。那是国民党反动派纠集军警500多人进攻驻扎在垦背村的共产党九连工委和游击队的一场战斗。这场战斗是很残酷的。游击队牺牲了几个队员，受伤的就更多了。

爷爷听说游击队员受伤，困在垦背村没有药治！怎么办呢？爷爷对他们的英勇行为是无比赞赏的，作为治病救人的医生得想办法去救治伤员。当时的情势下，想帮助游击队员是困难重重，想送药给游击队员更是难上加难。面对反动派不准为游击队治病疗伤的禁令和反动军警的搜查与追踪，爷爷急得像热锅上的蚂蚁，好不容易想出了一个很妙的办法来，利用下乡会诊时机，分次把一些消炎、创伤药磨成粉末，夹在给妻子（我奶奶阿红婆）切丝磨牙用的烟叶里面，趁着走亲戚、圩日赶集的时间偷偷地把药送到游击队指挥部高排屋，让伤员得到医治。游击队员感激地说："你是我们的救命恩人，我们会永远记住你，历史不会忘记你的。"

池粦球医生妙计救伤员，提升了"和春堂"在河西区群众中的声誉。党组织和游击队也都暗中保护着"和春堂"，双方保持着紧密的联系。

茶乡仙湖村的红色印记

曾云科　曾志峰

———————————　★　———————————

　　仙湖村位于上莞镇东南部，地处上莞、柳城、蓝口、曾田四镇交界的仙湖山脉，周围崇山峻岭，常年云雾缭绕，除了出产远近闻名的高山茶叶——仙湖茶，也是抗日战争、解放战争时期共产党人开展革命活动的场所。

一、一支部队：仙湖顶"太平洋"总部

　　解放战争时期，1948 年 8 月 7 日，中共九连地委在河西区上莞下圩召开有 3000 多名军民参加的大会，成立了广东人民解放军粤赣边支队，司令部设在新南村六角楼。会议将铁流队、火球队、捷克队、飞虎一队、飞虎二队、飞虎三队等 16 支游击队伍进行整合，编入粤赣边支队第七团，由李辉、黄日、郑风等领导，对外称"太平洋"，总部就设在仙湖山的村落中。"太平洋"部队在仙湖山驻地开展集训，进行战后休整和疗养伤员等。"太平洋"与其他兄弟部队一起在河西区取得了白马、鹤塘、大坪、大人岭四次战斗的胜利（另一场胜利在大湖，合称"五战五捷"），在反击国民党反动派对河西革命根据地的"围剿"进犯以及在河西区乃至九连地区的解放战争中作出了重大的贡献。

二、一场战斗：坳顶阻击战

　　上莞坳顶（又称柳城坳）位于仙湖村峡下，是上莞经柳城去往龙

川必经的山坳，为狭长山谷，地势险要，易守难攻，是伏击的绝佳地点。九连游击队常到这一带活动。

1948年5月，上莞曾田联防指挥部收到情报称：国民党保五团纠集龙川、柳城联防队500多人，将于次日经柳城石侧、黄洞三折岭进攻上莞。得知情报后，中共九连工委下令组织队伍到峡下坳顶阻击敌人。次日一大早，河西武工队和民兵常备队1000多人进入坳顶和三折岭两侧的高山埋伏，上莞武工队派分队长陈钦令带领32名战士和300多名基干民兵，进入坳顶及其前面的3个山头，隐蔽于壕沟掩体之中，作正面防御阻击，其他战士则视战斗发展情况进行紧急支援。上午，保五团一个营及龙川、柳城联防队500多人，沿三折岭向坳顶袭来，因为害怕有埋伏，敌人集中火力向坳顶及其两边山头进行了试探性射击。当敌军接近山顶时，我坳顶两侧山头的民兵集中火力向敌人射击，农民群众也跑上山头参战。经过2个多小时的激战，打退了敌人多次进攻，敌军以为我方有主力部队参战，恐被截断后路"关门打狗"，只好原路撤退，民兵战士见状组织追击，坳顶阻击战取得了胜利。凯旋的武装队伍返回上莞后，选在李白村李屋楼集结休整。

在仙湖村峡下小组的坳顶坪，至今还保留着上莞武工队32名游击队员和1000多名民兵与国民党保五团及其地方反动武装激战的痕迹。

此次反"清剿"自卫阻击战的胜利，粉碎了国民党反动派对我上莞革命根据地袭击扫荡的企图，浇灭了敌人的嚣张气焰，大大激励了我地方武装和人民群众的士气。

三、一群英雄：仙湖村的革命志士

仙湖村独特的地理位置、坳顶阻击战的胜利打响以及"太平洋"总部的驻扎，特别在党组织和游击队为贫苦人民翻身解放而勇于战斗不怕牺牲的革命精神感召下，仙湖村涌现出一批进步青年和革命志士，包括曾锡翔、曾维新、曾心友、廖桂周、廖国如、廖木明等。

（一）红心教师曾维新

曾维新（1913—1983），男，上莞镇仙湖村人。曾维新少年时期曾在梅县和龙川读书求学，思想进步，毕业后，回到与家乡仙湖一山之隔的柳城石侧村，成为一名教师。

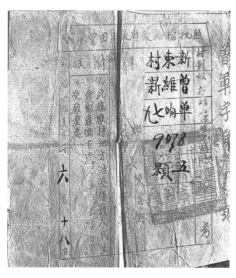

1930年曾田乡伪政府发给曾维新的枪执照

1930年，曾维新在仙湖（当时属曾田新东村管辖）维持治安，曾田乡伪政府给他发了枪。后来在曾锡翔的影响下，信仰共产主义，参与共产党的革命工作。在抗日战争、解放战争时期，他一边教书育人，一边掩护地下党组织及游击队开展活动。解放战争时期，由于石侧村是龙川经柳城通往河西上莞革命根据地的重要交通要塞，国民党派出军队长期在此驻守，因此，河西游击队战士只能在夜间活动，并选择在曾维新的住处碰面，曾维新除了冒险给游击队提供掩护，还不点煤油灯，尽量不出声响给红军战士们制作食物。曾维新一心向党，为党和人民翻身解放事业默默奉献自己的力量，是我党信得过、靠得住的堡垒户。

（二）老游击队员曾心友

曾心友（1926—2011），上莞镇仙湖村人，老游击队员。解放战争时期，邻镇柳城镇的石侧村有国民党部队常驻，常年为害一方，东江游击队为与之抗衡，暂住仙湖村。非常时期为了保密，村民并不知道游击队队员身份，直到有一天，游击队在石侧一带遭受国民党"围剿"，队

长受了枪伤，无处可逃之际，恰
巧曾心友路过。见伤者伤势严重，
后又有追兵，曾心友二话不说，
直接背上队长往仙湖山跑。为避
开敌人追击，他们不敢回家，隐
藏在一处叫石岩下的石岩处养伤，
待队长伤情好转后再联络其他游

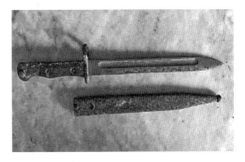

游击队长赠予曾心友的枪尾刀

击队员。队长为表达救命之恩，将他在战场上缴获的战利品枪尾刀赠予
曾心友，曾心友也从此参加了游击队，后参加了多场游击战争。新中国
成立后，曾心友担任过民兵营长，也入了党，因为是游击队员，所以拥
有过枪支，后被政府收回。曾心友老人的枪尾刀现存于其后人曾新令家
中，还保存完好，成为曾心友同志在那段峥嵘革命岁月的见证。

（三）老游击队员廖桂周

廖桂周，男，1926年10月生，上莞镇仙湖村峡下人，老游击队员。
解放战争时期，他积极参加河西武工队，在与敌人的战斗中展现出非凡
的勇气和忠贞不渝的精神。在战斗中，由于敌我力量悬殊，廖桂周不幸
被俘虏，面对敌人的严刑拷打、残酷迫害，他宁死不屈，绝不向敌人泄
露半点秘密。在取得敌人信任后，为其带路时拖延时间，随机应变，为
我军争取有利时机。后来，廖桂周在夜间趁敌军不注意成功逃脱，返回
组织如实汇报，再次回到游击队从事革命工作。廖桂周的曲折经历不
仅展现了个人的勇气和机智，也体现了他对祖国和组织的无私奉献和
忠诚。

（四）老游击队员廖国如

廖国如，男，上莞镇仙湖村峡下人，老游击队员。1948年1月参
加河西区武工队，曾参加坳顶阻击战、大人岭战斗，表现出英勇杀敌、
听从指挥、不怕牺牲、机智勇敢的优良品质，为河西乃至九连地区的解

放作出了贡献。

（五）老游击队员廖木明

廖木明，男，1933年3月生，上莞镇仙湖村峡下人，老游击队员。他于1947年2月参加了民兵组织，曾参加坳顶阻击战。

廖木明加入民兵组织以后，主要负责在坳顶放哨站岗的任务。由于他聪明机智，组织还让他临时承担情报传送及粮食、物资运输工作。坳顶阻击战期间，他参与开挖炮台和战壕等工事，为阻击战取得胜利贡献了自己的力量。

（六）老游击队员廖娘佑

廖娘佑，男，1927年2月生，上莞镇仙湖村峡下人，老游击队员。1948年1月参加河西武工队，曾参加坳顶阻击战、大人岭战斗。大人岭战役中，廖娘佑主要负责修补、设置爆破器材，他善于利用地形优势争取战斗突破，为大人岭战斗的胜利作出了贡献，为河西乃至九连地区的解放贡献了自己的力量。

（七）老游击队员张红

张红，男，上莞镇仙湖村三塘人，老游击队员。张红参加河西武工队后，凭借着对仙湖村每一个山头，每一条小路、沟壑的熟悉和了解，经常为游击队带路，让被敌人围追堵截的游击队伍绝处逢生、化险为夷，有时也为组织传送情报。他用平凡的行动阐释了一位武工队员的机智和勇敢，为河西革命工作贡献了自己的力量。

（八）抗美援朝老兵邹添

邹添，上莞镇仙湖村人，抗美援朝老兵。1951年10月，年仅19岁的邹添响应国家号召应征入伍，经过不到半年的简单训练后，便跟随部队开赴朝鲜战场。在激烈残酷的抗美援朝战争前线，邹添经历了无数战火的考验，在一场不知名的战役中，他所在部队遭到敌军异常猛烈的火力压制，眼看着身边一个个战友倒在血泊中，一起参军的战友却无法实现一起回家的诺言，他一度痛苦悲伤。这时他的左小腿也被敌人子弹击中，他以为自己也无法活着回家了，但战场的残酷由不得他半点难过，他很快化悲愤为力量，带着对胜利的深切渴望，决心与敌人决一死战。后来在兄弟部队的支援下，此次战斗取得了胜利，邹添因为流血过多晕倒在战场上，后被战友抬回救治。

经过紧急救治，他的左腿保住了，经鉴定为三级伤残，由于腿受过伤，行路不便，不再适合行军打仗，邹添于 1953 年 9 月退伍回老家务农直至终老。

（九）越战老兵李水香

李水香，1958 年 3 月出生，上莞镇仙湖村下径人，1976 年入伍，1979 年参加对越自卫反击战争。他所在的部队为守卫龙州大桥（连通中国、越南的重要交通通道），保障我军进出越南通道畅通，多次化险为夷，成功守护了龙州大桥不受敌军袭击毁坏。他默默守护龙州大桥，为前线战士保护好凯旋回国的通道，为战争的胜利作出了自己的贡献。

（十）越战老兵廖锦堂

廖锦堂，1957 年 5 月生，上莞镇仙湖村峡下人，1976 年入伍，系原 53015 部队一名战士，曾参加对越自卫反击战，并在激烈的战斗中受伤，经鉴定为三等二级伤残，于 1981 年复员退伍。1982 年，廖锦堂被分配到河源县外贸局工作。

（十一）越战老兵陈院华

陈院华，男，1958 年 2 月生，上莞镇仙湖村柑园人，1976 年入伍，系原陆军 53807 高炮师警卫团战士，1978 年底赴广西凭祥，参加对越自卫反击战。他所在的警卫团不仅要担负保卫首长与后勤装备的任务，还要负责传递重要的军事指令。他所在部队的位置距离边境线仅有四五公里，面临着巨大的炮击风险和保卫压力。陈院华以出色的能力机智地完成了任务，为对越自卫反击战的胜利贡献了自己的力量。

四、一块宝地：茶乡仙湖村

一片叶子，"火"了一座山。大自然的鬼斧神工造就了仙湖山的"一山存百峰"，主要的山峰有五指峰、大人岭、草帽顶、文昌公凹、黄泥填坑、老蟹返岩、将军挂甲、鸡公冠、双门墩、半嶂河、石笱湖、猪肚地、大丈黄山、水打牛峰、棺材潭峰、野猪坳、竹排山、油茶排山、横岗、李屋山、新开路山、八年坑山、桥头路山等，其中五指峰最为有名。五指峰常年山雾缭绕，犹如云端，远望绵延的五座山峰如手掌般张开，因而得名。值得一提的是，百峰有一峰成一湖，名曰仙湖！上莞仙湖山冬暖夏凉，四季宜人，属中低纬度带上的山地型温和湿润气候，年平均气温18.5℃，属南亚热带气候的边缘，是中亚热带与南亚热带的过渡区。仙湖山海拔1080米，因仙湖有百峰，旁有东江盘踞，每当气候变化，江水成雾，随风进山，百峰形成天然屏障，易进难出，终使仙湖山云雾缭绕，也为茶树生长提供了得天独厚的自然条件。俯瞰仙湖山，一棵棵茶树在山坡蜿蜒，层层叠叠如大地的"指纹"。仙湖茶种植历史为2200多年，相传当年赵佗南下因水土不服，又回中原，二次南下带来品种种植。万亩茶园中，每逢采茶季节，炒茶的清香伴随袅袅

仙湖山茶园风貌

炊烟，背着背篓的客家采茶妹穿梭在茶山之间，一幅国泰民安的丰收画卷，吸引着来自全国各地的茶商和旅游休闲爱好者。

仙湖山资源丰富，山脉内有很多珍稀动物和许多古老植物，生长有寮刁竹（英雄草）、半枫荷、五指毛桃、金线兰等名贵中草药材，逾千年的绿茶茶树等稀有品种植物，山里有麋鹿、黄猄、穿山甲、刺猬、白雉、长尾喜鹊等珍禽异兽。

相传上古时，神仙为在龙川建无相塔，便招来土地公在仙湖山取土，土去山空，得仙湖。其间，神仙因夜风受寒，不经意间打了一个喷嚏，形成了仙湖山上云雾缭绕的风景。土地公建塔途中口渴难耐，神仙便随手在湖边点树成茶，是为仙湖茶，土地公顺手采摘一片叶子含在口中，瞬间精神焕发。一农夫路过躲一旁目睹一切，为能亲尝，学鸡鸣惊走神仙及土地公，再亲尝，口感"香、滑、甘、醇"，香味持久不散，果然解渴，美丽的传说世代相传至今。

蜿蜒崎岖的山路已经整洁地铺上沥青，进山初见寨下老村，该村以曾氏为主，于清道光年间建村，是仙湖茶的发源地，历代勤劳的茶农在此留下不可多得的 500 亩百年茶树。往前，又见 20 世纪 90 年代末开发的茶叶基地，基地上的瞭望台可览五县之风景，千里风光，尽收眼底。主干道旁的茶果公司旧址成了仙湖茶业历史发展长河的见证。

一片叶子，富了一方百姓，"全国乡村特色产业亿元村"的头衔是仙湖人民交出的最好答卷。随着茶叶省级现代农业产业园和产业强镇项目的落户，仙湖茶文化长廊、云上仙湖、仙湖鼎等茶旅休闲旅游场所应运而生，仙湖山正走在现代农业与文化旅游融合的可持续发展之路上。

河西区党组织和党员公开大会

陈良木

---⭐---

　　1950年5月24日，原河源县第一区（河西区）所辖的船塘、上莞、三河、漳溪、骆湖、曾田6个乡，万人空巷，人们早早吃过早饭，像潮水般涌向船塘中学广场。12时许，广场上人头攒动，红旗招展，锣鼓喧天，"东方红，太阳升……"的歌声四起，813名中国共产党员走进会场，中共河源县委代表和河西区委委员走上主席台，台下顿时掌声雷动，经久不息，这是中共河源县第一区党组织和党员公开大会的盛况。

　　1937年，卢沟桥事变后，抗日战争全面爆发。"天下兴亡，匹夫有责"，一批在龙川、梅县读书的河西区青年学子接受进步思想追随共产党投入抗日救亡活动中，其中包括上莞的田裕民等，在1939年夏秋之季加入了中国共产党，成为河西区第一批共产党员。1939年秋，东江华侨回乡抗日服务团（简称"东团"）第五分团30多人在团长朱公拔、副团长邹清容的率领下在河西宣传共产党的抗日主张。东团除了组织宣传抗日，还在船塘老围村发展党员建立党组织，1939年冬，船塘党支部（老围支部）建立起来了，1941年建立了河西县委，书记李福民，县委机关设在三河流洞文明小学，李福民调走后由郑重文接任特派员，县委机关转移到上莞君陈小学。新寨、老围、三河、上莞区委也在同一时期建立起来。

　　1942年5月，粤北省委组织遭破坏，省委提出"隐蔽精干，长期埋伏，积蓄力量，等待时机"的方针，要求各地党员各找社会职业作掩护。省委的指示因交通不便，到1943年春才传达到河西。从1943年夏起，河西区党组织奉指示停止活动，为保存力量暂时沉寂了一段时间，但是广大党员没有放弃斗争，他们通过各种途径或明或暗参与抗日救亡运动，发动"二五"减租减息运动。

抗战胜利后，蒋介石想独吞战果，撕毁"双十协定"，于1946年发动了内战。中国共产党指示全国各级党组织恢复武装斗争，揭露国民党反共阴谋。从1946年冬起，河西区的党组织坚决执行中共中央指示，党的活动迅速活跃起来，党的力量和武装队伍也不断壮大和增强。1947年春起，各游击队纷纷组建起来，到1948年8月7日粤赣边支队成立时，共有90支地方游击队组建了起来。

1947年7月，中共九连工委派员到河西恢复地方党组织的活动，10月建立了河西县工委，并先后在各乡村重建支部，建立了船（塘）三（河）区委，上（莞）曾（田）工委，1949年夏成立了河西区委，这段时间党的组织有了很大的发展。到1950年春，全区各乡均建立了党总支或中心支部，46个行政村有29个村建立了党支部，有的村建立了党小组，全区党员844人。1950年5月24日，在船塘隆重举行党组织和党员公开大会，公开的党员有813人，另有少数党员暂不公开，墩头村的4名党员在公开的名单之中。

苏杨村红史故事

刘东强

———————————— ⭐ ————————————

上莞苏杨村地处河源与龙川交界的山区，与龙川义都桂林边界处的桂林坳相邻，山高林密，是上莞通往义都桂林的必经之路，崇山峻岭，树林茂密，地势险要，具有易守难攻的自然屏障，是革命年代兵家必争之地。苏杨村刘太阳游击队的兵营就驻扎在这里。

一、桂林坳战斗

1948 年 5 月 5 日，桂林坳发生了一场惊天动地的惨烈战斗。当天，国民党保五团准备偷袭刘太阳驻扎在桂林坳的兵营，苏杨籍游击队员和其他外籍队员在刘太阳的指挥带领下奋力反击，英勇杀敌。为了保障前线的伙食供应，苏杨村党员及部分村民群众自发煮好饭菜挑送到桂林坳，并运送枪支、弹药到前线支援。所幸欧万、何记、刘佩浓及时将此次战斗情报传送给河西游击队，在游击队的合力阻击下，最后国民党保五团溃退败逃。在这场战斗中，苏杨村苏坑的陈炳佛战士受重伤，苏杨村上村的刘娘才战士在战斗中壮烈牺牲，年仅 19 岁。

此次反"清剿"自卫防御战的胜利，鼓舞了刘太阳团队的士气，为河西区反"清剿"战争的胜利奠定了良好基础。

新中国成立后，刘娘才的家人得到了政府颁发给刘娘才的烈士牌匾和发放的短期抚恤金，刘刚、刘来信 2 位党员参加了新中国通信、水利建设事业，其他 3 位苏杨籍党员和 29 位苏杨村村民都默默无闻、任劳任怨地耕耘在苏杨村农业一线，为建设新中国继续发挥光和热。他们隐姓埋名，从来不炫耀卓越功勋，鞠躬尽瘁，任劳任怨，从来不向组织伸手，从来不叫一声苦。

据了解，苏杨村游击队战士、部分村民还参加了常美塱背狮头山、两礤枫树坳战斗及坳顶防御战，后跟随和平县朱华林在和平县区域战斗，还运送枪支弹药、粮食到蓝口张丁佑家支持游击战争，积极开展抗息抗租运动，烧毁地主、豪绅、恶霸不合理的田券、债券、物券，没收地主、豪绅、恶霸的粮食、房屋分给贫穷农民，部分党员、村民踊跃捐赠武器弹药和运送军火、运送食品、护疗伤员。

苏杨村老游击队员有刘刚、刘太阳、刘娘才、刘迪良、刘来信、刘庚华、刘骏明、刘波、刘黄佑、刘亚燕、刘火明、陈炳佛、陈火生、陈如增、陈亚伍、何金水、何刘明、彭农云、刘永华、刘浩良、刘运堂、刘娘每。

苏杨村通信员有刘佩浓、刘新良、欧万、何记。

运送枪支弹药、粮食的村民有刘娘信、谢日娣、刘黄佑、刘迪良、刘庚华、彭添喜、彭健鸣、彭春鸣、刘娘每、李四娣、刘运堂。

护理伤员的村民有刘永华、陈九娇。

捐赠枪支弹药的村民有彭石水、彭罗明、彭育年。

二、人物事迹

刘太阳（1910—1948），又名刘金日，家中四兄弟他排行老四，上莞镇苏杨村杨坑人。9 岁至 12 岁读私塾，后来追随和平县游击队朱华林，与国民党浴血奋战，由于通信和环境原因，后来与朱华林失去联系。1948 年夏季，刘太阳带头组织苏杨村游击队员和其他非苏杨村队员在桂林坳阻击国民党保五团，拼死作战，英勇杀敌，最终取得了桂林坳战斗的胜利。

刘太阳队伍拥有近百人枪，其中苏杨村 20 多人，主要在河源县、和平县、连平县、紫金县、惠州东江一带活动，兵营主要安扎在骆麻坑决窝、苏坑何屋山顶。刘太阳队伍每到一处，都沉重打击当地地主、豪绅、恶霸，没收地主、豪绅、恶霸粮食及房屋分给贫苦农民，烧毁地主、豪绅、恶霸剥削贫穷农民的不合理田券、债券、物券。苏杨村苏坑彭金兰、彭罗仟等都接受过刘太阳的资助，龙川义都很多贫苦农民都曾得到刘太阳的资助。刘太阳队伍还经常袭击国民党军队，曾在和平、惠州博罗、河源义合、连平大湖等区域与国民党军队浴血奋战，同时刘太阳多次秘密为红军游击队筹集枪支弹药和粮食，运送到蓝口张丁佑家。

刘太阳队伍每到一处，都受到当地群众热烈欢迎和拥戴。由于刘太阳经常袭击国民党军队并为游击队筹集枪支弹药、粮食，引起国民党当局强烈不满，1948年中秋节前夜，在连平县忠信镇，刘太阳与其侄子刘火明一起惨遭国民党杀害，年仅38岁，后来其儿子也被国民党杀害。

三、苏杨村老游击队员、两纵战士名册

序号	姓名	性别	参战时间	参战项目	职务	面貌	备注
1	刘刚（刘裕光）	男	20世纪40年代	解放战争中，在龙川、老隆、和平东水、桂林坳等区域与国民党战斗。	游击队员、两纵战士	中共党员	健在
2	刘太阳	男	20世纪40年代	1. 追随和平县下车镇朱华林，在和平区域战斗。 2. 烧毁地主、富豪、恶霸不合理田券、债券、物券，没收地主、富豪、恶霸的粮食、房屋分给贫穷农民。 3. 将枪支弹药、粮食运送到蓝口老蒲场村三口塘张丁佑家，支持游击战争。 4. 带头组织桂林坳阻击战斗。	游击队员、两纵战士	群众	惨遭国民党杀害
3	刘亚燕	男	20世纪40年代	参加常美狮头山战斗、两礤枫树坳战斗、桂林坳战斗。	游击队员、通信员	群众	病故
4	刘佩浓	男	20世纪40年代	负责送情报。	游击队交通站站长	群众	病故
5	刘新良	男	20世纪40年代	负责送情报。	游击队通信员	群众	病故

续表

序号	姓名	性别	参战时间	参战项目	职务	面貌	备注
6	欧万	女	20世纪40年代	在桂林坳战斗中，负责送情报。	无	群众	病故
7	何记	女	20世纪40年代	在桂林坳战斗中，负责送情报。	无	群众	病故
8	刘迪良	男	20世纪40年代	参加桂林坳战斗，负责为游击队运送食品、枪支、火药。	游击队员	群众	病故
9	刘来信	男	20世纪40年代	参加常美狮头山战斗、两礤枫树坳战斗、上莞坳顶战斗、桂林坳战斗。	游击队员、两纵战士	党员	病故
10	刘娘才	男	20世纪40年代	参加桂林坳战斗，在反抗国民党保五团时壮烈牺牲。	游击队员、两纵战士	群众	烈士
11	刘庚华	男	20世纪40年代	参加两礤枫树坳战斗、上莞坳顶战斗，在常美狮头山战斗、桂林坳战斗中，负责运送食品。	游击队员、两纵战士	中共党员	病故
12	陈炳佛	男	20世纪40年代	参加常美塱背战斗、两礤枫树坳战斗、桂林坳战斗。	游击队员、两纵战士	群众	桂林坳战斗时重伤，后病故
13	陈火生	男	20世纪40年代	参加常美塱背战斗、两礤枫树坳战斗、桂林坳战斗。	游击队员、两纵战士	群众	病故
14	陈如增	男	20世纪40年代	参加常美塱背战斗、两礤枫树坳战斗、桂林坳战斗。	游击队员、两纵战士	中共党员	病故
15	刘骏明	男	20世纪40年代	参加常美塱背战斗、两礤枫树坳战斗、桂林坳战斗。	游击队员、两纵战士	中共党员	病故
16	彭添喜	男	20世纪40年代	为游击队运送食品、枪支弹药。	无	群众	病故

序号	姓名	性别	参战时间	参战项目	职务	面貌	备注
17	彭健鸣	男	20世纪40年代	为游击队运送食品、枪支弹药。	无	群众	病故
18	彭春鸣	男	20世纪40年代	为游击队运送食品、枪支弹药。	无	群众	病故
19	陈亚伍	男	20世纪40年代	参加常美垒背战斗、两礤枫树坳战斗、桂林坳战斗。	游击队员、两纵战士	群众	病故
20	刘波	男	20世纪40年代	参加常美垒背战斗、两礤枫树坳战斗、桂林坳战斗。	游击队员、两纵战士	中共党员	病故
21	刘黄佑	男	20世纪40年代	参加桂林坳战斗，负责为游击队运送食品。	游击队员	群众	病故
22	刘娘信	男	20世纪40年代	在桂林坳战斗中为游击队运送食品。	无	群众	病故
23	刘永华	男	20世纪40年代	1. 参加桂林坳战斗。 2. 秘密护理黄日、黄仕飘部队下属叶思新和在狮头山战斗中的伤员。	游击队员	群众	病故
24	何金水	男	20世纪40年代	参加桂林坳战斗。	游击队员	群众	病故
25	何刘明	男	20世纪40年代	参加桂林坳战斗。	游击队员	群众	病故

续表

序号	姓名	性别	参战时间	参战项目	职务	面貌	备注
26	李四娣	女	20世纪40年代	在桂林坳战斗中为游击队运送食品。	无	群众	病故
27	刘火明	男	20世纪40年代	1. 参加和平县区域战斗、桂林坳战斗。 2. 将枪支弹药、粮食运送到蓝口老蒲场村三口塘张丁佑家，支持战斗。	游击队员、两纵战士	群众	惨遭国民党杀害
28	彭石水	男	20世纪40年代	捐赠枪支给游击队。	无	群众	病故
29	彭罗明	男	20世纪40年代	捐赠枪支给游击队。	无	群众	病故
30	彭育年	男	20世纪40年代	捐赠枪支给游击队。	无	群众	病故
31	谢日娣	女	20世纪40年代	在桂林坳战斗中为游击队运送食品。	无	群众	病故
32	刘运堂	男	20世纪40年代	在桂林坳战斗中为游击队运送枪支、食品。	游击队员	群众	病故
33	彭农云	男	20世纪40年代	参加桂林坳战斗。	游击队员	群众	病故
34	刘娘每	男	20世纪40年代	参加桂林坳战斗，并为游击队运送食品。	游击队员	群众	病故
35	刘浩良	男	20世纪40年代	参加桂林坳战斗。	游击队员	群众	病故
36	陈九娇	女	20世纪40年代	护理游击队伤员。	无	群众	病故

太阳村革命志士

陈志威

★

　　太阳村内有三个革命旧址，分别是河源县人民政府上莞太阳村昌隆屋旧址、河源县人民政府集体宿舍太阳村司马第旧址、河源县第七行政区区府旧址，太阳村在革命斗争中涌现出许多革命志士，其中确认为革命烈士的有陈启坤、陈移礼，还有许多老游击队员。

一、陈志明革命事迹[①]

陈志明

　　陈志明（1930—2019），曾用名亚丑，出生于上莞镇太阳村司马第。1947 年 4 月 3 日参加游击队，同陈如华、陈酬兴、陈水香、陈罗贵等一起加入由欧阳霞担任队长的捷克队。捷克队驻扎在曾田横坑、三近山、银坑、埔竹、黄田、义合等地，频繁活动于高山峻岭之间与敌人周旋，多次发生交战。在部队期间，因文化水平较高，首长委任其为文化小组长，负责撰写墙报，宣传党的方针政策，让群众更好地了解游击队，认识这支为民除恶、为民锄奸的队伍。

　　1948 年 4 月，在党组织的领导下，游击队进行宣传、发动工作，

---

① 2023 年 7 月根据陈志明妻子陈道匀、陈志明儿子陈群晖口述整理。

并转移到了上莞、漳溪、骆湖、灯塔、东坝等地。然而当时残酷的斗争环境使陈志明在转移途中患上了疟疾，经常发冷、发热，病情逐渐加重。队长欧阳霞为了让他更快康复并回到部队，于当年10月让他回上莞老家治病。由于当时医疗条件有限，陈志明病情反复，短时间内无法完全康复。养病期间，欧阳霞代表组织前来慰问，并给了陈志明200斤谷钱用于治疗，还在精神上给予他鼓励。

新中国成立后，陈志明到蓝口镇参加省公安招考并被录取，可惜前去赴职时旧疾复发，只好辞职回乡养病，其间在上莞公社兼职文书及大队记账员。

陈志明年老后享受了国家老游击队员的政策待遇，于2019年逝世，享年89岁。

二、太阳村老游击队员名册

序号	姓名	性别	参战时间	参战项目	职务	面貌	备注
1	陈启坤	男	20世纪40年代	参加多次游击战斗	飞虎队战士	群众	惨遭国民党杀害
2	陈移礼	男	20世纪40年代	在上莞、埔前、骆湖、曾田等地参加战斗	游击队战士	群众	在曾田雷公坑牺牲
3	陈松喜	男	20世纪40年代	参加多次游击战斗	铁游队战士	群众	惨遭国民党杀害
4	陈洪波	男	20世纪50年代	参加抗美援朝战斗	战士	群众	病故
5	陈林辉	男	20世纪50年代	参加抗美援朝战斗	战士	群众	病故

序号	姓名	性别	参战时间	参战项目	职务	面貌	备注
6	陈志明	男	20世纪40年代	负责撰写墙报，宣传党的方针政策	文化小组组长	群众	病故
7	陈如华	男	20世纪40年代	负责送情报	游击队通信员	群众	病故
8	陈酬兴	男	20世纪40年代	负责送情报	游击队通信员	群众	病故
9	陈水香	男	20世纪40年代	负责送情报	游击队通信员	群众	病故
10	陈罗贵	男	20世纪40年代	负责送情报	游击队通信员	群众	病故
11	陈荣香	男	20世纪40年代	负责送情报	游击队通信员	群众	病故
12	陈景升	男	20世纪40年代	负责送情报	游击队通信员	群众	病故
13	陈干梯	男	20世纪40年代	负责送情报	游击队通信员	群众	病故
14	陈启研	男	20世纪40年代	负责送情报	游击队通信员	群众	病故
15	陈启钦	男	20世纪40年代	负责送情报	游击队通信员	群众	病故
16	陈启林	男	20世纪40年代	负责送情报	游击队通信员	群众	病故
17	陈水连	男	20世纪40年代	负责送情报	游击队通信员	群众	病故

下寨村积龙径红色哨所

曾伟琼

★

禄乡桥，古称天禄乡，位于上莞镇下寨村积龙径，现在叫鹅公桥，是新中国成立前，上莞往来船塘的唯一通道。该古桥建于清朝乾隆年间，已有 200 多年的历史，至今桥墩仍留有"禄乡桥"

禄乡桥（一）

和"民国二十三年立"字样。该桥旁边的山叫号公山，山坳处有一个哨所，由于山中树林茂密，周围长满竹子和松树，哨所非常隐蔽，便于观察敌情又不容易被敌人发现，有利的地形使得哨所内可以对往来上莞、船塘的行人一目了然，是天然的放哨地点。哨所与禄乡桥相连、相呼应，是绝佳阻击点。

解放战争时期，特别是 1947 年，国民党军对我河西上莞根据地的党组织和游击队进行大"扫荡"和"围剿"。为及时掌握情报，以开展反"扫荡"、反"围剿"斗争，我游击队经常派人在禄乡桥哨所值守放哨，收集情报。1947 年农历七月十六日，国民党保五团、保八团的 5 个连和河源县警队共 500 多人分路从曾田、船塘对我上莞根据地进行"扫荡"，妄图一举围歼正在上莞常美垦背开会的中共九连工委和驻上莞的主力部队。为粉碎敌人的"扫荡"企图，我军派出李汉杰为队长的飞虎三队在下寨村积龙径驻守，在禄乡桥哨所观察敌情并及时上报中共九连工委，并对从船塘过来的国民党军进行阻击，掩护中共九连工委及主力部队撤离。下寨村积龙径的曾黄苟就是飞虎三队的一名游击队员，

禄乡桥（二）

当从船塘来袭的国民党军途经禄乡桥时，曾黄苟所在的飞虎三队对敌人展开了猛烈阻击，打响了垦背反"扫荡"战斗的第一枪。战斗中由于敌强我弱，曾黄苟掩护战友撤离，大队其他同志安全撤退至山顶，曾黄苟同志却在撤退至半山时中枪摔下山崖，英勇就义。后来其他队员撤退到常美垦背狮头山与九连地区主力部队会合，垦背反扫荡战争也取得了胜利。

曾经是上莞往来船塘唯一通道的禄乡桥，如今已被四通八达的宽阔柏油路替代，原来的哨所处也长满了树木，但置身桥哨的位置，依旧能感受到当年战火纷飞、硝烟弥漫的残酷环境，革命先辈为人民解放事业抛头颅洒热血，用青春热血甚至宝贵的生命换来了今天社会的繁荣和稳定，曾经的禄乡桥和哨所也成为那段峥嵘岁月的见证。

冼川村红史故事

罗树芳

一、热血青年投身革命

为发展壮大游击队的力量，1947年8月，中共九连工委委派铁流大队队长黄日，带领2名战士深入冼川发动进步青年参加游击队，参与解放战争。当时正是夏收季节，黄日及2名战士身穿便衣，腰佩驳壳枪，在8月的一个晚上来到冼川上新屋罗娘焕的住处驻扎了一个星期。他们白天以帮工的身份，帮助上屋百姓收割夏粮、花生，利用同农民接触的机会了解冼川进步青年的情况，晚上分别有针对性地入户了解进步青年的基本情况，并开展思想引导工作，分析当前国共战争形势，宣传革命成功的基本道理，畅想进步青年加入游击队的光明前途，激发青年的爱国之心。

虽然7天后黄日队长3人因工作需要离开了冼川村奔赴其他地区，但经过他们7天的努力，冼川村热血青年受到了极大鼓舞，纷纷报名参加游击队，包括罗万全、罗碧中、罗碧瑞、罗碧源、罗明波、罗谷兴、罗亚铁、罗贤先、罗日昌、罗娘信、罗辉南、罗文、罗振雄13人。他们当中部分有文化的青年还分批参加了中共九连工委举办的青训班。其中罗万全同志参加了第二期的青训班培训，经过三个月的政治思想、军事技能培训，直接参与游击战争，直至全国解放，被组织安排在广西南宁海关工作，升为科长直至离休。罗碧中、罗碧瑞、罗碧源经过第三期青训班的培训后，参加了游击队，为祖国的解放事业作出了应有的贡献，新中国成立后仍然在不同战线为党和人民工作。罗碧中同志在东源县畜牧局工作至离休；罗碧瑞同志解放后被安排在广州对外事务局，后被安排在丰顺县税务局工作，直至离休；罗碧源同志解放后被安排在怀集县林管局工作，后调回河源市新丰江林管局工作，直至离休。

另外，罗亚铁，1928年12月生，于1947年加入上莞飞虎三队，跟随李汉杰队长参与了坳顶、班石坳等多次阻击战，1948年参加了骆湖大坪阻击战。新中国成立后他加入了预备役，2009年7月逝世。罗娘信同志在大湖战斗中奋不顾身，英勇杀敌，直至光荣为国捐躯，成为革命烈士。罗明波同志解放后一直奋斗在教育战线，直至离休。

冼川村的老游击队员把有限的青春献给了党和人民，他们在游击战争中不怕牺牲，奋勇杀敌，为九连地区的解放事业立下了不可磨灭的功劳。

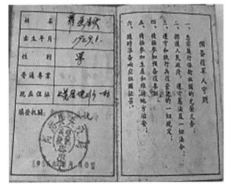

游击战士罗亚铁证件

二、助战民工故事

1949 年 9 月，为配合南下大军解放全广东，已经解放的九连地区河源县开展了声势浩大的拥军支前运动，成立河西民工营，跟随解放军部队开展后勤保障工作。河西民工营由陈志英任营长、张汉民任教导员、陈昊任副官，其中上莞民工连 150 多人，陈治民任连长、高云任副连长、陈为任指导员。

10 月，上莞民工连随解放军十五兵团、两广纵队一直打到广州、中山、珠海等地，随军民工的主要任务是为作战部队抬担架，运输粮食、弹药，救护伤员，等等。上莞民工连 11 月胜利返乡，历时 2 个多月，受到了两广纵队的嘉奖。

当时冼川籍返乡的民工 10 多人，返乡后积极投身土改工作，协助乡政府分田分地，成为冼川村土改工作的骨干。由于工作需要，冼川籍民工组组长罗宝三及罗亚明二人留在了当时的广州军管会。罗宝三由于较有文化，又能写一手好字，故在军管会做了文书，负责资料的抄写与整理工作。由于家中母亲是单亲，当时 3 个儿子还小，家中劳动力严重不足，在母亲多次的书信敦促下，罗宝三只好辞职返乡（有相片为证），在乡村做文书工作，协助乡村做好土地证的填写及发放工作，后在 1959 年调往河源县供销合作社工作，直至 1980 年退休，可惜退休 1 年后便因病逝世，终年 62 岁。罗亚明老实本分，工作踏实肯干，任劳任怨，被安排在军管会后勤厨房工作，后在广州成了家并定居广州，直至离休。后逝于广州。

俗话说，兵马未动，粮草先行。助战民工们虽然没有在前线参加战斗，但他们为前线战士提供了后勤保障和服务，是战士打赢战争的先决条件。他们是战争硝烟背后的英雄，广东的全面解放有他们一份不可磨灭的功劳。

三、对越自卫反击战战士罗强先

罗强先，1958 年 4 月生，上莞镇冼川上屋人，中共党员。1976 年 7 月毕业于上莞中学，同年 12 月应征入伍，在广州军区服役。1979 年 2 月 17 日至 3 月 17 日随部队参加对越自卫反击战。罗强先在战斗中英勇杀敌，战场上荣立三等功，并被批准火线加入中国共产党。同年 9 月，被部队直接选送到中国人民解放军桂林陆军学院学习，1981 年 7 月毕业分配到广州军区守备第七团（后整编合并为守备四团），任排长、副指导员，团政治处干事。1981 年 12 月至 1982 年 12 月，被派送到南京政治军官学院进修。1984 年 6 月至 12 月，参加广东省警官学校培训。1989 年 6 月，提任守备四团一营政治教导员。1990 年 6 月至 12 月，被选送到湖南长沙政治军官培训学校学习。1991 底，调回河源军分区政治部任干事。1996 年 4 月，被广州军区任命为龙川县武装部政治委员。同年 6 月，被河源市委任命为龙川县委常委。1997 年 6 月至 12 月，被选送到南京高级军官指挥学院学习。1988 年 8 月，军队实行军衔制改革，他被授予上尉军衔；1991 年 8 月，被授予少校军衔；1994 年 8 月，被授予中校军衔；1996 年 8 月，被授予上校军衔。1999年 12 月，转业任龙川县委常委、县纪委书记。2003 年 3 月，调任河源市公路局任党委委员、副局长。2018 年 5 月退休。

四、冼川村老游击队战士名单

序号	姓名	性别	出生时间	参加时间	政治面貌	其他说明
1	罗万全	男	1928 年	1947 年 3 月	—	参加九连青训班
2	罗碧中	男	1925 年	1947 年 6 月	—	东源畜牧局技师
3	罗碧瑞	男	—	1947 年 6 月	—	在丰顺税务局工作
4	罗碧源	男	1928 年	1947 年 6 月	—	新丰江林管局文书
5	罗明波	男	1928 年	1947 年 6 月	—	小学教员
6	罗谷兴	男	—	1947 年 9 月	—	农民
7	罗亚铁	男	1929 年	1947 年 9 月	—	游击队员
8	罗贤先	男	—	1947 年 9 月	—	乡村干部
9	罗日昌	男	—	1947 年 9 月	—	农民
10	罗娘信	男	—	1947 年 9 月	—	大湖战斗中牺牲
11	罗辉南	男	1917 年	1947 年 6 月	—	乡村干部

续表

序号	姓名	性别	出生时间	参加时间	政治面貌	其他说明
12	罗　文	男	—	1947 年 6 月	—	农民
13	罗振雄	男	—	1947 年 6 月	—	农民

五、1949 年冼川村参加河西民工营人员名单

序号	姓名	性别	出生时间	参加时间	政治面貌	其他说明
1	罗宝三	男	1921 年	1959 年 7 月	—	广州解放后在广州军管会做文书
2	罗元通	男	1924 年	—	—	返乡务农
3	罗浩庭	男	1921 年	—	—	返乡务农
4	罗镜如	男	—	—	—	广州解放后在广州军管会做炊事员

六、冼川村参加抗美援朝志愿兵名单

序号	姓名	性别	出生时间	参加时间	政治面貌	其他说明
1	罗水海	男	—	1950 年 9 月	—	在朝鲜牺牲、烈士
2	罗娘荣	男	—	1950 年 9 月	—	已故
3	罗青纯	男	—	1950 年 9 月	中共党员	已故
4	罗元惠	男	—	1950 年 9 月	中共党员	已故

续表

序号	姓名	性别	出生时间	参加时间	政治面貌	其他说明
5	罗锦全	男	—	1950 年 9 月	—	已故
6	罗招恒	男	—	1950 年 9 月	—	已故
7	罗锦荣	男	—	1951 年 9 月	—	已故
8	罗桂芬	女	—	1950 年 9 月	—	已故
9	罗运香	女	—	1950 年 9 月	—	已故

七、冼川村参加对越自卫反击战战士名单

序号	姓名	性别	出生时间	参加时间	政治面貌	其他说明
1	罗强先	男	1958 年	1979 年 2 月	中共党员	服退军人、三等功
2	罗苏强	男	1957 年	—	中共党员	三等功、残疾军人、已故
3	罗国清	男	1955 年	—	中共党员	服退军人
4	罗爱明	男	1958 年	1979 年 8 月	中共党员	服退军人
5	罗树群	男	1958 年	—	群众	服退军人、已故
6	罗志中	男	1957 年	1979 年 8 月	中共党员	服退军人
7	罗才先	男	1964 年	1979 年 4 月	群众	服退军人

新轮村红色记忆

陈理戈

---★---

　　新轮村位于上莞镇西北部，东邻新民村，北接下寨村，南靠太阳村，西毗冼川村，距离镇政府 0.6 千米。下辖 4 个村民小组，人口 3445 人，850 户，属客家文化古村落，始建于宋朝，有陈、黄、邱三姓，辖区面积 18 平方千米，其中耕地面积 2200 亩，山地面积 3000 亩，主要山岭有骆洞山、文笔山、万凹山，最高海拔 400 米。主要河流有红旗河，流经村西北边。水库有骆洞水库，总库容 250 万立方米。

　　新轮村红色印记最早可追寻到抗日战争时期。1942 年春，新轮村子弟陈美龄，从上莞行路下河源，再坐船下广州，在广州集结出发云南参加远征军。

　　解放战争时期，新轮村进步青年踊跃参军、加入中国共产党，参加革命斗争的游击队战士有陈黄石、陈超中、陈达生、陈水兰、陈桂林、陈贤史、陈炳火、陈世豪、陈耀华、陈文菊、陈春令、欧阳环、陈郁希、陈维史、陈浓波、陈娘琴、陈作荣、陈集中、陈月万、陈娘彩、陈娘意、陈荣周、陈集水、陈集成、陈火苟、陈娘升（芬中）、陈培英（德周）、陈杰三、陈云象、陈德友、丘文初、陈流农、陈黄荣、陈集友、陈娘春、陈娘欣、陈兆东、陈才、陈速影、黄群珍、陈斐才、陈尚平、陈娘德、陈集新、陈倡信。

　　支援革命的进步乡绅有陈柱史、陈碧三。

　　参加抗美援朝志愿军有陈娘顺、陈培周、陈集中、陈娘彩、陈倡信、陈娘琴、陈平波、丘育青、陈柳青、陈娘秋、陈月令、陈雪农、陈建新、陈娘相、陈世豪、陈集旋、陈倡信、陈池令、陈集初、陈石扬。

参加对越自卫反击战的战士有陈象汉、陈建雄、陈海丁、陈象平、陈集泉、陈国象、陈明象、陈建辉。

一、新轮村革命烈士

陈水兰，男，新轮村陈公寨老屋（即祖祠湖背）人，1917年出生，出身贫苦，1947年加入粤赣边支队（后改为东江第二支队）陈云舫队当战士。1947年8月，国民党军队几百人多路突袭驻墾背部队，当时战斗十分激烈，中队长陈云舫身受重伤，陈水兰冒着枪林弹雨去抢救，被国民党军队射出的密集子弹击中而光荣牺牲，年仅30岁。后陈水兰被人民政府认定为烈士。

陈建新，男，新轮村陈公寨边背人，1924年出生。他出身贫苦，自幼聪明好学，少年在陈公寨步云小学师从大屋人陈少传老先生，读的是《三字经》《增广贤文》《幼学琼林》等一类启蒙书。他聪明过人，又勤奋好学，对这些启蒙书能背诵如流，还写得一手好的毛笔字。当时除识字、背书、默写外，还要学习吟诗作对。一日少传老先生以青白两字为对首要学生作对联，建新以"青龙游水浪千里，白虎出洞迹万山"作出一副对联，少传老先生看后对其赞赏有加，并说："青对白，龙对虎，千对万虽然工整，但意境不够完美，下联万字改为满字更加贴切。"遂改为"青龙游水浪千里，白虎出洞迹满山"而获得第一名。

1950年朝鲜战争爆发，陈建新毅然响应祖国抗美援朝保家卫国的庄严召唤，于1951年1月参加中国人民志愿军出国作战，参军后因其有一定文化，任连队文书，后被调到团部工作。1952年在一次战斗中光荣牺牲，时年仅28岁，后被人民政府确认为烈士。

在抗日战争、解放战争以及新中国成立后的各个时期，新轮村的许多仁人志士，为民族解放、祖国强盛、人民富裕，投身革命、勤奋工作,甚至流血牺牲,为祖国解放及新中国建设事业作出了应有贡献,为新轮村历史写上了可歌可泣的一页,他们不愧是新轮村的优秀儿女,也是新轮村的光荣。

二、红色墩头

解放战争时期,作为河西革命根据地的上莞新轮村墩头涌现出一批进步青年和革命志士。陈超中(又名陈水旺)、陈达生(又名陈月胜)很早就参加了共产党领导的游击队,转战连平、龙川、河源等地,参与对敌武装斗争。陈超中被任命为上莞飞虎队小队长,1949年奉命武装护送河源县人民政府机关从蓝口沿东江进驻河源县城,后在县公安连任连长。陈达生被派往九连山集训,回乡组建武工队,后加入中国人民解放军第四野战军,新中国成立后,曾任县公安连副连长兼教官。欧阳环1938年加入中国共产党,秘密担任地下交通员,往返船塘、上莞、连平,为革命斗争收集、传送情报,解放后曾担任新轮村妇女主任。1947年,河西区上莞乡组织开展了轰轰烈烈的反"扫荡"、反"围剿"斗争。1948年,各村纷纷建立农会,开展土地革命,实现耕者有其田。新轮村墩头一批贫民出身的有志青年陈作荣、陈石扬、陈月万、陈池令、陈集初、陈集水、陈集成、陈集中等,踊跃参军,参与革命斗争。1949年,陈维史等同志主持分田分地工作。1950年5月,在船塘召开河西党员大会,船塘中学校门前张榜公布的党员名单中,新轮村墩头籍陈浓波、陈郁希、欧阳环、陈维史4人榜上有名。1952年春,原佐仁小学校长陈维史被任命为上莞新轮小学校长。

后 记

按照习近平总书记"用好红色资源，赓续红色血脉"重要指示精神，中共东源县委党史研究室、中共东源县上莞镇党委决定组织编辑上莞红史资料。从 2022 年 10 月 19 日制定工作方案、下发《关于组织编辑〈上莞红史资料〉的通知》开始，邀请河源红色历史文化研究会组织专家学者团队组成编辑部，具体实施编辑工作。

本书编辑出版得到了对口帮扶上莞镇组团单位中共深圳市委金融委员会办公室、深圳海事局、深圳国际控股有限公司、中国银行河源分行的高度重视和大力支持，以及深圳对口帮扶协作河源指挥部、深圳盐田对口帮扶河源东源指挥部的关心指导，还有爱心帮扶企业深圳出版集团有限公司、深圳市银华公益基金会的真情帮扶。本书在征集、挖掘、整理、编辑史料过程中，得到了上莞镇各村（居）委，上莞籍离退休老干部陈良木、陈成威、陈向英、李育华、陈新华等人，市县党政机关、企事业单位领导陈延军、李友恒等人的关心和帮助，在此一并表示感谢。本书是在 2023 年 12 月编辑《红映上莞》（内部资料）的基础上，再次整理后，正式公开出版的。

编者
2025 年 1 月